AF716319

Britta Schellenberg

TRAINING ANTIDISKRIMINIERUNG

DEN MENSCHEN IM BLICK

Schwerpunkt Rassismus

WOCHEN
SCHAU
VERLAG

Bibliografische Information der Deutschen Nationalbibliothek
Die Deutsche Nationalbibliothek verzeichnet diese Publikation in der Deutschen Nationalbibliografie; detaillierte bibliografische Daten sind im Internet über http://dnb.d-nb.de abrufbar.

Über die Autorin
Dr. Britta Schellenberg hat das Konzept des Antidiskriminierungstrainings entwickelt. Sie arbeitet an der Schnittstelle zwischen Wissenschaft, Bildungspraxis und Politik und lehrt am Geschwister-Scholl-Institut für Politikwissenschaft der Ludwig-Maximilians-Universität München.
Die Autorin und Herausgeberin hat zahlreiche Fachbücher, wissenschaftliche und publizistische Artikel sowie diverse Bildungsmodule und Schulungsmaterialien zu den Themenfeldern Vorurteile, Rassismus, Antisemitismus, Diskriminierung, Radikalisierung, Demokratie und Menschenrechte veröffentlicht. Aktuell ist sie permanente Sachverständige in der Thüringer Enquete-Kommission „Rassismus und Diskriminierung" und Beirätin bei der Evaluation des Berliner Landesprogramms „Demokratie, Respekt, Vielfalt".

Redaktionelle Bearbeitung der Publikation
Rabia Kökten, Britta Schellenberg, Paulina Seelmann

Das Werk und seine Teile sind urheberrechtlich geschützt. Jede Verwendung in anderen als den gesetzlich zugelassenen Fällen bedarf der vorherigen schriftlichen Einwilligung des Verlages. Das Erstellen von Kopiervorlagen für den Gebrauch in eigenen Kursen oder Klassen ist gestattet.
Den Copyright-Vermerk haben wir bereits mit eingedruckt. Er darf weder verändert noch entfernt werden.
Die Weitergabe von Kopiervorlagen oder Kopien an Kollegen, Eltern oder Schüler anderer Klassen/Kurse ist nicht gestattet.
Der Verlag untersagt ausdrücklich das digitale Speichern und Zurverfügungstellen dieses Buches oder einzelner Teile davon im Intranet (das gilt auch für Intranets von Bildungseinrichtungen), per E-Mail, Internet oder sonstigen elektronischen Medien. Kein Verleih. Zuwiderhandlungen werden zivil- und strafrechtlich verfolgt.
Bitte beachten Sie die Informationen und rechtlichen Erläuterungen unter: www.schulbuchkopie.de

Den Menschen im Blick

Gefördert vom

Bundesministerium für Familie, Senioren, Frauen und Jugend

im Rahmen des Bundesprogramms

Demokratie leben!

Die Veröffentlichungen stellen keine Meinungsäußerung des BMFSFJ oder des BAFzA dar.
Für inhaltliche Aussagen tragen die Autoren/die Autorinnen die Verantwortung.

LMU LUDWIG-MAXIMILIANS-UNIVERSITÄT MÜNCHEN
GESCHWISTER-SCHOLL-INSTITUT FÜR POLITIKWISSENSCHAFT

Gesamtherstellung: Wochenschau Verlag

Gedruckt auf chlorfrei gebleichtem Papier

© Wochenschau Verlag
Dr. Kurt Debus GmbH
2., durchges. Auflage,
Frankfurt/M. 2023

www.wochenschau-verlag.de

ISBN 978-3-7344-1530-2 (Print)
E-Book ISBN 978-3-7566-1530-8 (PDF)
DOI https://doi.org/10.46499/2131

STIMMEN ZUM TRAINING ANTIDISKRIMINIERUNG

„Das Projekt ‚Den Menschen im Blick' gibt wichtige Impulse für eine professionelle und rassismuskritische Praxis in unserer pluralen Gesellschaft. Besonders spannend finden wir, dass auch institutionelle Routinen in den Blick genommen werden. Uns verbindet das Ziel, die Sensibilität für Rassismus und Diskriminierung hier weiter zu schärfen."
Dr. Miriam Heigl (Leiterin *Fachstelle Demokratie beim Oberbürgermeister, Stadt München)*

„Als Partnerorganisation im Projekt „Den Menschen im Blick" haben wir die Entwicklung von Fortbildungsmodulen begleitet und auch intensiv an ihrer Gestaltung mitgewirkt. Wir wollen, dass diejenigen, die in der AWO Verantwortung tragen – sowohl Führungskräfte als auch Mitarbeitende – das Thema tiefer durchdringen und sich auseinandersetzen mit den Fragen: Wo beginnt eigentlich Diskriminierung? Wie äußert sich Rassismus? Es ist notwendig, Wissen aufzubauen und das eigene Verhalten zu reflektieren. Das Hauptziel ist und bleibt Bewusst-Machung und Haltung zu zeigen. Jeder Mensch muss Verantwortung übernehmen für den Erhalt des demokratischen Gesellschaftssystems und des friedlichen Zusammenlebens."
*Brigitte Döcker (*Vorstand *AWO Bundesverband e. V.)*

„Das Projekt ‚Den Menschen im Blick' nimmt nicht nur die Menschen in den Blick mit ihren Emotionen und Haltungen. Es will nicht nur die Einzelnen sensibilisieren und zur Selbstreflexion anregen. Das Besondere ist, dass das Projekt auch ‚das System im Blick' hat, in dem sich die Menschen bewegen. Und so werden nicht nur Individuen kompetenter im Umgang mit Diskriminierung, sondern Teams, Abteilungen und im besten Fall ganze Organisationen. Das beeindruckt mich besonders."
Martin Becher (Geschäftsführer *Bayerisches Bündnis für Toleranz – Demokratie und Menschenwürde schützen)*

„In den zurückliegenden Jahren ist zunehmend deutlich geworden, dass Diskriminierung und Rassismus auch in gesellschaftlich zentralen Institutionen vorzufinden sind, nicht nur am rechten Rand. In unserer Forschung hat sich z. B. gezeigt, dass junge Männer immer wieder von Polizeikontrollen aufgrund ihrer Hautfarbe berichten und dass kopftuchtragende Muslima von offener Diskriminierung in Ausbildung und Beruf betroffen sind. Auch der Aufstieg der AfD ist ein alarmierendes Signal, denn ihre Mitglieder und Wähler sitzen oft in einflussreichen Positionen. Deshalb besteht ein großer Bedarf an Materialen für die Aus-, Fort- und Weiterbildung in unterschiedlichen Berufsbereichen."
Prof. Dr. Albert Scherr (Direktor *Fachbereich Soziologie, Pädagogische Hochschule Freiburg,* Co-Autor: „Handbuch Diskriminierung", sowie „Bildung für die Einwanderungsgesellschaft")

„‚Den Menschen im Blick‘: Was so selbstverständlich klingt, ist oft gar nicht selbstverständlich. Haben wir wirklich alle Menschen im Blick?
Das Projekt hat mich gerade auch für die vielen alltäglichen, oft nicht bewussten und unterschwelligen Diskriminierungen sensibilisiert – bei mir selbst und in unseren kirchlichen Einrichtungen. Mit den im Projekt entwickelten Übungen ist es möglich, diese an die Oberfläche zu bringen und in unterschiedlichen Kontexten zu thematisieren."
Dr. Claudia Pfrang (Direktorin *der Stiftung Bildungszentrum der Erzdiözese München und Freising)*

„Wir als muslimische und nichtmuslimische Bürger sind verpflichtet, dieses Land gemeinsam zu beschützen und zu erhalten für unsere Nachkommen. Und nur durch gegenseitigen Respekt können wir unsere Zukunft auf den Prinzipien der Freiheit, Gerechtigkeit und Sicherheit aufbauen. Dazu gehört, dass wir es als unsere religiöse, menschliche und nationale Aufgabe betrachten, in gegenseitiger Achtung gemeinsam gegen antidemokratische Entwicklungen, gegen mangelnde Bildung, moralische Wertelosigkeit, Rassismus, Intoleranz, Gewalt, Extremismus, Hass gegen Juden, Christen oder Muslime vorgehen. Wenn nicht wir, wer sonst!? Danke dafür dem gesamten Team von ‚Den Menschen im Blick‘."
Dr. Benjamin Idriz (Imam, *der Islamischen Gemeinde Penzberg; Co-Initiator des Münchener Forums für Islam)*

„‚Den Menschen im Blick' – Dieses Projekt setzt einen wichtigen Akzent für ein sensibles und einfühlsames menschliches Miteinander. Es stärkt die Kräfte der Empathie im Persönlichen und in Institutionen und Einrichtungen; auch unseren kirchlichen und diakonischen. Ja, es hilft, eine diskriminierungsfreie Sprache sowie einen sensiblen, vorurteilsfreien und wertschätzenden Umgang einzuüben. Dieses Projekt kommt zur rechten Zeit!"
Reiner Schübel (Kirchenrat, Leiter *des Referats für Diakonie im Landeskirchenamt der Evangelisch-Lutherischen Kirche in Bayern)*

„Damit sich etwas ändert, muss darüber nachgedacht werden, was ist eigentlich falsch gelaufen, warum konnten wir nicht aufklären – zum Beispiel bezüglich der Ermittlungen zu den NSU-Morden – und was läuft bis heute falsch? Analyse und Auseinandersetzung ist erforderlich. Das Problem des institutionellen Rassismus muss angegangen werden."
*Seda Başay-Yıldız (*Fachanwältin für Strafrecht, Rechtsanwältin, Nebenklageanwältin *beim NSU-Prozess am Oberlandesgericht München)*

INHALTSVERZEICHNIS

Teil III: Anhang

Dieses Icon verweist auf ein Schlaglicht und erklärt zentrale Begriffe

QR Code TYP 1:
Dieser QR Code führt auf die empfohlene Seite. So geht es schneller

https://t1p.de/40890

QR Code Typ 2:
Dieser QR Code verweist auf Materialien und Ergänzungen zum Buch.

TN: Teilnehmer*innen
SL: Seminarleiter*innen
KG: Kleingruppe
AB: Arbeitsblatt

Alle Downloadmaterialien zu diesen Buch finden Sie unter https://wochenschau-verlag.de/training-antidiskriminierung.html
Bitte wählen Sie den Reiter „Downloads“ an.
Das Passwort zum Öffnen der Dokumente lautet: **S7r2+Av**

VORWORT

Das Training ist Ergebnis des Projekts „Den Menschen im Blick. Kompetent gegen Rassismus und Diskriminierung in Beruf & Alltag" am Geschwister-Scholl-Institut für Politikwissenschaft der Ludwig-Maximilians-Universität München. Britta Schellenberg hat das Trainigskonzept entwickelt. Das Training ist Produkt gemeinschaftlicher Arbeit, zahlreiche Personen und Institutionen haben mitgewirkt.

Von der Idee zur Umsetzung: Die Idee ein Training zum Thema „Rassismus" und „Diskriminierung" zu entwickeln, entstand während jahrelanger Analyse von gesellschaftlichen Debatten und pädagogischen Programmen. Es zeigte sich, dass Rassismus und rassistische Gewalt immer wieder nicht erkannt oder als „Rechtsextremismus" eingeordnet werden, der als „Einzelfall" und jenseits der Gesamtgesellschaft verortet wird (vgl. Schellenberg 2014). Und: In der Arbeitswelt wurde Anti-Diskriminierung vor allem als technischer Begriff bekannt, mit dem sich Arbeitgeber*innen bei der Einstellung von Personal befassen sollten, um Probleme wie Klagen zu vermeiden. Gleichzeitig zeigten Studien, dass es immer wieder zu Rassismus und Diskriminierung auf dem Arbeitsmarkt und in Arbeitskontexten kommt – und damit zu unprofessionellem Handeln und negativen Folgen für den Einzelnen, für Organisationen und für die Gesamtgesellschaft (vgl. Scherr/El-Mafaalani/Yüksel 2017).

Während die Forschung, inklusive der Bildungsforschung, bereits die plurale Gesellschaft Deutschlands und ihre Chancen und Herausforderungen beschrieb, blieben praktische Bildungsmaterialien meist weit zurück. Viele Trainings (oft im Bereich der interkulturellen Bildung) fußen bis heute auf kulturalistischen und letztlich rassistischen Grundannahmen, die Menschen nicht inkludieren, sondern als „Anders" exponieren und ausgrenzen; andere Trainings setzen sich primär mit (Gewalt-)Tätern*innen unter Schlagworten wie „Rechtsextremismus", „Anti-Aggression" oder „Konfliktlösung" auseinander.

Ausgangspunkt eines zeitgemäßen Trainings, das Rassismus und Diskriminierung bearbeitet, muss die demokratische, auf dem Grundgesetz und damit auf den Menschenrechten fußende, plurale Gesellschaft sein, die durch Vielfalt geprägt ist. Ziel war es, ein Training zu entwickeln, das sich an die ganze Gesellschaft richtet und dafür den Menschen in den Mittelpunkt rückt – den Menschen als Einzelnen, als Teil einer Organisation, als Teil der Arbeitswelt, als Teil der pluralen Gesellschaft. Ein Training für eine professionelle Arbeitswelt im Deutschland des 21. Jahrhunderts, die Menschen inkludiert, ihr Recht auf Gleichbehandlung beachtet (→ *Schlaglicht B* ***Recht und Gesetz***), anstatt sie auszugrenzen. Aus dieser Perspektive sind Rassismus und Diskriminierung Störfaktoren in einer funktionierenden, friedlichen und freiheitlichen Gesellschaft.

Mit dieser Zielsetzung wurde ein kompetentes Team aus Entwickler*innen/Autor*innen, Fachbeirät*innen und Partner*innen gefunden. Dieses sollte die nötige Vielfalt für die Entwicklung und Umsetzung eines solchen Trainings mitbringen: Interdisziplinär, was die Wissenschaftler*innen betrifft (Psychologie, Erziehungswissenschaften, Politische Bildung, Soziale Arbeit, Politologie, Soziologie, Geschichtswissenschaften), gleichwohl bestehend aus Bildungspraktiker*innen, sowohl Trainer*innen als auch Entwickler*innen, und aus Mitarbeitenden und Führungskräften von staatlichen wie zivilgesellschaftlichen Institutionen sowie von NGOs. Doch nicht nur die Fachlichkeit und die beruflichen Hintergründe der Mitwirkenden sind divers. Es haben sich Menschen zusammengefunden, die jung, mittleren Alters, alt, weiblich, männlich, divers, religiös oder weltlich orientiert sind, Menschen, die Familiengeschichten aus verschiedenen Ländern mitbringen oder auch nicht, die ganztags, teilzeit oder ehrenamtlich mitarbeiten, die Kinder haben oder nicht, die alleine leben, mit der Familie oder in einer WG, die verheiratet sind, ledig oder in verschiedensten Paarkonstellationen, heterosexuell oder homosexuell leben. So entsprechen wir der Vielfalt der Gesellschaft.

Zunächst wurde eine Struktur konzipiert, die eine möglichst hohe fachliche Qualität bei möglichst optimaler praktischer Umsetzbarkeit garantieren sollte: Es wurde ein **Projekt-Team (das LMU-Team)** zusammengestellt, ein **Fachbeirat** berufen, weitere **Entwickler*innen** (jenseits des LMU-Teams) und potentielle **Partner*innen** (zivilgesellschaftliche und staatliche Institutionen) angesprochen (→ Kapitel 11 Mitwirkende). Gleichzeitig wurde begonnen, inhaltliche und pädagogisch-didaktische Grundlegungen vorzunehmen und eine Struktur für die zu entwickelnden Inhalte, u. a. Übungen und Trainingsmaterialien, zu konzipieren.

Umsetzung als kontinuierlicher Reflexions-Prozess:
Die Inhalte des Trainings wurden stets mit dem LMU-Team abgestimmt, von den Entwickler*innen/Autor*innen umgesetzt, mit dem Fachbeirat kritisch diskutiert und geschärft, in der Praxis in Form von Trainings ausgetestet, mit den teilnehmenden Partner*innen besprochen, nach einer Testphase und Evaluation weiterentwickelt und schließlich verschriftlicht.

Unser Framing: Während des Projektverlaufs wurde die Bedeutung unseres Ausgangspunktes und unserer Rahmung immer klarer. Wir stellten fest, dass unsere Rahmung – Professionalität in der pluralen Gesellschaft Deutschlands – bedeutet, dass wir uns immer wieder von althergebrachten, populären und manchmal auch von bequemen Sprachbildern und Einordungsversuchungen trennen müssen.

Ein Beispiel: Verabschiedet haben wir uns von dem Begriff und dem Sprachbild „Migrationshintergrund" bzw. „Menschen mit Migrationshintergrund". So werden in Deutschland Menschen bezeichnet, die nach Deutschland eingewandert sind, ebenso wie solche, bei denen mindestens ein Großelternteil oder (in neuerer Variante:) ein Elternteil eingewandert ist. Die Aussagekraft dieses (Erfassungs-)Kriteriums (das von einigen staatlichen Institutionen genutzt wird) läuft gegen Null. Die Frage, die wir uns rassismuskritisch und diskriminierungssensibel stellen müssen: Was soll diese Zuschreibung aussagen? Welche Maßnahmen sollen angesichts einer entsprechenden Erfassung umgesetzt werden? Was sagt es über Sprachfähigkeit, sozialen Status, Teilhabewünsche etc. aus?

Analysiert man, was im allgemeinen Sprachgebrauch mit der Kategorisierung „Mensch mit Migrationshintergrund" gemeint ist, zeigt sich schnell, dass Menschen, deren Groß-/Eltern einen österreichischen oder auch australischen Pass haben, eher nicht gemeint sind. Gemeint sind jene, deren Groß-/Eltern z. B. einen türkischen, libanesischen oder iranischen Pass besitzen. Gehen wir von der pluralen Gesellschaft Deutschlands aus, so macht diese Kategorisierung keinen Sinn. Gleichwohl kann es Sinn machen, Menschen, die Diskriminierung oder speziell rassistische Diskriminierung erfahren, explizit zu benennen, um passende Gegen-Maßnahmen zu entwickeln und umzusetzen. Die Kategorie „Mensch mit Migrationshintergrund" ist nicht geeignet. Nicht alle Menschen, die von rassistischer Diskriminierung betroffen sind, müssen über eine ausländische Familienbiografie verfügen. Viele Menschen, die von Rassismus betroffen sind, sind in Deutschland geboren und hier verwurzelt. Und viele haben auch keine Eltern oder Großeltern, die im Ausland geboren sind.

Um unsere Rahmungen stets zu reflektieren und unsere Umwelt, unsere Arbeitswelt und uns selbst rassismuskritisch und diskriminierungssensible zu reflektieren, haben wir auf die Framing-Forschung (insb. Lakoff 1987 und 2014; → hierzu ausführlich das → *Schlaglicht O* ***Framing)*** zurückgegriffen. Auch die sich langsam entwickelnde Diskriminierungsforschung bot einen wichtigen Orientierungsrahmen (Scherr/El-Mafaalani/Yüksel 2017).

Literatur

Lakoff, George (1987): Women, Fire, and other Dangerous Things. Chicago.

George, Lakoff (2014): The all new "Don't think of an elephant". Know your values and frame the debate. Chelsea.

Schellenberg, Britta (2014): Die Rechtsextremismus-Debatte. Charakteristika, Konflikte und ihre Folgen. Edition Rechtsextremismus. Wiesbaden (zweite Auflage, erste Auflage 2013).

Scherr, Albert/El-Mafaalani, Aladin /Yüksel, Gökcen (Hg.) (2017): Handbuch Diskriminierungsforschung. Wiesbaden.

GRUNDLAGEN

1. Einführung: Ausgangspunkte, Ziele & Inhalte

Das Problem ist da – unübersehbar. Wir müssen nur einige Wochen mit geschärftem Blick Rassismus und Diskriminierung in unserem Alltags- und Berufsleben beobachten. Wir können das erleben oder auf der Straße sehen, wenn wir Menschen zuhören. Wir erfahren es durch Medien und Politik. Ein aktueller Newsticker könnte lauten: *„Nicht zugelassen im Fitnessstudio: Migranten – kein Ausbildungsplatz für Frau mit Kopftuch – Anfeindungen wegen Arbeit mit Flüchtlingen – Kassel. Regierungspräsident hingerichtet, Opfer für Aufnahme von Geflüchteten in Deutschland."*

Rassismus und Diskriminierung machen nicht halt – nicht vor Menschen, nicht vor Institutionen und deren Mitarbeitenden und Klient*innen. Ob städtische Verwaltungen, Wohlfahrtsverbände, Religionsgemeinden, Polizei – keine Organisation ist gegen dieses Problem immun. Doch die Analyse reicht nicht aus, es müssen Strategien für einen professionellen Umgang gefunden werden.

Wo stehen wir?

Die deutsche Gesellschaft und die Menschen, die sie ausmachen, sind heute von Vielfalt geprägt. Die Ursache sind nicht nur die demographischen Entwicklungen, sondern auch der Wertewandel hin zu Pluralismus und Individualisierung (vgl. Inglehart 1997). Tatsächlich wird die Bevölkerung seit Jahrzehnten freiheitsbewusster und weltoffener: Es gibt immer mehr Menschen, die Vielfalt in Deutschland akzeptieren oder schätzen. Für Viele ist es selbstverständlich, dass Menschen unterschiedliche Familiengeschichten, verschiedene Glaubensformen und Überzeugungen haben. Und: Menschen treffen öfter denn je eigene Entscheidungen für ihr Leben, etwa bezüglich ihrer Partnerschaft, ihres Familiensettings, ihrer Sexualität (vgl. Shell-Jugendstudie 2015).

Rassismus und Diskriminierung

Dennoch: Wenngleich die deutsche Gesellschaft vielfältiger und offener wird, stellen Forscher*innen neue „Feindbildkarrieren" fest: So haben insbesondere negative Einstellungen und Vorwürfe gegen Muslim*innen sowie gegen Roma*nja und Sinti*zze erheblich zugenommen (Decker et al. 2016; Zick 2016; Zick 2018). Rassistische Aktivitäten richten sich gegen geflüchtete Menschen, gegen Ausländer*-innen ebenso wie gegen Deutsche, die rassistisch markiert werden, etwa, weil ihnen eine nichtdeutsche Herkunft unterstellt wird. Abwertende Einstellungen gegenüber Menschen wegen ihrer vermeintlich anderen Zugehörigkeit oder „Andersartigkeit" können in Ungleichbehandlung münden und bilden immer wieder den Nährboden für menschenfeindliche Hetze und Gewalt. Tatsächlich findet in Deutschland eine Radikalisierung einer kleinen Gruppe statt, die immer lauter und gewalttätiger Hass verbreitet und Menschen attackiert, etwa 7,3 %, laut Decker et al. (2016).

Dabei sind Diskriminierung und Rassismus nicht individuelle Probleme. Es reicht auch nicht, alleine über Neo-Nazis zu sprechen, bei denen Menschenverachtung Programm ist. Diskriminierung und Rassismus entfalten in der Gesellschaft, in Institutionen und im Zwischenmenschlichen erst ihre Wirkungskraft, weil sie in Routinen, Regeln und in tradiertem „Wissen" eingeschrieben sind und somit jede*n Einzelnen und die ganze Gesellschaft prägen.

Vielfalt gestalten

Gleichzeitig fordern viele selbstbewusste Bürger*-innen heute mehr Teilhabe ein und engagieren sich für eine inklusive Gesellschaft. Sobald sich Menschen als zur Gesellschaft zugehörig fühlen, werden Ungleichbehandlungen für sie schmerzhaft spürbar. Die Wahrscheinlichkeit, dass sie sich gegen Ungleichbehandlung zur Wehr setzen, steigt. Sie bringen sich in die Gesellschaft ein, als Teil von ihr – etwa indem sie weitere (ähnliche, andere, neue) Lebensvorstellungen formulieren. Das führt auch zu mehr Kontroversen und Konflikten. Der Soziologe El-Mafaalani hat diesen Befund das *Integrationsparadoxon* genannt (2018).

Tatsächlich sehen wir heute neue Formen von Teilhabe und Protest: Menschen teilen ihre Erfahrungen mit Rassismus, Sexismus und anderen Diskriminierungsarten, beispielsweise unter Hashtags wie #metwo oder #metoo. Einzelne erzählen von ihrer Diskriminierungs-Erfahrung, sie kämpfen um ihr Recht auf gesellschaftliche Teilhabe und werden im digitalen Raum Teil einer emanzipatorischen Bewegung, die auf rassistische und diskriminierende Routinen und Prozesse aufmerksam macht. Viele folgen Aufrufen wie #unteilbar und setzen sich für eine offene Gesellschaft und gegen Ausgrenzung ein.

Arbeiten in der pluralen Gesellschaft

Das Problem von Rassismus und Diskriminierung ist nicht alleine die Gefährdung von Seele, Leib und Leben Einzelner. Für Frieden und Erfolg einer Gesellschaft sind die Möglichkeit der Teilhabe jedes*r Einzelnen, persönliche Entwicklungschancen und eine faire Arbeitswelt von zentraler Bedeutung. Das Erkennen inzwischen nicht nur Einzelne – auch Organisationen und Institutionen stellen sich diesem Thema. Der Bedarf wächst, Antworten auf aktuelle gesellschaftliche Entwicklungen zu finden, Diskriminierung entgegenzutreten und inklusive Arbeitswelten zu schaffen.

Warum ist ein Training Antidiskriminierung relevant?

Ergebnisse unserer Befragung

- Personal & Klientel werden vielfältiger, u. a. Familienbiografien, Lebensgestaltung und Antworten auf Fragen: *wie* (zusammen) leben?
- Umgang mit Vielfalt steigern, um professioneller zu sein
- Teilhabe, Solidarität und Fairness in der Arbeitswelt fördern – für gutes Personal, gutes Arbeitsklima, gute Arbeitsergebnisse
- Diskriminierungsschutz bezüglich des Personals und Klientels/Ratsuchende stärken, um diese besser zu schützen/ihnen gerecht zu werden
- Antworten finden auf aktuelle gesellschaftliche Entwicklungen und dabei die*den Einzelne*n/den gesellschaftlichen Zusammenhalt im Blick haben
- fit werden für einen kompetenten Umgang mit menschenfeindlichen Orientierungen, um sich zu wehren/zu schützen
- eigne Werte/Normen verteidigen

Befragt wurden Kommunen/Städte, Wohlfahrtsverbände, Polizei & Religionsgemeinschaften.

Der gesellschaftliche Wandel und die Bedarfe des einzelnen Menschen in der Gesellschaft sind eine Sache. Eine weitere sind neue technische Möglichkeiten, insbesondere im Zuge der Digitalisierung. Die Anforderungen in den Arbeitswelten von heute und morgen sind neu oder in Veränderung begriffen: Austausch, Teamarbeit und (oft auch) flachere Hierarchien werden wichtiger. Menschen müssen mehr denn je mit Menschen umgehen können – ob mit Kolleg*innen, in Teams oder mit Klient*innen. Teamfähigkeit und die möglichst reibungslose Zusammenarbeit wird zum herausragenden Qualitätskriterium jeder Institution, jedes Arbeitgebers. Und: Die Mitarbeitenden und Klient*innen entsprechen oft der Vielfalt der Gesellschaft. Auch im Arbeitsalltag tauchen sie auf: die vielfältigen Lebensentwürfe, Überzeugungen und Wünsche.

Soziale und emotionale Kompetenzen der Mitarbeitenden sind damit entscheidender denn je. Der Mensch und das Miteinander rücken ins Zentrum professionellen Arbeitens. Die Reflexion von Vorurteilen, ob fremder oder eigener, und die kritische Auseinandersetzung mit überkommenen Regeln und Routinen, die zu Rassismus wie Ungleichbehandlung führen können, sind gefragter denn je.

Gleichzeitig gewinnen normative und ethische Überlegungen an Bedeutung. Denn sowohl eine zunehmende Individualisierung als auch die zunehmende Technisierung und Digitalisierung können dazu führen, dass der Mensch – und damit das uns eigene – aus dem Blick gerät. Der Mensch mit seinen Bedürfnissen und Qualitäten, seinen Rechten und seiner Verantwortung gegenüber seiner Umwelt. Der Mensch in seiner Einzigartigkeit muss immer wieder ins Zentrum, in den Blick gerückt werden.

Dafür ist Bildung ein Schlüssel. „Den Menschen im Blick" mit dem Training „Antidiskriminierung Schwerpunkt: Rassismus" ist als Fortbildung für Mitarbeitende von staatlichen und zivilgesellschaftlichen Institutionen entwickelt worden. Es soll zu ihrer Professionalisierung – für das Arbeiten in der pluralen Gesellschaft – beitragen.

2. Den Menschen im Blick

Ziele des Trainings

Das Training ist ein „Bildungskonzept für die plurale Gesellschaft". Menschenrechte, Diskriminierungsschutz, Teilhabe und Vielfalt bilden den inhaltlichen und normativen Anker.

Das Training stärkt Menschen für ein souveränes und professionelles Handeln im eigenen Arbeitsalltag und in der eigenen Organisation. Erlernt und eingeübt werden kognitive, soziale und emotionale Fähigkeiten sowie Handlungskompetenzen für das Leben und Arbeiten in der pluralen Gesellschaft Deutschlands. Dafür ist die Auseinandersetzung mit eigenen Haltungen und Verhaltensweisen ebenso nötig wie die Kenntnis unterschiedlicher Perspektiven, problematischer Routinen und gesellschaftlicher Dynamiken.

Das Training setzt auf Sensibilisierung, (Selbst-)Reflexion und Handlungsfähigkeit. Es werden aktuelle Spannungsfelder und kontroverse Diskussionen im eigenen Berufsalltag, in der eigenen Institution und in der Gesamtgesellschaft aufgegriffen und mögliche Umgangsweisen besprochen.

Grundlegend ist die Überzeugung, dass Bildung sich nur dann ereignen kann, wenn unterschiedliche Perspektiven, Wertschätzung und Offenheit ihre Grundlage sind. Weder Belehrung noch eindimensionale oder eindeutige Deutungsvorhaben sollen eine Rolle haben. Gleichwohl werden normative Grundlagen geschaffen, die für das eigene Arbeiten, das Wirken der eigenen Organisation und das Agieren in einer Gesellschaft, deren rechtliches Fundament auf Bürger- und Menschenrechten fußt, zentral sind.

So zielt das Training darauf ab, Möglichkeiten zu eröffnen, Eigen- und Fremdbilder kritisch zu beleuchten sowie allgegenwärtige Zuschreibungen und gewohnte Denkweisen, die professionelles Arbeiten in der pluralen Gesellschaft hemmen können, aufzuspüren und offenzulegen. Dafür wird gespielt und erkundet. Allerdings geht es nicht um Verspieltheit oder Spielerei, denn im Zentrum steht die eigene Persönlichkeit: Jede*r bleibt authentisch, schlüpft nicht in Rollen anderer, sondern spielt stets sich selbst. Der kritische Blick gilt der eigenen Biografie, den eigenen Arbeitskontexten, der gesellschaftlichen Umwelt, die jede*n umgibt.

Teilnehmende des Trainings (TN)

Das Format richtet sich an Mitarbeitende von staatlichen und zivilgesellschaftlichen Institutionen, vor allem an städtische Verwaltungen, Wohlfahrtsorganisationen, Kirchen, Gewerkschaften und Polizei. Es wurde damit für berufs- und institutionsheterogene Teilnehmenden-Gruppen entwickelt. Die Praxis zeigt allerdings, dass es sich auch für Teilnehmenden-Gruppen oder Teams aus einer einzelnen Organisation eignet. Mitarbeitende und Führungskräfte der genannten Organisationen haben die Entwicklung des Trainings kritisch begleitet und zur Schärfung des Bildungskonzepts und dessen Handlungsorientierung beigetragen → Kapitel 11: Partner*innen.

Aufbau des Buches

Das Buch „Training Antidiskriminierung" gliedert sich in den Teil Grundlagen und Übungen.

Teil I Grundlagen

Dies ist das einführende Kapitel. Hier werden die Grundlagen für die Arbeit mit dem Trainingsbuch gelegt.

Nach einer Beschreibung der Ausgangspunkte, Ziele und Inhalte des Trainings (→ Kapitel 1), geht es in den Kapiteln 2 und 3 um die fachlichen Inhalte des Trainings: Warum „den Menschen im Blick" haben? Warum „Diskriminierung" und „Rassismus"? Hier wird eingeordnet und bestimmt. Kapitel 4 erklärt, wie man am besten mit dem Buch arbeitet: Es werden die Leitmotive des Trainings beschrieben, Haltungsfragen besprochen und die Methoden, die im Training genutzt werden, vorgestellt.

Teil II Übungen

Dieser Teil ist der praktische Teil des Trainings und stellt das Herzstück dar. Im Zentrum des Trainings stehen einzelne Übungen, die entlang eines Baukastenprinzips für jedes Training individuell zusammengestellt werden können. Die Übungen, sowie die inhaltlich korrespondierenden Schlaglichter, sind nach den folgenden Trainingsphasen angeordnet: Einstiegsübungen, Grundlagenübungen, Follow-Ups und Vertiefungsübungen.

Das Training umfasst 19 Übungen, sowie 18 *Schlaglichter*, die zwischen den Übungen stehend, Herausforderungen markieren, fachliche Hintergründe erklären und Erfahrungen porträtieren. Die Übungen sind in Gruppen geclustert. Jede Gruppe von Übungen bildet gemeinsam mit den dazugehörigen *Schlaglichtern* ein Kapitel (→ Kapitel 5–9). Eine Vorstellung der jeweiligen Übungs-Gruppen und Schlaglichter findet sich direkt vor dem jeweiligen Übungs-Kapitel. Hier eine kurze Übersicht:

Übungen zum Einstieg. Ziel der Einstiegsaktivitäten oder „Warming ups" ist es, in die Thematik einzuführen, die Teilnehmenden (TN) untereinander bekannt zu machen und eine offene Arbeitsatmosphäre herzustellen.

Grundlagenübungen. Die fachlichen Grundlagen werden in spezifischen Übungen erarbeitet. Jede einzelne Übung für sich ermöglicht einen direkten Zugang und ein tiefes Verständnis eines zentralen Themas.

Vorbereitungsübungen und Dynamische Follow-Ups. Mit ihnen wird Gelerntes reflektiert und in lockerer Atmosphäre vertieft. Die Übungen regen zu (Selbst-)Reflexion und zur Überprüfung eigener Kontexte an.

Vertiefungsübungen. Sind die Grundlagen des Trainings bereits gelegt, können ausgewählte Aspekte hervorgehoben, beleuchtet und vertieft werden. Hier steht die nachhaltige Auseinandersetzung mit dem Themenschwerpunkt „Rassismus" und „rassistische Diskriminierung" im Vordergrund. Es werden intersektionale Bezüge (→ *Schlaglicht J* ***Intersektionalität)*** beleuchtet und die TN werden empowert (→ *Schlaglicht M* ***Empowerment durch die Kunst der Worte – Bloggen, Slammen und Rappen).***

Abschließende Übungen. Am Ende jedes Trainings steht dessen Abschluss. Die TN lassen das Training Revue passieren, ziehen eigene Schlüsse, tauschen sich in der Gruppe über ihre Erträge aus oder besprechen zukünftige Schritte.

Im Anhang Teil III werden, entlang eines Stichwortregisters, häufig gestellte Fragen (FAQ) beantwortet und es wird auf Stellen im Buch verwiesen, die Informationen zu den Stichworten bereitstellen (Kapitel 10). Kapitel 11 schließlich berichtet über die Konzeption und Prozesse, die zur Entwicklung des Trainings geführt haben und benennt die Mitwirkenden.

Ein Training durchführen: Anleitung

Durch das Baukastenprinzip können Trainings zielgruppen- und themenspezifisch zusammengestellt werden. Empfohlen wird, jeweils mindestens eine Übung aus den fünf Übungs-Kapiteln (4–8) auszuwählen und durchzuführen. So entstehen mindestens 1,5-tägige Trainings.

Ein weiteres zu empfehlendes Format ist die Durchführung mehrerer aufeinander aufbauender Trainings: in einem ersten Training sollten dann zunächst Übungen aus den ersten Phasen (Kapitel 5–7), insbesondere Grundlagenübungen, berücksichtigt werden. In daran anschließenden Trainings können dann weitere Grundlagenübungen bearbeitet und auch Vertiefungsübungen (Kapitel 8) berücksichtigt werden.

Eine dritte, zu empfehlende Vorgehensweise ist, nach einem ersten Einstieg, die Durchführung einzelner Übungen in regelmäßigen Abständen anzubieten und dies als Grundlage für die kontinuierliche Befassung mit dem Themenkomplex zu nutzen. Hierbei sind 0,5- bis 1-tägige Trainings vorstellbar.

Literatur

Bertelsmann Stiftung (2015): Willkommenskultur in Deutschland. Entwicklungen und Herausforderungen. Ergebnisse einer repräsentativen Bevölkerungsumfrage in Deutschland. Gütersloh.

Decker, Oliver/Kiess, Johannes/Brähler, Elmar (2016): Die enthemmte Mitte. Autoritäre und rechtsextreme Einstellungen in Deutschland. Gießen.

El-Mafaalani, Aladin (2018): Das Integrationsparadoxon. Warum gelungene Integration zu mehr Konflikten führt. Köln.

Inglehart, Ronald (1997): Modernization and Postmodernization: Cultural, Economic, and Political Change in 43 Societies. Princeton.

Shell-Jugendstudie (2015): Jugend 2015. Hg. von Albert, Mathias/Hurrelmann, Klaus/Quenzel, Gudrun/TNS Infratest Sozialforschung. 17. Studie. Hamburg.

Zick, Andreas/Küpper, Beate/Krause, Daniel (2016; 2018): Gespaltene Mitte – Feindselige Zustände. Hg. für die Friedrich-Ebert-Stiftung von Ralf Melzer. Bonn.

3. Warum Rassismus und Diskriminierung als Thema?

Zahlreiche Menschen sind von Diskriminierung und Rassismus betroffen. Das passt nicht zum Gleichheitsversprechen unserer Gesellschaft. Geschädigt werden Einzelne, ganze Organisationen und die Gesamtgesellschaft.

Die Entwicklung der Situation, der Debatte und ihrer Rahmung

Diskriminierung und Rassismus waren in Deutschland lange unterbelichtet – trotz internationaler Regelwerke (→ *Schlaglicht B* ***Recht und Gesetz***), die aus der schmerzlichen Erfahrung von Krieg, Vernichtung und Holocaust erwuchsen, und trotz einschlägiger Forschungen, die diese Phänomene detailliert beschreiben. Öffentlich wurde „Rassismus" in Deutschland lange ausschließlich im Zusammenhang mit dem Nationalsozialismus oder in Bezug auf (Neo-)Nazis debattiert. Wenngleich der staatliche Schutz vor Diskriminierung in Deutschland bereits mit dem Grundgesetz garantiert wird, fehlten im deutschen Recht konkrete (einfachgesetzliche) Regungen, die ermöglichen, gegen Diskriminierung vorzugehen - ob aufgrund von Rassismus, Sexismus oder anderer Abwertungen. Erst im Zuge der Europäischen Integration wurde mit dem *Allgemeinen Gleichbehandlungsgesetz* im Jahr 2006 ein umfassenderer Diskriminierungsschutz eingeführt.

Doch noch etwas ist passiert in den vergangenen Jahren: Neben rechtlichen und gesellschaftlichen Veränderungen, sehen wir aktuell wie die Sprache und die Wirklichkeit auf der Straße aggressiver und gewalttätiger werden. Menschen werden attackiert – verbal und körperlich: Ihnen wird unterstellt, nicht dazuzugehören, den imaginierten sogenannten „Volkskörper" zu schädigen, nicht deutsch oder nicht „richtig" deutsch zu sein, „anders" und weniger wert zu sein. Immer wieder wird behauptet, sie würden einer „anderen", „schlechteren" Herkunft, Kultur, Religion, Sexualität, Ideologie etc. angehören (→ *Schlaglicht E* ***Arbeitsdefinition Rassismus*** und → *Schlaglicht C* ***Arbeitsdefinition Diskriminierung***).

Während wir Ausgrenzung erleben und von Gewalt bis hin zu Mord in Deutschland regelmäßig erfahren – ob durch Freundeskreise, Familie oder Medien, bleiben Ahndungserfolge immer noch oft aus. Gleichwohl erleben wir die Agitation einer rassistischen Partei, die in deutsche Parlamente eingezogen ist, gepaart mit einer Flut an – mehr oder weniger öffentlichen - Hassmails, Drohbriefen und persönlichen Verunglimpfungen. Wir beobachten, wie gegen bestimmte Teile unserer Gesellschaft gehetzt wird, wie Menschenrechte und Demokratie verächtlich gemacht werden und wie die deutsche Sprache brutalisiert wird.

Die Debatte über Rassismus und Menschenverachtung steht mitten im Jetzt und Heute. Im Zuge der parlamentarischen Aufarbeitung der rassistischen Terrorserie des „Nationalsozialistischen Untergrunds" (NSU) haben es „Rassismus" und „Menschenverachtung" ins Strafgesetzbuch geschafft: sie sollen nun strafverschärfend geahndet werden (→ *Schlaglicht B* ***Recht und Gesetz***).

Doch eine gewisse Ungeschicklichkeit im Umgang mit (rassistischer) Diskriminierung bleibt auch nach diesen Neujustierungen und trotz kritischer Debatten. Tatsächlich sind wir es nicht gewohnt, uns problemorientiert mit den Themen auseinanderzusetzen. Vielen Arbeitgeber*innen etwa ist das Thema „Diskriminierung" jetzt zwar unter dem Stichwort „Gleichbehandlung" und Klagerecht bekannt, da es in Einstellungsverfahren zu berücksichtigen ist, um mögliche Klagen von Bewerber*innen abzuwenden. Doch wie eine diskriminierungssensible Praxis für ein gesundes Arbeitsklima und eine effektive Arbeitswelt aussehen kann, ist weitgehend unbekannt. Viele scheuen sich davor, „Rassismus" problemorientiert zu thematisieren, weniger, weil Gründe dafür nicht gesehen werden, sondern vielmehr, weil nicht klar ist, *WIE* eine solche Auseinandersetzung aussehen kann – eine Auseinandersetzung, die nicht notwendigerweise mit einer Strafanzeige oder der Entlassung von Personal enden muss. Die lange Vernachlässigung und die weiter bestehende Unsicherheit im Umgang mit Diskriminierung und Rassismus führen bis heute zu Bearbeitungsschwächen (Schellenberg 2008; Schellenberg 2014; Cremer 2017) – mit erheblichen Auswirkungen auf unsere Arbeits- und Lebenswelt.

Rassismus und Diskriminierung im Fokus von Institutionen

Das Thema ist brisant für viele gesellschaftliche Organisationen. Ob städtische Verwaltungen, Religionsgemeinschaften, Wohlfahrtsverbände, Gewerkschaften oder Polizei: Diese sind Abbild und Vertreter*innen unserer pluralen Gesellschaft – sie arbeiten mit und für Menschen, sie sind gebunden an die Normen der Bundesrepublik Deutschland, sie haben entsprechende Arbeitsaufträge. Und sie haben eine besondere Verantwortung für ihre Mitarbeitenden und diejenigen, die ihnen anvertraut sind – ob beispielsweise in der Pflege, der Seelsorge, im Streifendienst, der Migrationsarbeit oder in der Beratung. Die gesellschaftlichen Organisationen sind mit der Pluralität der Gesellschaft konfrontiert, ebenso wie mit dem Rassismus und der Diskriminierung in dieser Gesellschaft. Weil sie sich für alle Menschen – unabhängig von ihrem sozialen Status, ihrer körperlichen Verfassung, ihrer Herkunft – einsetzen, werden Organisationen und ihre Mitarbeiter*innen heute auch selbst zur Zielscheibe von Anfeindungen.

Daher stellen sich folgende Fragen:

- *Wie können Institutionen mit den Phänomen Rassismus und Diskriminierung umgehen, welche ihre eigene Professionalität und Funktionsfähigkeit untergraben?*
- *Wie sehen adäquate, zeitgemäße Umgangsweisen mit rassistischer Diskriminierung aus?*
- *Wie reagieren Arbeitgeber, Teams und Einzelne, wenn Mitarbeitende rassistisch angesprochen werden?*
- *Was, wenn Institutionen vielleicht sogar Teil des Problems sind?*
- *Was tun, wenn Mitarbeitende ihren Dienst an Klient*innen und Bürger*innen aufgrund eigener Rassismen und jener von Institutionen nicht adäquat leisten können?*
- *Wie lässt sich überhaupt Rassismus und Ungleichbehandlung erkennen?*

Das vorliegende Training möchte für die Bearbeitung solcher Fragen Diskussionsgrundlagen und mögliche Lösungen bereitstellen. Die Inhalte des Trainings kennzeichnet ihr Selbstverständnis, in einer pluralen, demokratischen und menschenrechtlich orientierten Gesellschaft zu wirken. Im Zentrum des Trainings steht der Mensch. Ziel ist es, die Vielfalt an menschlichen und sozialen Perspektiven (u. a. rechtliche, religiöse, humanistische), die eine plurale Gesellschaft ausmachen, aufzuzeigen und kennenzulernen. Beleuchtet, reflektiert und lösungsorientiert besprochen werden dabei Herausforderungen durch Rassismus und Diskriminierung.

Diskriminierung und Rassismus als Störfaktoren pluraler Gesellschaften besprechbar machen

Das Training wird bereichert durch Erkenntnisse und Ergebnisse der Diskriminierungs- und Rassismus-Forschung (vgl. ausführlich zu den theoretischen Bezugspunkten: Schellenberg i.E.). Eine Auseinandersetzung mit diesen außerhalb dieser Publikation ist für die Durchführung nicht erforderlich. Nötiges Hintergrundwissen wird in den *Schlaglichtern* bereitgestellt. So werden hier etwa psychologische Befunde vorgestellt, beispielsweise zur sozialen Kategorienbildung, zu Stereotypen und Vorurteilen (→ *Schlaglicht D*) oder zu toxischem Stress, Trauma und Viktimisierung (→ *Schlaglicht H*). Einblicke werden auch in soziologische und sprachwissenschaftliche Befunden gegeben, so etwa in die Forschung zum *Framing* (→ *Schlaglicht O*) und zum *Othering*, dem „Andersmachen" (→ *Schlaglicht N*) oder in theoretische Ansätze wie Kritisches Weißsein (→ *Schlaglicht I*) oder Postkolonialismus (→ *Schlaglicht P*).

Die Forschungsbefunde ermöglichen, u. a. Benachteiligung, Privilegien und Machtverhältnisse in den Blick zu nehmen und soziale Positionen zu bestimmen (etwa → in der Übung 6.1 Alles beginnt mit der Kategorie oder in 7.3 Bewegen Sie sich). Benennbar werden Auswirkungen von (rassistischer) Diskriminierung auf Einzelne, Diskurse und Organisationen (etwa → in der Übung 6.4 Kein Problem Einzelner, in 6.2 Was ist Rassismus? oder in 8.1 Heimat), verschiedene Formen (rassistischer) Diskriminierung (individuelle, diskursive, institutionelle und strukturelle) sowie Professionalisierungsbedarfe der beruflichen Praxis (etwa → in der Übung 6.3 Diskriminierung?! und in 9.2 Umsetzung). Ziel des Trainings ist es, Rassismus und Diskriminierung in seiner perspektivenreichen Breite zu erkennen und Ansatzpunkte zu ihrer Bearbeitung im beruflichen Alltag und in der eigenen Organisation zu finden.

Ausgangspunkte des Trainings: (rassistische) Diskriminierung

Wir stellen den Begriff der „Diskriminierung" ins Zentrum und setzen dabei einen Schwerpunkt auf Rassismus bzw. auf rassistische Diskriminierung. Der Begriff „Diskriminierung" (→ *Schlaglicht C* ***Arbeitsdefinition Diskriminierung)*** ist für die berufliche Fortbildung ein zielführender Ausgangspunkt, um Professionalisierungsprozesse anzustoßen. Er ist für die Praxis in den Institutionen konkret fassbar und handlungsbezogen. Zudem hat er eine rechtliche Dimension. Es geht – anders als etwa bei Vorurteilen wie Rassismus, die zunächst auf der Einstellungsebene liegen – um Ungleichheitsbehandlung, also um Verhalten, das in unserer Gesellschaft und als institutionelle Praxis illegitim ist und auf das reagiert werden muss. Für das Verständnis und die Bearbeitung der Thematik darf der Blick auf die Entwicklung und Wirkung von Vorurteilen allerdings nicht fehlen. Schwerpunktmäßig nimmt das Training Rassismus als eine Dimension von Diskriminierung in den Blick (→ *Schlaglicht E* ***Arbeitsdefinition Rassismus)***. Andere Dimensionen von Diskriminierung wird gleichwohl Aufmerksamkeit gezollt (zu besonders geläufigen Dimensionen → *Schlaglicht L* ***Dimensionen von Diskriminierung. Wer wird diskriminiert?***).

Schwerpunkte: institutionelle Formen sowie bewusste und unbewusste (rassistische) Diskriminierung

Ein besonderer Schwerpunkt des Trainings liegt auf „institutionellen" Formen der (rassistischen) Diskriminierung. Sie ist für die Auseinandersetzung mit den Phänomenen in Institutionen und für Arbeitskontexte besonders relevant, da es nicht allein um Probleme auf der Ebene eines*r Einzelnen geht. Hier sind Organisationen, Arbeitgeber*innen, Führungskräfte und Mitarbeitende besonders gefragt. Sie sind es, die institutionelle Formen von Diskriminierung bearbeiten und vereiteln können. Dafür wird im Training das theoretische Handwerkszeug vermittelt und praktisch vertieft. So geht es immer wieder darum zu erkunden und zu besprechen, wann Rassismus und Diskriminierung zum eigenen, zum institutionellen Problem werden. Grundlagen hierfür werden → in der Übung 6.3 Diskriminierung?! bereitgestellt, hier setzen sich die Teilnehmenden ausführlich mit den verschiedenen Formen (rassistischer) Diskriminierung auseinander und finden Beispiele aus ihrem Berufsalltag: auf der individuellen, der diskursiven, der institutionellen und der strukturellen Ebene. Das → *Schlaglicht O* ***Matrix. Formen rassistischer Diskriminierung*** stellt dafür Hintergrundinfos bereit und veranschaulicht diese durch Beispiele. Weitere → Übungen stehen für eine vertiefende Reflexion und anknüpfende Gespräche bereit, u. a. 6.1. Alles beginnt mit der Kategorie und 8.2 Gutes Haar.

Hintergrund: institutionelle Formen

In Deutschland ist die Beschäftigung mit institutionellen Formen von Rassismus und Diskriminierung relativ jung. Jedoch gibt es für den schulischen Bereich oder die Polizei bereits einschlägige Studien und Aufsätze (Gomolla und Radtke 2009; Anwälte et al. 2015), die das Phänomen nachweisen. In Ländern wie den USA und Großbritannien wird das Thema der institutionellen Diskriminierung schon länger bearbeitet, sowohl in der Wissenschaft als auch in der Praxis. So stellte in Großbritannien der im Rahmen eines Untersuchungsausschusses unter Sir William MacPherson of Cluny (eingesetzt durch das Innenministerium) untersuchte Mord (1993) an dem Schwarzen[1] Briten Stephen Lawrence die Weichen für eine intensive Befassung mit institutionellem Rassismus und für nachhaltige Reformen bei der Polizei (1999). In Deutschland hat im Jahr 2019 die Thüringer Enquetekommission „Rassismus und Diskriminierung", die u. a. infolge von institutionellem Rassismus im Zusammenhang mit den rassistischen Terrorakten („NSU") durch das Parlament eingesetzt wurde, ausführlich das Problem „institutioneller" Formen von Rassismus und Diskriminierung beschrieben (vgl. Thüringer Enquete 2019).

Beispiele für institutionelle Diskriminierung in Deutschland sind Benachteiligung von Schüler*innen, Bewerber*innen oder Arbeitnehmer*innen mit ausländischen Familienbiografien, die z. B. seltener eine Empfehlung für das Gymnasium erhalten, seltener zu Vorstellungsgesprächen eingeladen, seltener befördert werden – trotz gleichwertiger Leistungen (weitere Beispiele → *Schlaglicht F* ***Matrix. Formen rassistischer Diskriminierung).***

Ziel des Trainings ist es, sowohl bewusste Diskriminierung als auch unbewusste und ungewollte Diskriminierung besprechbar zu machen. So sind rassistische oder sonstig menschenverachtende Äußerungen von notorischen Rassist*innen und (Neo-) Nazis oft schnell als das, was sie sein sollen – nämlich entwürdigend und verletzend – erkennbar. Doch können auch eingeschliffene Redensweisen, Arbeitsabläufe, Kriterien oder Angebote diskriminieren – ohne dass die handelnde Person oder Organisation das so beabsichtigt oder auch nur bemerkt. Hier möchte das Training ermöglichen hinzuschauen: Es schult den Blick und die Kraft der (Selbst-) Reflektion gerade auch auf diese unbewussten Formen, damit Arbeitswelten gesunder, fairer und effektiver gestaltet werden können.

Rassismus und Diskriminierung sind erstmal harte, schwierige und keineswegs heitere Themen. Dennoch, es ist ein Gewinn, sie zu bearbeiten. Denn: ein reflektierter, sensibler und kritischer Umgang mit ihnen ist Voraussetzung für den Erfolg und Wohlstand von Menschen, Organisationen und damit auch dem Frieden ganzer Gesellschaften.

---

1 „Schwarz" wird hier großgeschrieben, um zu verdeutlichen, dass es sich um eine Konstruktion handelt. „Schwarze Menschen" ist eine Selbstbezeichnung und beschreibt eine von Rassismus betroffene gesellschaftliche Position.

Literatur

Anwält*innen, Wissenschaftler*innen und NGOs (2015): CERD-Parallelbericht. Institutioneller Rassismus am Beispiel des Falls der Terrorgruppe „Nationalsozialistischer Untergrund" (NSU) und notwendige Schritte, um Einzelne und Gruppe vor rassistischer Diskriminierung zu schützen. https://www.institut-fuer-menschenrechte.de/fileadmin/user_upload/PDF-Dateien/Pakte_Konventionen/ICERD/icerd_state_report_germany_19-22_2013_parallel_Joint_report__2015_de.pdf (06.06.2022).

Cremer, Henrik/Deutsches Institut für Menschenrechte (2017): Verbreitung rassistischen Gedankenguts – Die Meinungsfreiheit hat Grenzen. In: Grenzen im politischen Meinungskampf. Zum Verbot rassistisch-diskriminierender Wahlkampagnen, Zentralrat Deutscher Sinti und Roma (Hg.), Schriftenreihe Band 11, Heidelberg 2017, S. 89-107.

M. Gomolla und F.-O. Radtke (2009): Institutionelle Diskriminierung. Die Herstellung ethnischer Differenz in der Schule. Wiesbaden.

Schellenberg, Britta (2008): Strategien gegen Rechtsextremismus in Deutschland. Analyse der Gesetzgebung und Umsetzung des Rechts. CAP Analyse. München. http://www.cap.lmu.de/download/2008/CAP-Analyse-2008-02.pdf (06.06.2022).

Schellenberg, Britta (2014): Die Rechtsextremismus-Debatte. Charakteristika, Konflikte und ihre Folgen. Edition Rechtsextremismus. Wiesbaden.

Schellenberg, Britta (2019): Den Menschen im Blick. Kompetenzen gegen Rassismus und Diskriminierung in Beruf und Alltag. In: Demokratie gegen Menschenfeindlichkeit, Heft 2, S. 126-144.

Thüringer Enquete (2019): Ursachen und Formen von Rassismus und Diskriminierungen in Thüringen sowie ihre Auswirkungen auf das gesellschaftliche Zusammenleben und die freiheitliche Demokratie. Zwischenbericht der Enquetekommission 6/1. Drucksache 6/6808. Vom 18. Februar. http://www.parldok.thueringen.de/ParlDok/dokument/70092/zwischenbericht_der_enquetekommission_6_1_ursachen_und_formen_von_rassismus_und_diskriminierungen_in_thueringen_sowie_ihre_auswirkungen_auf_das_gesell.pdf (06.06.2022).

4. Wie arbeite ich mit dem Training Antidiskriminierung?

4.1 Leitlinien

Das Training „Den Menschen im Blick" ist für die berufliche Fortbildung in der pluralen Gesellschaft Deutschlands entwickelt worden. Pädagogische Ansätze und didaktische Vorgehensweisen verfügen über konzeptionelle und normative Rahmungen. Die Rahmung bzw. das Framing „professionelle Arbeit in der pluralen Gesellschaft Deutschlands" ist grundlegend für das Training „Den Menschen im Blick" (→ Kapitel 1 und 2).

Das Konzept integriert traditionelle pädagogische Ansätze mit unterschiedlichen Grundannahmen. Voraussetzung war, dass sie sich konzeptionell unter das *Framing* von „Den Menschen im Blick" einfügen lassen. Berücksichtigt in diesem Training Antidiskriminierung werden Aspekte der Menschenrechts-, der Demokratie- und Diversity-Bildung, sowie Perspektiven von Anti-Bias-Ansätzen. Ausführlich erläutert werden diese Konzepte in den *Schlaglichtern* → *O Framing* → *P* ***Kolonialismus und*** → *I* ***Kapitel Weißsein.***

Die Gruppen, die an dem Training teilnehmen, sind sehr unterschiedlich. Auch die Teilnehmenden selbst sind sehr heterogen. Dementsprechend ist das Training adressatenorientiert, wertschätzend organisiert und hält Lern- und Fehlerräume bereit. Ziel ist es den TN zu ermöglichen, eigene Positionierungen und Haltungen individuell zu reflektieren. Das Training verlässt gleichzeitig auch die individuelle Ebene, um Routinen und Strukturen zu beleuchten, eigene Verwobenheiten mit diesen wahrzunehmen und soziale Machtverhältnisse kritisch zu reflektieren.

Das Bildungskonzept fußt auf Disziplinen- und Perspektivenvielfalt. Dies entspricht einem zeitgemäßen Wissenschaftsverständnis und ermöglicht demokratische Bildungszugänge.
Die Inhalte des Trainings beruhen auf aktuellen, wissenschaftlichen Erkenntnissen, so zum Beispiel aus der Psychologie, Erziehungswissenschaft, Soziologie, Politikwissenschaft, Religionswissenschaft und Rechtswissenschaft.

Leitlinien des Bildungskonzepts „Den Menschen im Blick" …

- … berücksichtigen den Beutelsbacher Konsens der politischen Bildungsarbeit. Damit halten sie sich konsequent an das Überwältigungs- und Indoktrinationsverbot, das Gebot der Kontroversität und an die Adressatenorientierung.
- … vermeiden rassifizierende, kulturalisierende, ethnisierende und andere vorurteilsgeleitete Rollenzuschreibungen. Auf Rollenspiele, die Vorurteile reproduzieren, festschreiben oder etablieren, wird verzichtet. Daher nehmen die TN nie die Rolle einer anderen, fiktiven Person ein.
- …vermeiden diskriminierende Aussagen oder reflektieren diese ausgiebig, damit Vorurteile nicht festgeschrieben oder „gelernt" werden.
- … schützen rassismus- und diskriminierungsbetroffene Menschen im Lernraum besonders und reflektieren ihre Bedürfnisse.
- … stärken die kritische Selbstreflektion der SL und der TN im Übungsverlauf.
- … sind praxisorientiert und für nichtakademische Bildungskontexte geeignet.

Das Training ermöglicht einen umfassenden Blick auf die Phänomene der (rassistischen) Diskriminierung. Es betrachtet individuelle, diskursive, institutionelle und strukturelle Formen. Für den Arbeitskontext erweisen sich individuelle und institutionelle Ausprägungen als besonders zentral. Darüber hinaus werden intersektionale Bezüge von Diskriminierungsverhältnissen reflektiert. Für einen tieferen Einstieg in die Themen vgl. die → *Schlaglichter F* ***Matrix. Formen rassistischer Diskriminierung*** und → ***J Intersektionalität.***

Das Bildungskonzept „Den Menschen im Blick" setzt auf Vielfalt. Die Übungen

- … sprechen unterschiedliche Lerntypen an, das Material ist niedrigschwellig zugänglich.
- … sind multimedial. Gearbeitet wird mit Videoclips, Artikelausschnitten, Erfahrungsberichten, Präsentationen – und vielfach interaktiv.
- … sind methodisch abwechslungsreich, u. a. Fishbowl, Kleingruppenarbeit, autobiographische Erkundungsreisen, dynamische Gruppenarbeit.

Vorbereitung: Empfohlen wird, dass den TN eine Vorbereitung auf das Training ermöglicht wird.

TIPP: Dafür könnte den TN die Einführung zum Training in diesem Buch zugeschickt werden. Zudem eignen sich die → Übung 7.2 Den Blick schärfen oder für fortgeschrittene TN die → Übung 7.1 Kleine archäologische Ausgrabungen für die Vorbereitung.

Nachbereitung: Ebenso macht es Sinn, einige Zeit nach dem Training eine Nachbereitung zu ermöglichen.
TIPPS: Die SL kann beispielsweise eine Auswertung oder Zusammenfassung des Trainings verschicken, oder den TN, deren während des Trainings festgehaltenen Notizen aus der → Übung 9.1 Ernte zuschicken. Wenn gewünscht, kann zu einem späteren Zeitpunkt zudem eine gemeinsame Reflexions-Runde angeboten werden *(Was hatte ich mir vorgenommen/Postkarte? Was habe ich in meinen Arbeitsalltag mitgenommen/genutzt? Was fiel mir leicht/schwer? Herausforderungen bei der Umsetzung in der Praxis?).*

Nachhaltigkeit: Bereits ein Training kann Entwicklungsprozesse bei jeder*m TN anstoßen und Mitarbeitende schulen. Für eine nachhaltige Auseinandersetzung mit Rassismus und Diskriminierung ist die Durchführungen mehrerer Trainings, etwa im Abstand von 6 Monaten, förderlich. Das Training hält dafür neben Grundlagenübungen zahlreiche Vertiefungsübungen bereit.

4.2 Haltung als SL (Seminarleiter*in)

Bevor das Training begonnen wird, sollte sich die SL mit grundsätzlichen Haltungsfragen auseinandersetzen, mögliche Herausforderungen reflektieren und Vorbereitungen treffen. Ziel sollte es sein, eine wertschätzende, respektvolle und empathische Atmosphäre herzustellen.

Wertschätzenden Umgang pflegen

Besonders bedeutsam ist die Frage der eigenen Haltung als SL, hierzu gehören u. a. der eigene Sprachgebrauch und Sensibilität bei der Thematisierung von Rassismus und Diskriminierung.

Respekt ist ein zentraler Ausgangspunkt. Respekt bedeutet „Zurückschauen, Rücksicht und Berücksichtigung" und meint Wertschätzung und Aufmerksamkeit gegenüber anderen Personen und sich selbst. Respekt kommt allen zu: Jede*r wird als Mensch prinzipiell angenommen. Ihre*Seine menschliche Würde wird respektiert.

Für einen respektvollen zwischenmenschlichen Umgang sind Einfühlung in die*den Andere*n ebenso nötig wie eine selbstkritische Reflexion der eigenen Deutungen, Positionen und Handlungen. Darüber hinaus ist eine Beschäftigung mit gewollten und ungewollten Auswirkungen des eigenen Handelns auf andere hilfreich.

Durch wertschätzende oder gewaltfreie Kommunikation (Marshall B. Rosenberg) und eine Atmosphäre der Empathie können die TN dazu befähigt werden, Situationen klarer zu erkennen und für alle Seiten annehmbarere Bewältigungsstrategien zu finden. Handelnde übernehmen selbstständig und persönlich die Verantwortung für ihr Tun und kommunizieren dies auch. Abwertung, Hass und Gewalt wird vermieden. Gleichwohl werden auch andere Positionen respektiert – solange sie nicht die Würde eines Menschen in Frage stellen.

Die Übungen des Trainings unterstreichen diese Haltung durch ihre Leitlinien (→ 4.1) bzw. dadurch, dass sie den Grundsätzen des Beutelsbacher Konsens verpflichtet sind: dem Überwältigungsverbot, dem Indoktrinationsverbot, dem Kontroversitätsgebot sowie der Adressatenorientierung. Ziel der Übungen ist es, rassistische und diskriminierende Zuschreibungen wahrzunehmen und ihnen zu entgegnen. Das Bildungskonzept geht von der pluralen Gesellschaft Deutschlands aus, in der Menschen die menschliche Würde zukommt und jede*r das Recht hat verschieden und einzigartig zu sein.

Damit können Bildungsansätzen, die mit Überrumplungsstrategien arbeiten (z. B. Blue Eyed von Jane Elliott) oder mit festschreibenden Rollenspielen keinen Platz haben. Dies ist oft bei gängigen Trainings der Fall.

In diesem Training werden keine Rollen vergeben. In dem Training bleiben die TN sie selbst, sie reflektieren sich selbst und ihre Arbeitskontexte, sowie institutionelle, diskursive und gesellschaftliche Strukturen. Das Training „Den Menschen im Blick" spricht die TN als Subjekte an und unterstützt sie als Individuen in ihrer selbstbestimmten Entscheidungs-, Handlungs- und Urteilsfähigkeit.

Diskriminierungskritischen Sprachgebrauch einfordern
Es kann vorkommen, dass während der Übung rassistische Stereotype reproduziert werden oder sich über Menschen abwertend geäußert wird. Je nach Gruppe kann es sinnvoll sein, die TN gleich zu Beginn des Trainings darauf hinzuweisen, dass es möglicherweise zu solchen Situationen kommen kann. Wenn solche Äußerungen stattfinden, fordert die SL einen rassismussensiblen und diskriminierungskritischen Sprachgebrauch ein.

Für den Fall, dass sich TN oder SL (bewusst oder unbewusst) rassistisch und diskriminierend äußern, kann es außerdem hilfreich sein, Vorgehensweisen zu verabreden, die ermöglichen, dies zum Thema zu machen. Z. B. könnten die TN grundsätzlich die Möglichkeit bekommen, eine Glocke zu läuten oder eine rote Karte zu zeigen, wenn sie bemerken, dass sich jemand diskriminierend äußert. Außerdem kann ihnen ermöglicht werden, sich über einen → Feedback-Briefkasten oder eine -Wand anonym zu beschweren. Je nach Situation, sollten die TN oder die SL kurz das spezifische Problem benennen, ggf. kann eine Reflexionsphase in der Gruppe erfolgen. Ein *Blaming* sollte (bei unbewusster Diskriminierung) vermieden werden, um das respektvolle Miteinander zu bewahren. Wenn eine intensivere Reflexionsphase gewünscht ist, kann diese mit der Methode → **NÜM-Runde** unterstützt werden.

TN empathisch im Blick haben und ihnen Freiraum ermöglichen
Von (rassistischer) Diskriminierung betroffene TN: Die thematische Auseinandersetzung mit Aspekten von Rassismus kann für betroffene Teilnehmer*innen aufgrund von persönlichen Erinnerungen und eigenen Erfahrungen belastend und schmerzhaft sein. Die TN sollten daher stets selbst entscheiden, ob und wie intensiv sie an der Übung teilnehmen möchten. Die SL sollte zu jeder Zeit die Möglichkeit geben, die Übung abzubrechen, falls das Thema emotional zu belastend ist.

TN ohne eigene Rassismuserfahrungen kann es schwerfallen, Rassismus nicht nur als individuelles Fehlverhalten zu betrachten, sondern auch als strukturelles, gesellschaftliches Phänomen, zu erkennen, in das sie selbst verstrickt sind. Darüber hinaus kann die Auseinandersetzung mit Rassismus zu Reaktionen der Abwehr, wie Ärger, Ignoranz, Frust und Relativierung, führen.

Feedback-Briefkasten oder -Wand einführen
Die TN sollen im Training die Möglichkeit bekommen, anonymisiertes Feedback zu geben. Die SL erklärt dazu am Anfang des Trainings, dass die TN ihre Überlegungen und Bedenken auf einer Moderationskarte notieren und in den Briefkasten (Karton) einwerfen bzw. an einen dafür gekennzeichneten Platz an einer Wand anbringen können, natürlich ohne Namen angeben zu müssen. Gerade bei Übungen, die viel Emotionalität und persönliche Betroffenheit mit sich bringen, ist es sinnvoll, diese Möglichkeit anzubieten. Wichtig ist die Methode dann, wenn die SL merkt, dass sich einzelne TN unwohl oder durch Wortbeiträge anderer TN verletzt fühlen. Hiermit kann vermieden werden, dass sich diese Person(en) exponieren müssen oder in Diskussionen verwickelt werden. Die Entscheidung, ob sie anonym bleiben wollen, kann ihnen so selbst vorbehalten werden. Die SL stellt sicher, dass der Seminarraum diskriminierungssensibel bleibt. Der Feedback-Briefkasten/Wand wird regelmäßig nach Pausen ausgeleert, angeschaut und besprochen.

4.3 Methoden

Das Training zeichnet sich durch Methodenvielfalt aus. Im Folgenden wird ein Überblick über die wichtigsten der genutzten Methoden gegeben. Rassismuskritische und diskriminierungssensible Methoden spielen eine hervorgehobene Rolle. Sie eignen sich besonders für die kritische Auseinandersetzung mit Rassismus & Diskriminierung. Dabei werden Herausforderungen bei der Durchführung angesprochen, sowie Tipps für einen respektvollen und wertschätzenden Umgang mit den Teilnehmenden (TN) gegeben.

TIPP: Da die Erläuterung zu jeder Methode jeweils mit einem Verweis auf korrespondierende Übungen aus dem Training abschließt, kann die Übersicht für eine Trainingsgestaltung genutzt werden. Die SL kann damit ein Seminar mit methodischer Abwechslung und Vielfalt garantieren.

Rassismuskritsche und Diskriminierungssensible Methoden

▶ ***Autobiographische Erkundungen – Biografiearbeit***

Die Betrachtung der eigenen Biografie und der Biografie von anderen ermöglicht den TN, sich auf eigenem Weg dem Thema Rassismus und Diskriminierung zu nähern. Diese Annäherung geschieht weniger über die Bewertung des Gesagten, den Meinungsaustausch oder durch eine Unterteilung in Wahres oder Falsches, sondern über die Suche nach eigenen Erkenntnissen. So können ggf. auch Abwehrreaktionen von TN vermieden werden.

Es wird sichtbar, dass das Thema Rassismus viele, meist sogar alle TN bereits seit ihrer Kindheit – auf dem einen oder anderen Weg – begleitet und sie prägt. Mit Hilfe der Rekonstruktion von Biografien kann herausgearbeitet werden, wie personale Identität – so individuell sie erscheinen mag – immer auch mit der gesellschaftlichen Ebene verknüpft ist. Die Methode wird in der → Übung 7.1 Kleine archäologische Ausgrabungen genutzt. Darüber hinaus, sind autobiographische Erkundungen in der → Übung 5.2 Mein Name ist vorgesehen. Die Biografien anderer werden in der → Übung 6.4 Kein Problem Einzelner betrachtet. Reflexionen über die eigene und über andere Biografien werden in zahlreichen Übungen angeregt.

▶ ***Diskriminierungskritische Analyse-Fragen***

Der Fragenkatalog aus dem „Rassismuskritischen Leitfaden" eignet sich als Ansatzpunkt für eine kritische Analyse – von Bildern und Sprachfiguren bis hin zu Videoclips und Texten. Es stellt sich die grundsätzliche Frage: *Wird hier (gewollt oder ungewollt) rassistisch, sexistisch usw. diskriminiert?* Folgende (hier vereinfachte) spezifische Fragen können zur Reflexion anregen und eine diskriminierungskritische Analyse ermöglichen:

An wen richtet sich das Material/Angebot?

Wer spricht? Wessen Perspektiven werden dargestellt und gehört?

Wessen Perspektiven werden nicht abgebildet?

Wer darf (nicht) entscheiden? Wer darf (nicht) mitbestimmen? Wobei?

Wie wird über wen geredet?

*Wer wird wie dargestellt? (U. a. fragen: Sind Schwarze Menschen als Wissensträger*innen sichtbar und ganz selbstverständlich, beiläufig ein Teil des Geschehens? Sind sie selbstständige Akteur*innen?)*

Wer wird nicht repräsentiert?

Welche Ziele hat wer für wen?

Wo bewegt sich wer und mit wem?

Wie offen darf gesprochen werden? (Wer darf sprechen?)

Wer hat welchen (selbst gewählten) Raum? Welches/wessen Wissen wird als relevant erachtet bzw. wie viel davon?

Welchem Wissen wird Raum gegeben? Was fehlt? Was (und wer) wird als relevant betrachtet? (Z. B. als „wissenschaftlich", als Teil des allgemeinen Wissenskanons? Als unwissenschaftlich oder weniger wichtiges Spezialwissen?)

Welche Kategorien/ Begriffe, um die Welt zu erklären/einzuteilen, werden wie benutzt?

Welche unhinterfragten Normalitäten weist das Material/Angebot auf? Was/wer wird als normal angesehen/dargestellt? Was/wer als abweichend/anders?

Diese diskriminierungskritischen Fragen werden in der → Übung 8.4 Der Blick des Herrschers genutzt. Sie eigenen sich jedoch insgesamt, um die eigene Analysefähigkeit zu schulen. Wegen ihrer herausragenden Bedeutung für einen rassismus- und diskriminierungskritischen Blick, könnten sie von der SL im Raum angebracht werden oder den TN an geeigneter Stelle ausgeteilt werden. Zielführend eingesetzt werden können die Fragen sehr unmittelbar in den → Übungen 7.2 Den Blick schärfen, 8.2 Gutes Haar und 8.5 Lass mich sein wie ICH es will, nicht so, wie DU es für richtig hältst!

▶ **Poetry Slam**

Das Slammen ist eine kulturelle und literarische Kunstform, bei der die gesprochene Sprache bzw. das Dichten im Fokus stehen. Dabei interagiert die*der sprechende Künstler*in mit dem Publikum und versucht, mit Worten zu überzeugen. Das Slammen über Diskriminierungserfahrungen oder Hassposts kann eine empowernde Wirkung sowohl für den Slammer, als auch für andere Personen mit Diskriminierungserfahrung haben.

Poetry Slam ist Bestandteil der Übung 8.1 Heimat und wird im → *Schlaglicht M* ***Empowernment durch die Kunst der Worte – Bloggen, Slammen und Rappen*** anhand von Beispielen veranschaulicht. Heimat ist eine kreative Übung, die die TN für den Umgang mit Hass, sowohl online als auch offline stärkt. Hier lernen die TN einen Poetry Slam kennen und haben auch die Gelegenheit selbst kreativ zu werden, indem sie gemeinsam in der Gruppe oder alleine eine „Antwort" auf rassistische Zuschreibungen zu ihrer Person oder auf Abwertung ihrer Arbeit (z. B. der Beratungstätigkeit für Wohnungslose oder für Geflüchtete) verfassen.

▸ **Videoclips: Impulse von Expert*innen**

Ob Expert*innen-Interviews, Erfahrungsbericht oder Statement – Videoclips eignen sich für den Einsatz im Training: Sie können als thematische Hinführung, als salopper Einstieg, als Hintergrundinfo und Vertiefung zu Einzelaspekten dienen.

Thematisch einführende Videoclips sind für die → Übung 6.3 Diskriminierung?! und die Übung 8.4 Blick des Herrschers – bereitgestellt. Bei ersterem wird in „Formen von Diskriminierung" eingeführt, beim zweiten in das Konzept des „Framings". In anderen Übungen können Clips herangezogen werden, in denen Menschen ihre Erfahrungen mit Rassismus, Sexismus und anderen Diskriminierungsarten teilen. In der Übung 8.1 Heimat werden Erfahrungsberichte genutzt. Einen Schwerpunkt bilden Clips zum Phänomen des institutionellen Rassismus, u. a. stehen Interviews mit der Fachanwältin für Strafrecht und NSU-Nebenklageanwältin beim Prozess am Oberlandesgericht München, Seda Başay-Yildiz, sowie mit Abdulkerim Şimşek, Sohn von NSU-Opfer Enver Şimşek aus Nürnberg und mit Tahir Della von der Initiative Schwarze Menschen in Deutschland Bund e. V. (ISD-Bund e. V.) bereit. Diese und eine Reihe weiterer „Clips" finden Sie unter: https://www.den-menschen-im-blick.de/stimmen/ (vom 01.06.2022).

Arbeiten in Teams – Kleingruppenarbeit

In zahlreichen Übungen werden Inhalte in Kleingruppen, Teams oder Paaren erarbeitet. Dafür werden verschiedene Methoden angeboten. Tipps für die SL sollen einen vorausschauenden und geschmeidigen Ablauf erleichtern.

▸ **Cocktailparty**

Die Methode eignet sich als Einstieg. Es werden für eine niederschwellige Reflexion Paargespräche geführt. Bei einer Cocktailparty läuft zunächst Musik und die TN schlendern durch den Raum (ganz wie bei einer Party). Die SL erklärt einführend, dass, sobald die Musik stoppt, sich jede*r TN eine*n Partner*in sucht. Die SL stellt dann eine Reflexionsfrage, die die TN je zu zweit besprechen. Nach zwei Minuten wird die Musik wieder angestellt und die TN „spazieren" erneut durch den Raum. Die Durchläufe können beliebig häufig stattfinden. Empfohlen werden drei Runden.

TIPPS: (1) Die SL kann vor Beginn der Party zunächst alle Reflexionsfragen nennen, damit die TN kurz Zeit haben, darüber zu reflektieren.
(2) In der Zeit, in der SL oder TN-Paare reden, kann die Musik ausgeschaltet werden oder leise weiterlaufen.
(3) Statt Musik kann auch ein Signalton, beispielsweise ein Glockenton, die Paargespräche einläuten oder beenden.

Die Methode wird in der → Übung 7.2 Den Blick schärfen und der → Übung 8.4 Der Blick des Herrschers eingesetzt. Es handelt sich um eine dynamische Methode, die insbesondere ermöglicht, locker Gespräche über persönliche Erfahrungen und Eindrücke zu führen, auch um sich komplexen Themen zu nähern. Gleichwohl ist es möglich, Fragen, die eine Gruppe besonders beschäftigen, durch eine Cocktailparty anzusprechen. Beispielsweise können Fragen aus der → Übung 7.1 Kleine archäologische Ausgrabungen entsprechend aufgegriffen werden. Für eine vertiefende Reflexion bietet sich im Nachgang einer Cocktailparty die Durchführung einer → NÜM-Runde an.

Wie teile ich eine Kleingruppe ein?

Die einfachste Methode, um Kleingruppen einzuteilen, ist das Durchzählen. Die SL zählt – je nach Anzahl der benötigten Kleingruppen – die TN bis z. B. vier durch. Die TN mit der gleichen Zahl gehen in eine Gruppe (hier insgesamt also vier Gruppen). Vorteil dieser Einteilung ist, dass Personen willkürlich in Kleingruppen zusammenkommen und nicht etwa, weil sie im Training nebeneinandersitzen.

Bei ausreichend Zeit ist es natürlich auch möglich, TN nach ihren Interessen bestimmte Kleingruppen-Themen auswählen zu lassen. Dafür sollten eingangs alle Themen kommuniziert werden und wie viele TN eine Gruppe haben soll (mindestens und höchstens). Die SL oder eine TN sollte die Einteilung dann moderieren, um Unklarheiten zu vermeiden.

Zahlreiche Übungen haben Phasen der Kleingruppenarbeit, beispielsweise Übung 6.2 Was ist Rassismus? und Übung 6.5 Was ist das Volk?

▸ Empowerment durch Kleingruppen-Einteilung

Mitunter ist es nötig, dass die SL Schwarzen TN bzw. TN mit Diskriminierungserfahrung anbietet und sie ggf. dazu ermutigt, in eine Gruppe mit Schwarzen-TN bzw. mit TN mit Diskriminierungserfahrung zu gehen. Damit kann ein geschützterer Raum für den persönlichen Austausch ermöglicht werden, der stärkend wirkt. So kann es beispielsweise bei Gruppen, die primär von weißen Menschen, besetzt sind, sein, dass Schwarze TN Verletzungen erfahren oder ihre Erfahrungen nicht einbringen wollen oder können. (Hierzu → Kapitel 4.2: TN empathisch im Blick haben und Freiraum ermöglichen).

Empfehlenswert ist eine sensible Kleingruppen-Einteilung beispielsweise bei der → Übung 7.1 Kleine archäologische Ausgrabungen, ggf. auch bei → Übung 7.3 Bewegen Sie sich …

▸ Murmelrunde/Flüstergruppe

Eine Murmelrunde bzw. Flüstergruppe meint den leisen Austausch zwischen zwei bis drei TN, die nebeneinandersitzen. Durch diese Methode der Zusammenarbeit kann Zeit gespart werden, da es zu keiner großen Gruppenbildung und -diskussion kommt. Außerdem können wichtige Punkte „unter vier Augen" und damit in privaterer Atmosphäre besprochen werden, die dann strategisch und gemeinsam in eine Großgruppendiskussion eingebracht werden können. Es handelt sich um eine ruhige Methode. Ist eine dynamischere Methode gewünscht, kann auf die → Cocktailparty zurückgegriffen werden. Ist mehr Zeit für Austausch nötig oder gegeben, können andere Formen der Kleingruppenarbeit gewählt werden.

Die Methode wird in → Übung 6.1 Alles beginnt mit der Kategorie eingesetzt. Sie könnte auch zielführend bei den → Übungen 6.2 Was ist Rassismus?, 7.1 Kleine archäologische Ausgrabungen oder 7.2 Den Blick schärfen genutzt werden.

Präsentation & Auswertung: Wie mache ich Besprechungen in der Gesamtgruppe?

Nach Erarbeitungsphasen und am Ende des Trainings werden Ergebnisse gesichert, zentrale Punkte vertiefend besprochen, reflektiert oder zusammengefasst. Für gemeinsame Besprechungen in der Gesamtgruppe stehen verschiedene Methoden bereit, die sich in ihren Schwerpunktsetzungen unterscheiden.

(1) Ergebnisvorstellung aus Kleingruppenarbeit

▸ Ausstellung

Wichtige erarbeitete Kernpunkte des Seminars oder Arbeitsergebnisse der TN werden gut sichtbar im Raum, z. B. an einer Pinnwand oder einer Wand des Raumes, aufgehängt und werden dort von Expert*-innen-Gruppen der Gesamtgruppe vorgestellt. Die ausgestellten Arbeitsergebnisse können bis zum Ende des Trainings im Raum befestigt bleiben. Sie erinnern somit an Gelerntes, dienen als Grundlage für Gespräche und können in darauffolgenden Übungen unterstützend herangezogen werden. Sinnvoll kann darüber hinaus auch die „Ausstellung" von Grundlagen-Wissen, wie es in den Schlaglichtern zusammengefasst ist, sein.

Die Methode wird in den → Übungen 6.3 Diskriminierung?! und 6.4 Kein Problem Einzelner eingesetzt. Darüber hinaus können weitere wichtige Informationen im Raum befestigt werden: so können ausgewählte Schlaglichter großformatig ausgedruckt und an Wänden angebracht werden. Besonders grundlegend für das Training sind etwa die → *Schlaglichter E* ***Arbeitsdefinition Rassismus,*** → *C* ***BinGo Diskriminierung,*** das → *Schlaglicht F* ***Matrix. Formen rassistischer Diskriminierung*** und das *Schlaglicht L* ***Dimensionen von Diskriminierung.***

▸ **Fishbowl: Podiumsdiskussion**
Die Methode eignet sich, um kontrovers zu diskutieren und kontrovers debattierte Themen näher zu beleuchten. Dafür werden verschiedene Teams (bzw. Kleingruppen) eingeteilt, die sich jeweils eine bestimmte Position erarbeiten, indem sie Argumente dafür finden. Jeweils eine Person pro Team vertritt die Team-Position anschließend auf dem Podium oder in der Fishbowl (die ausgewählten Personen sitzen im Zentrum und so, dass sie sich anschauen, die übrigen TN sitzen um die ausgewählten Personen außen herum). Bei drei unterschiedlichen Teams/Positionen diskutieren also drei Personen.

Die Beteiligung der Teams und eine gewisse Dynamik werden dadurch gewährleistet, dass die Mitglieder der Teams „ihre Person" jederzeit auswechseln können. Dafür wird die*der Diskutant*in gebeten den Stuhl freizugeben. Zudem ist es möglich, die*der Diskutant*in, hinter ihr*ihm stehend, Argumente zu soufflieren.

Die Methode kommt in der → Übung 8.3 Wo kommst Du her? zum Einsatz. Sie kann darüber hinaus im Training dazu genutzt werden, kontrovers diskutierte, aktuelle Themen aufzugreifen, um eine rassismuskritische und diskriminierungssensible Position zu erarbeiten. Diese Methode macht unterschiedlicher Argumente und (Selbst-) Verständnisse sichtbar.

▸ **Galeriespaziergang/Museumsrundgang**
Es handelt sich um eine Methode zur Präsentation von Arbeitsergebnissen. Die Arbeitsergebnisse (hier: Personenposter oder Infoposter) werden im Raum aufgehängt (wie bei der Methode → Ausstellung). Die TN betrachten in einem ersten Rundgang die im Raum angebrachten Arbeitsergebnisse.

Im zweiten Schritt positionieren sich die jeweiligen Kleingruppen als Expert*innen vor ihrem Poster und stellen ihre Ergebnisse der Gesamtgruppe vor. Es wird unterschieden zwischen Personenpostern und Infopostern. Bei ersteren steht eine Person und deren Erfahrungen im Mittelpunkt; beim Infoposter die jeweilige Perspektive auf das Thema. Nach der Präsentation können Nachfragen gestellt werden.

Die Methode kann in den → Übungen 6.3 Diskriminierung?! und 6.4 Kein Problem Einzelner eingesetzt werden. Sie eignet sich grundsätzlich als Präsentationsmethode von Ergebnissen aus → Kleingruppenarbeit, wie sie u. a. auch in der → Übung 8.4 Der Blick des Herrschers oder der → Übung 6.5 Was ist das Volk? erarbeitet werden.

(2) (Selbst-)Reflexion
▸ **Cocktailparty**
Die Methode eignet sich als niederschwelliges Reflexionsgespräch zwischen jeweils zwei TN. Mehrere solcher Gespräche mit wechselnden TN sind möglich. Näheres zur Methode → Ergebnisvorstellung unter „Arbeit in Teams – Kleingruppenarbeit".

▸ **META-Runde: Professionell auf der Fachebene reflektieren**
Es handelt sich um eine Auswertungsrunde auf der Metaebene. Ziel ist es, bestimmte Inhalte oder die Durchführbarkeit einzelner Übungen in der eigenen Institution, mit dem eigenen Team oder mit einzelnen Mitarbeitenden kritisch zu reflektieren. Denn es stellt sich die Frage: Welchen Nutzen hat der Inhalt? Welche Folgen? Ist er angemessen? Möglich sind auch Fragestellungen wie: Ist der Input/die Methode angemessen für die Zielgruppe? Um Anpassungsbedarf vorab zu erkennen: Wo kann ggf. noch ergänzt oder geschärft werden?

Diese Methode wird in der → Übung 5.2 Mein Name ist … genutzt. Die Methode kann zudem im Anschluss einer jeden Übung durchgeführt werden – eine solche abstrakte Reflexion der Inhalte bzw. Methoden und Ziele kann Führungskräften oder Trainer*innen eine zielgruppenspezifische Schärfung einer Übung oder einer Trainingseinheit ermöglichen.

▸ **NÜM-Runde: (Selbst-)Reflexion ohne Bewertung und Kommentar**
Diese Methode regt die Selbst-Reflexion der TN an und ermöglicht Eindrücke anderer TN wahrzunehmen. Die TN werden – im Anschluss an eine Übungseinheit, eine Übung oder einen Trainingstag – gefragt, was sie *nützlich*, was sie *überraschend* und was sie *merkwürdig* fanden (*im Sinne von seltsam* und auch *des Merkens würdig*). Wichtig ist, dass die Äußerungen von den TN weder bewertet noch kommentiert werden dürfen. Sie stehen für sich im Raum.

Für einen geordneten Ablauf und um die TN dafür zu öffnen, eigene Reflexionen mit der Gruppe zu teilen, gibt die SL einen Ball (oder sonstigen Gegenstand) in die Runde. Wer den Ball in den Händen hält, kann sich äußern, muss es aber nicht. Die Weitergabe des Balls zur*m nächsten TN wird so lange fortgeführt, bis kein TN mehr etwas sagen möchte. Wird der Ball in der Runde jeweils zur*m Nachbar*in weitergereicht, kann eine bedächtige und diskriminierungsarme Atmosphäre entstehen.

TIPP: Bereiten Sie ein Poster/Tafel mit den NÜM-Begrifflichkeiten vor, bringen Sie es im Raum an und verweisen Sie darauf während der Reflexions-Runden.

Die Methode ist integraler Bestandteil der → Übungen 5.3 BinGo-Diskriminierung, 7.1 Kleine archäologische Ausgrabungen, 7.2 Den Blick schärfen, 7.3 Bewegen Sie sich ... 7.4 Ein Date mit Chris und 8.3 Wo kommst Du her? Ihr Einsatz wird zudem in den Übungen 6.5 Was ist das Volk? und 8.2 Gutes Haar empfohlen.

Die NÜM-Runde eignet sich immer dann, wenn eine Reflexions-Runde auf individueller und unmittelbarer (nicht abstrakter) TN-Ebene in der Gesamtgruppe sinnvoll ist. Allerdings sollte bedacht werden, dass dieser Methode ausreichend Zeit eingeräumt werden muss, mindestens drei Minuten pro TN.

(3) Auswertung im Gruppengespräch

- **Angeleitetes Gruppengespräch: Ergebnissicherung und Vertiefung anhand konkreter Fragestellungen**

Die SL stellt konkrete Fragen, die mit allen TN in der Gesamtgruppe diskutiert werden. Die SL moderiert das Gruppengespräch. Die Methode eignet sich, um erarbeitete Inhalt in der Gesamtgruppe zu besprechen und auszuwerten. Mit ihr können Ergebnisse gesichert, noch offene Fragen bearbeitetet und einzelne Aspekte vertieft werden.

Diese Methode wird in fast allen Übungen genutzt.

- **Offene Gesprächsrunde: Gedanken und Fragen der TN „herausholen" und besprechen**

Die TN setzen sich in einen Stuhlkreis und sehen einander gut. Sie werden sodann aufgefordert, ihre Gedanken oder Fragen zu den bearbeiteten Inhalten mit den anderen TN und der SL zu teilen. Die TN äußern sich offen, sobald sie ihre Reflexionen mit der Gesamtgruppe teilen möchten. Es gibt keine besondere Abfolge der TN-Beiträge.

Es ist von Vorteil, wenn die Gruppenmitglieder bereits gut vertraut miteinander sind und dabei durch persönliche Reflexionen oder Lernschritte einander weiter zum Nachdenken anregen. Es sollte darauf geachtet werden, dass möglichst viele TN zu Wort kommen. Eine offene und wertschätzende Lernumgebung und eine zurückhaltende, aber klare Moderation schafft dafür eine gute Basis.

Die offene Gesprächsrunde wird in der → Übung 6.5 Was ist das Volk? genutzt. Sie kann immer dann eingesetzt werden, wenn die zuvor bearbeiteten Inhalte, ergebnisoffen und ohne konkrete Fragen besprochen werden sollen – was im Prinzip bei allen Übungen möglich ist. Denn es kommen stets Gesprächsphasen in der Gesamtgruppe vor.

II

ÜBUNGEN

5 ÜBUNGEN ZUM EINSTIEG

Kennenlernen der Inhalte des Trainings und der Gruppe

Einstiegsaktivitäten werden häufig auch „warming up" oder „Eisbrecher" genannt. Ihr Ziel ist es in die Thematik einzuführen, die Teilnehmenden (TN) untereinander bekannt zu machen und eine offene Arbeitsatmosphäre herzustellen. Die drei Einstiegsübungen sind keineswegs inhaltslose und damit für das Training irrelevante Kennenlernspiele. Im Gegenteil: Sie greifen die Trainingsinhalte auf, sensibilisieren für sie und sind mit den Trainingszielen verknüpft. Sie klären Bedarfe und Zielvorstellungen, ergründen die Erfahrungen und die Verwobenheit der TN mit den Themen ebenso wie ihr fachliches Vorwissen. Und schließlich generieren sie teilnehmerorientierte Zugänge und regen zur Zusammenarbeit an.

In der Übung **5.1 Ich und meine Organisation. Was nützt es mir?** besprechen die TN, was ihnen das Training persönlich nützt und welchen Nutzen es für die eigene Organisation bringt. Die TN stellen sich in der Übung persönlich vor. Es handelt sich damit auch um eine Kennenlernübung.

Ebenso ist die Übung **5.2 Mein Name ist …** zum ersten Kennenlernen geeignet. Hier setzen sich die TN mit der Bedeutung ihres Namens und mit den ihm verbundenen Identitätskonstruktionen auseinander.

Die Übung 5.3 **BinGo Diskriminierung** schafft eine lockere Einstiegsatmosphäre in die Thematik und ermöglicht, dass sich die TN spielerisch kennenlernen. Es handelt sich um ein einfaches Wissens-Spiel, bei dem die*derjenige gewinnt, der am besten mit den anderen TN kommuniziert.

Die Schlaglicht-Seiten zwischen den Übungen

Zwischen den Übungen finden sich Schlaglicht-Seiten, die entweder fachliche Hintergrundinfos geben oder einschlägige Erfahrungen porträtieren. Sie stehen im inhaltlichen Zusammenhang mit ihrer jeweiligen Platzierung vor, nach oder zwischen bestimmten Übungen.
Das *Schlaglicht A* beschreibt ***Herausforderungen und Chancen des Trainings.***
Das *Schlaglicht B* gibt einen Überblick über deutsches ***Recht und Gesetz*** im Themenfeld.
Das *Schlaglicht C* offeriert eine ***Arbeitsdefinition Diskriminierung.***

5.1 ICH UND MEINE ORGANISATION. WAS NÜTZT ES MIR?

Der Nutzen des Trainings für mich und für meine Organisation

I. Allgemeine Infos zur Übung

Titel der Übung: Ich und meine Organisation. Was nützt es mir?

Fachtitel: Der Nutzen des Trainings für mich und für meine Organisation

Zuordnung und Voraussetzung
Einstiegsübung. Keine Voraussetzungen.

Themenbereiche/Schlagworte
Rassismus (→ *Schlaglicht E*), Diskriminierung (→ *Schlaglicht C*), Reflexion, Praxis

Anzahl der Teilnehmenden
6–12, maximal 30 Personen

Lernziele
- TN reflektieren über ihre persönlichen Erwartungen an das Training.
- TN reflektieren über Interessen bezüglich ihrer Organisation.
- TN tauschen sich über ihre eigenen Interessen und die ihrer Organisationen aus.
- TN sind für die Bedeutung von Rassismus und Diskriminierung sensibilisiert.
- TN und SL lernen sich kennen.

Zeit
Gesamtdauer (je nach TN-Zahl) 45–75 (ggf. bis zu 120) Minuten
1. Phase: Einführung und individuelles Brainstorming. Dauer: 10 Minuten
2. Phase: Ergebnisvorstellung. Dauer (je nach TN-Zahl): 20–35 (bei hoher TN-Zahl bis zu 60 Minuten)
3. Phase: Zusammenfassung und Ausblick. Chancen und Herausforderungen. Dauer: 15–30 Minuten

Materialien
- Flipchart/Tafel oder Beamer und Laptop für PowerPoint-Folie
- Moderationskarten in zwei Farben
- Stifte
- Pinnwand mit Stecknadeln bzw. Magnettafel mit Magneten

Räumlichkeiten
Der Seminarraum muss adäquat für die → Kleingruppenarbeit sein.

Kombination mit anderen Übungen
Eignet sich als erste Übung im Training. Danach bietet es sich an, eine der Grundlagenübungen, z. B. 6.3 Diskriminierung?!, durchzuführen.

II. Ablauf und konkrete Schritte

1. Phase: Einführung und individuelles Brainstorming. Dauer: 10–12 Minuten

Vorbereitung
SL schreibt den Auftrag für die individuelle Erarbeitungsphase für alle sichtbar auf, z. B. auf Flipchart oder PowerPoint-Folie:

Aufgabenstellung

Ich & meine Organisation. Kompetent gegen Rassismus und rassistische Diskriminierung.

1. Machen Sie sich Notizen zu den beiden **Fragen:**
- *Was nützt das mir? (Eigenmotivation)*
- *Was nützt das meiner Organisation?*
2. Nutzen Sie dafür Moderationskarten in unterschiedlichen Farben, z. B. zu (1) weiß, zu (2) orange.

SL bereitet Pinnwand bzw. Magnetboard mit zwei Rubriken vor: (1.) ICH (2.) Meine Organisation. Die TN werden dort später ihre Moderationskarten anbringen.

Die SL erläutert, dass sich die TN zunächst individuell überlegen sollen, welchen Nutzen sie in der Auseinandersetzung mit Rassismus und rassistischer Diskriminierung sehen.
Dazu sollen sie sich entlang der beiden vorgegebenen Fragen (→ oben) auf den Moderationskarten Notizen machen.

2. Phase: Ergebnisvorstellung. Dauer: 45 Minuten

Die SL fordert die TN auf, sich selbst und die eigenen Ergebnisse einzeln vorzustellen. Dafür hat jede*r TN bis zu 3 Minuten Zeit.

Aufgabenstellung

1. Stellen Sie sich kurz persönlich vor. Nennung von Name und Organisation/Bereich.
2. Befestigen Sie ihre Moderationskarten in der passenden Spalte („Ich" bzw. „Meine Organisation") der Pinnwand/des Magnetboards.
3. Stellen Sie die jeweiligen Inhalte kurz vor.

TIPP
Die TN können bei der Ergebnisvorstellung darum gebeten werden, ähnliche Inhalte zu clustern.

3. Phase: Zusammenfassung und Ausblick. Chancen und Herausforderungen.
Dauer: 15–30 Minuten

Abschließend fasst die SL die Ergebnisse zusammen. Sie benennt Punkte, die mehrfach genannt wurden und hebt ggf. Einzelaspekte hervor.
Anknüpfend an das Gespräch über den Nutzen für jede*n Einzelne*n und für die (jeweilige) Organisation kann die SL Chancen und erwartbare Herausforderungen des Trainings mit den TN besprechen (mögliche Inhalte → *Schlaglicht I*).

Lösungsvorschlag:
Ergebnisplakat „Ich" und „Meine Organisation"

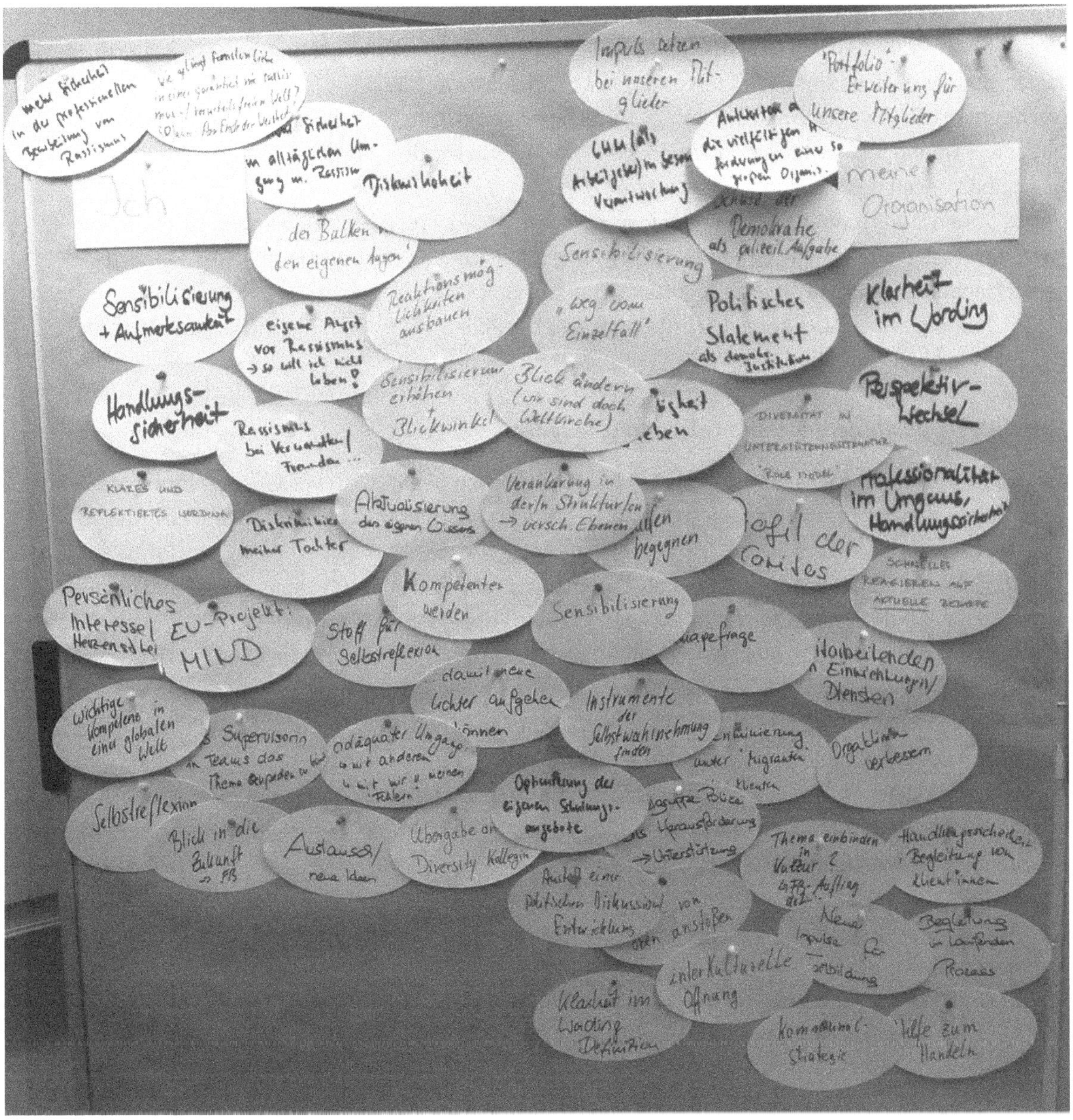

Ergebnisplakat vom Round Table, Oktober 2017, München

III. Fachliche und methodische Hintergrundinfos für SL

Fachliche Hintergrundinfos

→ *Schlaglicht A* ***Herausforderungen und Chancen des Trainings***

Methodischer Hinweis

Durch die Übung werden Vorwissen und Bedarfe der TN sichtbar. Die SL kann diese bei der Zusammenstellung der Übungen und weiteren inhaltlichen Planung des Trainings berücksichtigen.

Schlaglicht A
Herausforderungen und Chancen des Trainings

Erwartbare Herausforderungen und nötige Reflexionsschritte

Um zu einem kritischen Umgang mit Rassismus und Diskriminierung zu befähigen, ist es hilfreich, sich zunächst über die Eigenmotivationen und den Nutzen klarzuwerden.
Nachdem die TN den Nutzen des Trainings für sich persönlich und für ihre Organisation reflektiert haben (→ Übung 5.1), sollten sie zudem in die Lage versetzt werden, die erwartbaren Herausforderungen und Chancen des Trainings zu reflektieren.
Vor zu hohen Erwartungen muss gewarnt werden, um spätere Frustration zu vermeiden: Ein Training kann die TN zu (Selbst-) Reflexion und Problemsensibilität befähigen, ihnen Fachwissen vermitteln sowie Handlungsmöglichkeiten besprechen. Aber:

- Das Training selbst kann nur ein Schritt innerhalb der Personalentwicklung und Organisationsentwicklung einer Organisation sein.

Folgende Herausforderungen sind ebenso zu bedenken

1. (Um-)Lernen im Erwachsenenalter: Selbst bei einer großen Bereitschaft vorliegende Problematiken zu bearbeiten, ist es schwierig und braucht Zeit, um eingeschliffene Denk- und Sprachmuster zu überwinden.
2. Jede Organisation, jeder organisationale Rahmen hat eine spezifische Organisations- und Lernkultur, an die mindestens Andockmöglichkeiten gefunden werden müssen, um nachhaltig Wirkungen entfalten zu können. Dies stellt besondere Anforderungen an die SL, vor allem aber auch an die TN.
3. Es gibt stets Dilemmata (z. B. Idealvorstellungen versus Praxiserfahrung), die kritisch reflektiert werden müssen. Sie sollten im Training angesprochen werden, damit sie zum Ausgangspunkt für eine fundierte Auseinandersetzung werden können.
4. Nötig ist es, die eigenen Grenzen der Einflussmöglichkeiten auf den Berufsalltag und die Abläufe in der eigenen Organisation zu reflektieren, nicht zuletzt um Frustration zu vermeiden, die bei zu kurzfristig und zu hoch gesteckten Zielen eintreten kann.

Um die Themen nachhaltig und institutionell bearbeiten zu können, ist es hilfreich, sich folgende **Fragen** zu stellen:

- Was sind die *Praxisprobleme* der jeweiligen Berufsgruppe und Organisation?
- Welche *institutionellen Logiken* gibt es, die möglicherweise zu ungewolltem Rassismus und ungewollter Diskriminierung führen?

Die vielschichtigen und perspektivenreichen Übungen des Trainings können helfen, gemeinsam praktische Antworten zu erarbeiten. So entstehen im Training durch die Vermittlung und Verschränkung unterschiedlicher Perspektiven der Beteiligten spezifische, zielgruppenorientierte Herangehens- und Umgangsweisen.

Empfehlenswert für die individuelle ebenso wie für die institutionelle Auseinandersetzung ist die Durchführung einer (anonymen) Befragung. Durch sie kann die Situation am Arbeitsplatz und in der eigenen Organisation beschrieben und besser eingeschätzt werden. Ihre Ergebnisse können als Grundlage für eine zielgruppenspezifische Auseinandersetzung herangezogen werden.

5.2 MEIN NAME IST …

Identitätskonstruktionen und die Bedeutung des Namens

I. Allgemeine Infos zur Übung

Titel der Übung: Mein Name ist …

Fachtitel der Übung: Identitätskonstruktionen und die Bedeutung des Namens

Zuordnung und Voraussetzung
Einstiegs- und Kennenlernübung. Keine Voraussetzungen.

Themenbereiche/Schlagworte
Kennenlernen; Diskriminierung (→ *Schlaglicht C*), Intersektionalität (→ *Schlaglicht J*), Identität

Anzahl der Teilnehmenden
6–12, maximal: 25 Personen

Lernziele
- TN lernen sich untereinander kennen.
- TN setzen sich autobiographisch mit verschiedenen Diskriminierungsformen auseinander.
- TN benennen Konsequenzen von Namensgebungen.
- TN reflektieren über mögliche Machtgefüge bei der Benennung von Personen oder auch Objekten.

Zeit: Gesamtdauer 50 Minuten
1. Phase: Einstieg mit Gesamtgruppe. Dauer: 5 Minuten
2. Phase: Individuelle Bearbeitungsphase. Dauer: 10 Minuten
3. Phase: Reflexion in der Gesamtgruppe. Dauer: 35 Minuten

Materialien
- Arbeitsblatt: Mein Name ist …
- Stifte

Räumlichkeiten
Der Seminarraum sollte adäquat für die Gruppengröße sein und genügend Platz für die individuelle Bearbeitung der Aufgabe bieten.

Kombination mit anderen Übungen
Diese Übung ist eine Einstiegsübung, um über Diskriminierung autobiographisch zu reflektieren. Sie ist gut kombinierbar mit den → Übungen 6.1 Kleine archäologische Ausgrabungen oder 6.4 Ein Date mit Chris.

II. Ablauf und konkrete Schritte

1. Phase: Einstieg mit Gesamtgruppe. Dauer: 5 Minuten

Die Seminarleitung führt in das Thema ein und erklärt die Aufgabenstellung.

2. Phase: Individuelle Bearbeitungsphase. Dauer: 10 Minuten

Jede*r TN erhält ein Arbeitsblatt (siehe Material) mit Leitfragen auf den er*sie den Namen schreibt, mit dem er*sie angesprochen werden möchte. Darunter befinden sich Fragen, die zur Diskussion einladen (ggf. kann je nach Bedarf eine Auswahl getroffen werden):

- *Wer hat mir meinen Namen gegeben? Warum?*
- *Woher kommt der Name? Hat ihn vor mir schon jemand getragen?*
- *Fühle ich mich mit dem Namen wohl?*
- *Welche Erlebnisse habe ich mit diesem Namen in der Vergangenheit gehabt? Werde ich darauf angesprochen?*
- *Über welche Teile meiner Identität trifft mein Name eine Aussage?*
- *Was bedeutet es jemanden zu „benennen"? (für fortgeschrittene Gruppen)*

Die TN machen sich zu den Fragen zunächst individuell Gedanken und Notizen.

3. Phase: Reflexion in der Gesamtgruppe. Dauer: 35 Minuten

Die TN stellen sich mit ihrem Namen und ihren diesbezüglichen Gedanken der Gesamtgruppe vor. Sie nutzen dafür ihre Notizen.

TIPP: Es sollte genügend Zeit für eine gemeinsame Reflexion ermöglicht werden.
Die SL bespricht die Inhalte mit den TN auf der Meta-Ebene und erklärt den Sinn der Methodik (→ in Kapitel 4.3 → Meta-Runde), ggf. nimmt sie Ergänzungen vor, falls bestimmte Aspekte noch nicht angesprochen wurden.

Mögliches Fazit: Namen sind wirkmächtige Zuschreibungen. Eine kritische Reflexion der Intentionen der Namengeber*innen und der Reaktionen der Umwelt auf den Namen sowie die eigene Reflexion kann ein guter Einstieg in das Thema Kategorisierungen, Stereotype und Vorurteile sein (→ hierzu Übung 6.1 Alles beginnt mit der Kategorie und *Schlaglicht D*).

III. Fachliche und methodische Hintergrundinfos für SL

Achtung: Dieser Einstieg kann eine ganze Menge an negativen Erfahrungen aufreißen und vor allem Menschen mit Diskriminierungserfahrung Überwindung kosten. Es empfiehlt sich daher, diese Übung eher mit Gruppen zu machen, die sich schon kennen und die einander vertrauen. Es sollte außerdem betont werden, dass niemand mehr sagen muss als er*sie will, niemand sollte zu persönlichen Berichten gedrängt werden.

Mögliche Gesprächsthemen
Zu seinem eigenen Namen kann jede*r ganz unterschiedlich stehen. Manche mögen ihren Namen, andere finden einen neuen Namen, den sie als passend für sich empfinden.
„Benannt zu werden" offenbart ein deutliches Machtverhältnis, etwa der Eltern zu ihren Kindern. Ein historisches, gewaltsames Beispiel der „Namensgebung" war die Benennung von Versklavten durch ihre Unterdrücker*innen in den USA bevor die Sklaverei abgeschafft wurde. Ein Name kann aber auch ein Moment des Empowerments sein: Nicht nur Künstler*innen, sondern auch beispielsweise Trans*personen wählen ihren Namen selbst, ebenso mitunter Menschen, die sich von ihrer Familie lossagen.
In Deutschland verpflichtet der Staat Eltern dazu, einen Namen „geschlechtsspezifisch" zu vergeben. Namen können ein Marker für eine Migrationsgeschichte der Familie sein, können eine vermeintliche (religiöse) Zugehörigkeit signalisieren oder verweisen auf einen Vorfahren mit dem gleichen Namen.
All das sind Themen, über die gesprochen werden kann und die Bilder im Kopf des Gegenübers erzeugen, wenn ein Mensch sich vorstellt.

IV. Material

Arbeitsblatt

Mein Name ist ______________________

So möchte ich genannt werden: ______________________

1 Wer hat mir meinen Namen gegeben? Warum? ______________________

2. Woher kommt der Name? Hat ihn vor mir schon jemand getragen? ______________________

3. Fühle ich mich mit dem Namen wohl? ______________________

4. Welche Erlebnisse habe ich mit diesem Namen in der Vergangenheit gehabt?
Werde ich darauf angesprochen? ______________________

5. Über welche Teile meiner Identität trifft mein Name eine Aussage? ______________________

6. Was bedeutet es jemanden zu „benennen"? ______________________

Schlaglicht B
Recht und Gesetz

Um Gleichbehandlung sicherzustellen und gegen Rassismus und Diskriminierung vorzugehen, gibt es in der Bundesrepublik Deutschland verbindliche rechtliche Grundlagen. Besonders einschlägige sind hier aufgelistet:

Grundgesetz

Die Verfassung der Bundesrepublik Deutschland trat am 24. Mai 1949 in Kraft. Sie beinhaltet die rechtlichen und politischen Grundlagen des Staates. Den *Menschenrechten und dem Diskriminierungsschutz* wird ein hoher Stellenwert eingeräumt.
„Die Würde des Menschen ist unantastbar", so Artikel 1 des Grundgesetzes. „Sie zu achten und zu schützen ist Verpflichtung aller staatlichen Gewalt." Der grundlegende rechtliche Rahmen zum Diskriminierungsschutz ist im *Verfassungsgrundsatz der „Gleichstellung" oder „Gleichbehandlung"* dargelegt. Art. 3 GG bezieht sich auf alle Menschen in Deutschland:

1. Alle Menschen sind vor dem Gesetz gleich.
2. Männer und Frauen sind gleichberechtigt. Der Staat fördert die tatsächliche Durchsetzung der Gleichberechtigung von Frauen und Männern und wirkt auf die Beseitigung bestehender Nachteile hin.
3. Niemand darf wegen seines Geschlechtes, seiner Abstammung, seiner Rasse, seiner Sprache, seiner Heimat und Herkunft, seines Glaubens, seiner religiösen oder politischen Anschauungen benachteiligt oder bevorzugt werden. Niemand darf wegen seiner Behinderung benachteiligt werden.

Für die vertiefende Lektüre: Sie finden das Grundgesetz vom Bundesministerium der Justiz und für Verbraucherschutz und Bundesamt für Justiz bereitgestellt unter: http://www.gesetze-im-internet.de/gg/GG.pdf (01.06.2022).

Strafgesetzbuch

Schutz vor *diskriminierenden Äußerungen* wird insbesondere durch die im Strafgesetzbuch genannten Straftatbestände der Volksverhetzung (§130 StGB), der Beleidigung (§185), der üblen Nachrede (§186), der Bedrohung (§241) und der Nötigung (§240) gewährleistet.
Darüber hinaus können verfassungsfeindliche Organisationen (§85), die Verbreitung von Propagandamitteln (§86) und das Verwenden von Kennzeichen verbotener Organisationen (§86a) verboten werden, ebenso *politische Aktivitäten, die als „Gefährdung des demokratischen Rechtsstaates"* gemäß § 84 ff. StGB gelten.
Unter Strafe stehen zudem die öffentliche *Aufforderung zu Straftaten* (§111) und „Gewaltverherrlichung" (§131). „Mörder ist, wer aus Mordlust, zur Befriedigung des Geschlechtstriebes, aus Habgier oder *sonst aus niedrigen Beweggründen,* (...) einen Menschen tötet" (§211).
Im Jahr 2015 wurde im Strafgesetzbuch klargestellt, dass *rassistische, fremdenfeindliche oder sonstige menschenverachtende Beweggründe bei der Strafzumessung strafverschärfend* einzubeziehen sind (§46 Absatz 2 Strafgesetzbuch).

Für die vertiefende Lektüre: Sie finden das Strafgesetzbuch online unter: https://www.gesetze-im-internet.de/stgb/StGB.pdf (01.06.2022).

Richtlinien für das Strafverfahren und das Bußgeldverfahren (RiStBV)

Die RiStBV sind ergänzende Verwaltungsvorschriften für Strafverfahren und Bußgeldverfahren.
234. Besonderes öffentliches Interesse an der Strafverfolgung (§ 230 Abs. 1 StGB):
Ein besonderes öffentliches Interesse an der Verfolgung von Körperverletzungen (§ 230 Abs. 1 Satz 1 StGB) ist anzunehmen, wenn der Täter einschlägig vorbestraft ist, roh oder besonders leichtfertig oder

aus rassistischen, fremdenfeindlichen oder sonstigen menschenverachtenden Beweggründen gehandelt hat, durch die Tat eine erhebliche Verletzung verursacht wurde oder dem Opfer wegen seiner persönlichen Beziehung zum Täter nicht zugemutet werden kann, Strafantrag zu stellen, und die Strafverfolgung ein gegenwärtiges Anliegen der Allgemeinheit ist (…)
(Richtlinie 234: Besonderes öffentliches Interesse an der Strafverfolgung, Absatz 1).

Für die vertiefende Lektüre: Sie finden die Richtlinien für das Strafverfahren und das Bußgeldverfahren (RiStBV) online beim Bundesministerium der Justiz und für Verbraucherschutz: https://www.bmjv.de/SharedDocs/Archiv/Downloads/RiStBV.html (01.06.2022).

Allgemeine Erklärung der Menschenrechte

Bereits im Jahr 1948 wurde die Allgemeine Erklärung der Menschenrechte von der Generalversammlung der Vereinten Nationen genehmigt und verkündet. Hierin werden allen Menschen *umfassende Rechte und Schutz vor Diskriminierung* zugesprochen. Die Erklärung beginnt mit den Worten:
„Alle Menschen sind frei und gleich an Würde und Rechten geboren (…)" (Art. 1) und „jeder hat Anspruch auf die in dieser Erklärung verkündeten Rechte und Freiheiten ohne irgendeinen Unterschied (…)" (Art. 2.1).

Für die vertiefende Lektüre: Die Allgemeine Erklärung der Menschenrechte wird online von den Vereinten Nationen bereitgestellt: https://www.un.org/depts/german/menschenrechte/aemr.pdf (01.06.2022).

Übereinkommen zur Beendigung jeder Form der Rassendiskriminierung (ICERD)

Im Jahr 1969 ist das Internationale Übereinkommen zur Beendigung jeder Form der Rassendiskriminierung *(International Convention on the Elimination of Racial Discrimination, ICERD)* in Kraft getreten. Es ist in Deutschland kodifiziert, ratifiziert und gilt verbindlich. Damit verpflichtet sich Deutschland insbesondere, jegliche rassistische Diskriminierung zu beseitigen, *Gleichheit vor dem Gesetz zu garantieren und Menschen vor rassistischer Diskriminierung zu schützen.* In Art. 1 Abs. 1 wird rassistische Diskriminierung definiert:
„(J)ede auf der Rasse, der Hautfarbe, der Abstammung, dem nationalen Ursprung oder der ethnischen Herkunft beruhende Unterscheidung, Ausschließung, Beschränkung oder Bevorzugung, die zum Ziel oder zur Folge hat, dass dadurch ein gleichberechtigtes Anerkennen, Genießen oder Ausüben von Menschenrechen und Grundfreiheiten im politischen, wirtschaftlichen, sozialen, kulturellen oder jedem sonstigen Bereich des öffentlichen Lebens vereitelt oder beeinträchtigt wird."

Für die vertiefende Lektüre: Das Übereinkommen zur Beendigung jeder Form der Rassendiskriminierung (ICERD) wird im Netz vom Hohen Kommissar der Vereinten Nationen für Menschenrechte (ohchr) online bereitgestellt: https://www.ohchr.org/Documents/ProfessionalInterest/cerd.pdf (englisch) (01.06.2022).

Organisation für Sicherheit und Zusammenarbeit in Europa (OSZE)

Das *Diskriminierungsverbot stellt ein grundlegendes Menschenrechtsprinzip* dar und gilt *als OSZE-Kernelement.* In ihrer „Strategie gegen Bedrohungen der Sicherheit und Stabilität im einundzwanzigsten Jahrhundert" betont die OSZE, dass Diskriminierung und Intoleranz sowohl die *Sicherheit* von Individuen gefährden als auch für das Entstehen von breiteren *Konflikten und Gewalt* verantwortlich sein können, denn Diskriminierung, Intoleranz und Hasskriminalität verursachen „ethnische, politische und soziale Spannungen innerhalb eines Staates und zwischen Staaten".

Für die vertiefende Lektüre: Die OSZE verfügt über ein breites Online-Angebot: https://www.osce.org/de/whatistheosce/factsheet (01.06.2022).
Zur Umsetzung in Deutschland: Britta Schellenberg / Kati Lang (2016):

Toleranz und Nichtdiskriminierung. Bekämpfung von Diskriminierung und Hasskriminalität, in: Deutsches Institut für Menschenrechte (Hg.), Die Umsetzung ausgewählter OSZE Verpflichtungen zu Menschenrechten und Demokratie in Deutschland. Unabhängiger Evaluierungsbericht anlässlich des deutschen OSZE Vorsitzes 2016, DIMR: Berlin, S. 10–40 (steht auch online zur Verfügung).

Staatsbürgerschaftsgesetz

Es gibt verschiedene Wege, deutsche*r Staatsbürger*in zu werden:

Durch Geburt:

1. Wer *mindestens ein deutsches Elternteil* hat, erhält per Geburt die deutsche Staatsangehörigkeit. Wird das Kind im Ausland geboren oder ist nur der Vater deutscher Staatsangehöriger und nicht mit der Mutter verheiratet, müssen bestimmte Nachweise erbracht werden.
2. Wer zwei ausländische Elternteile hat und in Deutschland geboren wird, kann unter bestimmten Voraussetzungen neben der Staatsangehörigkeit der Eltern auch die deutsche Staatsangehörigkeit erhalten. *Mindestens ein ausländisches Elternteil muss seit acht Jahren in Deutschland leben und zum Zeitpunkt der Geburt ein unbefristetes Aufenthaltsrecht* haben.

Durch Einbürgerung: Wer nicht durch Geburt die deutsche Staatsbürgerschaft erhält, kann sich unter bestimmten Voraussetzungen einbürgern lassen. Die Person muss:

1. seit acht Jahren dauerhaft und rechtmäßig in Deutschland leben
2. sich zur freiheitlichen demokratischen Grundordnung bekennen
3. zum Zeitpunkt der Einbürgerung ein unbefristetes oder auf Dauer angelegtes Aufenthaltsrecht haben
4. seinen Lebensunterhalt eigenständig sichern können
5. über ausreichende Deutschkenntnisse verfügen
6. nicht wegen einer Straftat verurteilt worden sein
7. den „Einbürgerungstest" bestanden haben
8. und seine bisherige Staatsangehörigkeit aufgeben (hier gibt es Ausnahmeregelungen).

Ggf. hat die Einbürgerungsbehörde jedoch auch Ermessensspielräume.

Für die vertiefende Lektüre: Sie finden das Staatsangehörigkeitsgesetz im Netz unter: https://www.gesetze-im-internet.de/stag/BJNR005830913.html (01.06.2022). Dieser Service wird durch das Bundesministerium der Justiz und für Verbraucherschutz sowie das Bundesamt für Justiz bereitgestellt.

Zuwanderungsgesetz

Das 2005 in Kraft getretene und 2007 reformierte „Gesetz über den Aufenthalt, die Erwerbstätigkeit und die Integration von Ausländern im Bundesgebiet" steuert Zuwanderung und spiegelt *Deutschlands Selbstwahrnehmung als Einwanderungsland* wider. Es enthält Vorschriften zur Einreise von Ausländern in das Bundesgebiet bzw. zu deren Aufenthalt, zu möglichen Aufenthaltszwecken sowie zur Aufenthaltsbeendigung und zum Asylverfahren.

Für die vertiefende Lektüre: Das Bundesministerium der Justiz und für Verbraucherschutz mit dem Bundesamt für Justiz stellen den vollständigen Gesetzestext online bereit: http://www.gesetze-im-internet.de/aufenthg_2004/index.html (01.06.2022).

Allgemeines Gleichbehandlungsgesetz (AGG)

Seit 2006 garantiert zudem das „Allgemeine Gleichbehandlungsgesetz" in Deutschland einfachgesetzlich den rechtlichen Schutz vor Diskriminierung im Bereich von Beschäftigung und Beruf sowie im allgemeinen Zivilrechtsverkehr. Das AGG setzt vier EU-Richtlinien zum Diskriminierungsschutz um. Damit gilt der Gleichbehandlungsauftrag des Grundgesetzes (Staat gegenüber Bürger*innen) auch für das Verhältnis der Bürger*innen untereinander.

Mit dem AGG ist Diskriminierung „aufgrund der Merkmale Geschlecht, Lebensalter, rassistische Zuschreibung und ethnische Herkunft, Behinderung, sexuelle Identität sowie Religion und Weltanschauung verboten" (AGG §1). Erfasst werden „unmittelbare und mittelbare Diskriminierung" sowie „belästigendes Verhalten" (z. B. Beschimpfungen) und „sexuelle Belästigung" (AGG §3):
(1) Eine unmittelbare Benachteiligung liegt vor, wenn eine Person wegen eines in §1 genannten Grundes eine weniger günstige Behandlung erfährt, als eine andere Person in einer vergleichbaren Situation erfährt, erfahren hat oder erfahren würde (...).
(2) Eine mittelbare Benachteiligung liegt vor, wenn dem Anschein nach neutrale Vorschriften, Kriterien oder Verfahren (...) Personen wegen eines in §1 genannten Grundes gegenüber anderen Personen in besonderer Weise benachteiligen können (...).
(3) Eine Belästigung ist eine Benachteiligung, wenn unerwünschte Verhaltensweisen, die mit einem in §1 genannten Grund in Zusammenhang stehen, bezwecken oder bewirken, dass die Würde der betreffenden Person verletzt und ein von Einschüchterungen, Anfeindungen, Erniedrigungen, Entwürdigungen oder Beleidigungen gekennzeichnetes Umfeld geschaffen wird."

Für die vertiefende Lektüre: Die Antidiskriminierungsstelle des Bundes stellt das AGG online zur Verfügung: https://t1p.de/AGG (01.06.2022).

5.3 BINGO DISKRIMINIERUNG

Reflexion und Wissenstest Diskriminierung

I. Allgemeine Infos zur Übung

Titel der Übung: BinGo Diskriminierung

Fachtitel: Reflexion und Wissenstest Diskriminierung

Zuordnung und Voraussetzung
Dynamische Einstiegsübung. Keine Voraussetzungen.

Themenbereiche/Schlagworte
Diskriminierung (→ *Schlaglicht C*), Rassismus (→ *Schlaglicht E*), Erfahrungen, Vorwissen

Anzahl der Teilnehmenden
Idealerweise 20–35 Personen, auch kleinere Gruppen möglich

Lernziele
- TN reflektieren spielerisch über ihr fachliches Vorwissen zu (rassistischer) Diskriminierung.
- TN reflektieren ihre Erfahrungen mit (rassistischer) Diskriminierung.
- TN erhalten durch Paargespräche Einblick in das Wissen und die Erfahrung anderer TN.
- TN lernen andere TN kennen.
- TN erkennen die Vorzüge von Kommunikation.

Zeit
Gesamtdauer ca. 50 Minuten
1. Phase: Einstieg mit Gesamtgruppe. Dauer: 5 Minuten
2. Phase: Durchführung des BinGo-Spiels. Dauer: 20 Minuten
3. Phase: Reflexion und Auswertung. Dauer: 25 Minuten

Materialien
- Arbeitsblatt „Diskriminierungs-BinGo“
- Ggf. Klemmbretter, Notizzettel und Stifte

Räumlichkeiten
Der Raum sollte adäquat für eine große Gruppenarbeit im Plenum sein. Falls das Foyer vor dem Seminarraum groß genug ist, bietet es sich an, die Gruppenarbeit dorthin zu verlegen.

Kombination mit anderen Übungen
Die Übung eignet sich besonders gut als „Warming-up“ für eine vertiefte Auseinandersetzung mit der eigenen Verwobenheit mit Diskriminierung. Sie ist gut kombinierbar mit der → Grundlagenübung 6.3 Diskriminierung?!

II. Ablauf und konkrete Schritte

1. Phase: Einstieg mit Gesamtgruppe. Dauer: 5 Minuten

Die SL führt in die Übung ein und erklärt den Ablauf:

Ziel des Spiels „Diskriminierungs-BinGo" ist es, so schnell wie möglich, die Fragen auf dem Arbeitsblatt zu beantworten. Wer zuerst fertig ist, hat gewonnen.
Es geht aber nicht darum, die Fragen selbst für sich zu beantworten. Aufgabe ist es stattdessen, so schnell wie möglich andere Personen im Raum zu finden, die die Fragen beantworten können.

Die Antwort und der Name der Person, die die Frage beantwortet hat, werden in das entsprechende Kästchen auf dem Arbeitsblatt eingetragen.

Anschließend wird ein*e neue*r Gesprächspartner*in gesucht.
Das Spiel geht so lange weiter, bis eine Person genug Namen für ein BinGo auf dem Zettel stehen hat. Diese Person gewinnt das Spiel.

2. Phase: Durchführung des BinGo-Spiels. Dauer: 20 Minuten

Die TN finden sich in der Mitte des Raumes (oder im Foyer) ein. Die SL verteilt das Arbeitsblatt „Diskriminierungs-BinGo" ggf. zusammen mit einem Klemmbrett und Stift. Sie gibt das Startsignal und die TN suchen sich Gesprächspartner*innen, um Antworten zu finden. Dabei muss keine bestimmte Abfolge berücksichtigt werden. Sobald jemand gewinnt, wird das Spiel beendet.

3. Phase: Reflexion und Auswertung. Dauer: 25 Minuten

Die TN befinden sich wieder an ihren Plätzen. Wenn Fragen offen sind, werden diese durch die SL geklärt (→ Lösungsvorschläge unten). Die SL eröffnet die Reflexionsrunde und steigt mit der Frage ein: *Wie haben Sie sich bei dem Spiel gefühlt?*
Anschließend kommt es zu einer Auswertung durch die → Methode: NÜM-Runde (→ Kapitel 4.3).

III. Fachliche und methodische Hintergrundinfos für SL

Lösungen Fragen des Diskriminierungs-BinGos:

1. Zu den Fragen: *Kennen Sie die Selbstbezeichnung von männlichen und weiblichen Mitgliedern der Roma?*
Wissen Sie, welche nationalen Minderheiten in Deutschland anerkannt sind?
Welche sind es?

Mögliche Antworten

	weiblich	**männlich**
Singular	Sintezza, Romni	Sinto, Rom
Plural	Sintizze, Romnja	Sinti, Roma

Sinti*zze und Roma*nja „sind alteingesessene Deutsche. Laut dem Verband Deutscher Sinti und Roma e. V. wurden sie das erste Mal 1407 urkundlich in der Bischofsstadt Hildesheim erwähnt. Der Verband Deutscher Sinti und Roma e. V. schätzt, dass ca. 70.000 Angehörige der „nationalen Minderheit" in Deutschland leben. Zudem kommen seit einigen Jahren Roma als Flüchtlinge aus den Ländern des westlichen Balkan.
Im Jahr 1995 wurden die deutschen Sinti und Roma als nationale Minderheit, verbunden mit dem Ziel der gleichberechtigten Teilhabe am gesellschaftlichen und politischen Leben, in Deutschland anerkannt. Der Begriff „nationale Minderheit" bedeutet, dass man versucht die Kultur und Sprache der deutschen Sinti und Roma zu erhalten. Noch heute sehen sich in Deutschland lebende Familien immer wieder mit Vorurteilen konfrontiert. So werden sie als „Fremde" und „Zigeuner" bezeichnet und benachteiligt. Sowohl bei der Wohnungssuche als auch bei der Bewerbung um einen Job gibt es oft Probleme. Auch Filme und Literatur reproduzieren bis heute noch Vorurteile über Roma, indem unreflektiert Stereotype dargestellt werden.
Quelle: Ausschnitt aus: https://www.den-menschen-im-blick.de/grundlagen/bestimmung-phaenomen.php (01.06.2022) Stichwort „Sinti und Roma".

2. Zur Aufforderung: Nennen Sie den Namen einer*s prominenten Schwarzer*n Deutschen.

Mögliche Antworten
Mo Asumang. Schwarze deutsche Moderatorin, Produzentin, Regisseurin, Schauspielerin und Dozentin. Berühmtheit erlangte sie u. a. durch ihren Dokumentarfilm „Die Arier" und ihr Buch „Mo und die Arier: Allein unter Rassisten und Neonazis."
Oder Noah Sow, → nächste Frage/Antwort.

3. Zur Frage: *Wissen Sie, wer Noah Sow ist?*

Antwort
Noah Sow. Deutsche Autorin, Musikerin und Produzentin, die sich gegen Rassismus engagiert.
Bekannt wurde sie u. a. durch das Buch „Deutschland Schwarz Weiss: der alltägliche Rassismus" und der multimedialen Bühnenschau „Edutainment Attacke!".

4. Zur Frage
Können Sie drei Länder nennen, auf deren heutigem Staatsgebiet sich Deutsche Kolonien befanden?

Antwort
Kolonien des Deutschen Kaiserreichs waren u.a[1]:
- Namibia, Kamerun, Togo
- Tansania, Burundi und Ruanda
- Nördliche Teile Papua-Neuguineas
- Marshall-Inseln
- Kiautschou (Teile Chinas)
- Mikronesien
- Westsamoa

5. Zur Frage: *Können Sie erklären, was „Iftar" ist?*

Antwort
„Iftar" bezeichnet das abendliche Fastenbrechen von Muslim*innen an Ramadan. Gefastet wird dabei für 29–30 Tage von Sonnenaufgang bis Sonnenuntergang.

---

1 Scriba, Arnulf (2014): Statistische Angaben zu den deutschen Kolonien. Lebendiges Museum Online. Abrufbar unter: https://www.dhm.de/lemo/kapitel/kaiserreich/aussenpolitik/statistische-angaben-zu-den-deutschen-kolonien.html (01.06.2022).

6. Zur Aufforderung: Erklären Sie, was „Intersektionalität" bedeutet.

Antwort
Erläuterungen zum Begriff der Intersektionalität finden Sie im *Schlaglicht J.*

7. Zur Aufforderung: Nennen Sie eine Stelle, die Betroffene von Diskriminierung unterstützt.

Mögliche Antworten
Beispiele für Opferberatungsstellen finden Sie im *Schlaglicht R.*

8. Zur Frage: *Können Sie ein deutsches Gesetz nennen, in dem es um Schutz vor Diskriminierung geht?*

Mögliche Antworten
Beispiele finden Sie im *Schlaglicht B.*

IV. Material

Arbeitsblatt Diskriminierungs-BinGo

Finden Sie eine Person, die eine der Fragen mit „Ja" beantworten kann, lassen Sie sich die Geschichte kurz erzählen und sich dann ein Kürzel in das betreffende Fragefeld eintragen. Sobald Sie eine Reihe horizontal oder vertikal oder diagonal voll haben, rufen Sie „BinGo!"

Können Sie in mindestens drei Sprachen Smalltalk halten? (Wetter, Familie, Befinden) Welche?	Haben Sie mindestens drei Personen in Ihrem ENGEREN Bekanntenkreis, die Sie nicht – wie sich selbst – als „Schwarze Person" bzw. als weiße Person bezeichnen würden?	Gendern Sie beim Sprechen?	Haben Sie ein Beispiel, in dem der Erfolg der Anti-Diskriminierungs-Richtlinie Ihrer Einrichtung / Ihres Trägers sichtbar wird?	Haben Sie einmal auf eine beobachtete Diskriminierung reagiert (z. B. auf der Straße)? Was haben Sie getan?
Können Sie erklären, was „Iftar" ist?	Wissen Sie, wie hoch der Anteil an Frauen in Ihrer Einrichtung / bei Ihrem Träger ist, die Ihre tarifliche Eingruppierungsstufe haben? Wie hoch ist er?	Nennen Sie die veränderten Varianten von mindestens zwei ehemals rassistischen Kinderliedern / -büchern / -reimen.	Erklären Sie, was „Intersektionalität" bedeutet.	Nennen Sie den Namen einer*s prominenten Schwarze*n Deutschen.
Können Sie drei Länder nennen, auf deren heutigem Staatsgebiet sich deutsche Kolonien befanden?	Wissen Sie, wer Noah Sow ist?	Können Sie einer Person im Rollstuhl erklären, wie Sie vom Bahnhof Ihrer Stadt zu Ihnen kommen kann?	Können Sie sich in Gebetseinrichtungen von mindestens zwei Religionen angemessen korrekt verhalten?	Können Sie ein deutsches Gesetz nennen, in dem es um Schutz vor Diskriminierung geht?
Können Sie den Stand der aktuellen Debatte in Deutschland zur Frage von „racial profiling" wiedergeben?	Kennen Sie die Selbstbezeichnung von männlichen und weiblichen Mitgliedern der Roma?	Wissen Sie, welche nationalen Minderheiten in Deutschland anerkannt sind? Welche sind es?	Nennen Sie eine Stelle, die Betroffene von Diskriminierung unterstützt.	Wissen Sie auf Anhieb, an wen sich Ihre Kolleg*innen wenden können, wenn sie diskriminiert werden?

Schlaglicht C
Arbeitsdefinition Diskriminierung[1]

Die Arbeitsdefinition Diskriminierung soll staatliche und zivilgesellschaftliche Institutionen dabei unterstützen, Diskriminierung zu erkennen und zu thematisieren (in Fortbildungen, Publikationen, öffentlichen Statements, in der Organisationsentwicklung).

Diskriminierung ist eine Benachteiligung von Menschen in Bezug auf Teilhabe-, Handlungs- und Selbstbestimmungsmöglichkeiten. Diskriminierende Strukturen und Praktiken fußen auf wirkungsmächtigen Gruppenkonstruktionen. Es kann sich beispielsweise um Konstruktionen von sozialer Herkunft, Geschlecht, Hautfarbe, Aussehen, Religion, Behinderung, sexueller Identität oder sexueller Orientierung handeln[2]. Personen können von mehreren Zuschreibungen betroffen sein, was zu verstärkten negativen Effekten führt.
Zwischen Diskriminierung, gesellschaftlichen Machtverhältnissen und Privilegien besteht eine Wechselwirkung. Hierbei erscheinen Ungleichbehandlungen als gerechtfertigt, da diskriminierte Personen den angenommenen gesellschaftlichen Normen nicht entsprechen.
Diejenigen, die diskriminieren, richten sich gegen die gleichberechtigte Ausübung fundamentaler Freiheiten im öffentlichen Raum und verletzen die Menschenrechte, sowie Grundsätze von Gleichheit und Gerechtigkeit.

Es gibt verschiedene **Formen von Diskriminierung: individuelle, institutionelle, diskursive und strukturelle** (→ *Schlaglicht F* ***Matrix Formen rassistischer Diskriminierung***). Diskriminierung kann intendiert oder nicht intendiert sein. Diskriminierung kann folgendes **Verhalten** einschließen:

- *Bildung:* Kinder/Jugendliche müssen aufgrund ihres (vermeintlich) ausländischen Hintergrundes trotz guter Deutschkenntnisse den Förderunterricht besuchen.
- *Behörden/Institutionen:* Personenkontrolle aufgrund rassistischer Zuschreibungen. Oder: Einer Person werden zentrale Informationen nicht oder nicht verständlich mitgeteilt (z. B. in leichter Sprache).
- *Arbeitsmarkt:* Personen werden trotz Eignung, etwa aufgrund ihres Namens, Aussehens, Alters oder ihrer Wohnanschrift, nicht eingestellt. Oder: Eine Person wird aufgrund ihrer Transsexualität von der*m Vorgesetzten entwürdigt.
- *Kleidungsvorschriften:* Einschränkung oder Ausschluss von Arbeitnehmer*innen im Betrieb, z. B. wegen einer Behinderung, Afrohaaren, Kopftuch oder Bart.
- *Wohnungsmarkt:* Personen werden aufgrund (vermeintlicher) Merkmale wie Transsexualität oder ausländischer Herkunft nicht berücksichtigt.
- Pflege und Gesundheit: Patient*innen oder Pflegebedürftige weigern sich, von Fachpersonal, das sie als „anders" und minderwertig markieren, behandelt zu werden.
- *Dienstleistung:* Einer Person wird der Zugang zum Fitnessstudio oder Club mit dem Verweis auf ihre Behinderung verweigert.
- *Medien:* Personen werden entwürdigend dargestellt, beispielsweise, weil sie einer bestimmten Religion oder einem bestimmten Geschlecht angehören.
- *Diskriminierung in Wort und Tat:* Personen werden aufgrund ihres Äußeren (z. B. Ableismus oder Lookismus, → *Schlaglicht L* ***Dimensionen von Diskriminierung***) auf der Straße angefeindet, beleidigt, herabgesetzt, physisch bedroht oder angegriffen.

---

1 Die Definition wurde gemeinsam mit dem Fachbeirat des Projektes entwickelt.
2 Diejenigen, die von Diskriminierung betroffen sind, können nicht abschließend durch eine Auflistung bestimmt werden, da sich Wahrnehmungen und Wirklichkeiten ändern können.

Jeder Mensch ist einzigartig. Plurale Gesellschaften leben von der Vielfalt der Menschen und dem Recht jeder*s Einzelnen „anders" zu sein und dabei gerecht und fair behandelt zu werden.

Diskriminierungsschutz kann in Deutschland eingefordert werden, es kann rechtlich gegen Diskriminierung vorgegangen werden. Rechtliche Grundlagen sind insbesondere:

- Mit dem ***Grundgesetz*** gilt für alle staatlichen Akteur*innen das Diskriminierungsverbot. „Die Würde des Menschen ist unantastbar", so Artikel 1 des Grundgesetzes, „sie zu achten und zu schützen ist Verpflichtung aller staatlichen Gewalt." Der grundlegende rechtliche Rahmen zum Diskriminierungsschutz ist im Verfassungsgrundsatz der „Gleichstellung" oder „Gleichbehandlung" dargelegt (Art. 3 GG) und gilt für alle Menschen.
- Das ***Allgemeine Gleichbehandlungsgesetz (AGG)*** garantiert einfachgesetzlich den rechtlichen Schutz vor Diskriminierung im Bereich von Beschäftigung und Beruf sowie im allgemeinen Zivilrechtsverkehr. Es berücksichtigt ausgewählte Diskriminierungsdimensionen (AGG §1) und Formen von Diskriminierung (AGG §3). Um diskriminierte Menschen gleichzustellen, kann eine Bevorzugung in bestimmten Situationen nötig sein. Als sachlicher Grund kann hier beispielsweise die Bevorzugung von Menschen mit Behinderungen oder älteren Menschen bei barrierefreien Wohnungen gelten.
- Darüber hinaus gibt es in Deutschland allgemeine rechtliche Vorschriften, die bei Diskriminierung greifen. Hierzu gehört zum Beispiel der Straftatbestand der Beleidigung sowie der zivilrechtliche Persönlichkeitsrechtsschutz (→ *Schlaglicht B* ***Recht und Gesetz***).

6 GRUNDLAGENÜBUNGEN

Vermittlung von fachlichen Kompetenzen und Sensibilisierung für eine Antidiskriminierungsperspektive

Die fachlichen Grundlagen werden in fünf zentralen Übungen erarbeitet. Jede einzelne Übung für sich ermöglicht einen direkten Zugang und ein tiefes Verständnis eines zentralen Themas. Die Übungen bilden den Kern des Trainingskonzepts und vermitteln zentrale Begrifflichkeiten, Perspektiven und Herangehensweisen. Diese und weitere Fragen werden fundiert in fünf Übungen erarbeitet:

In der Übung **6.1 Alles beginnt mit der Kategorie** werden psychologische Funktionsweisen „sozialer Kategorisierung", die Grundlagen für Stereotype, Vorurteile und Diskriminierung sind, aufgespürt und besprochen.

In der Übung **6.2 Was ist Rassismus?** wird ein praxisorientiertes Verständnis von Rassismus erarbeitet.

In der Übung **6.3 Diskriminierung?!** werden die unterschiedlichen Formen von Diskriminierung (individuelle, diskursive, institutionelle und strukturelle) betrachtet, eigene Beispiele gefunden und ihre Bedeutung in der beruflichen Praxis diskutiert.

In der Übung **6.4 Kein Problem Einzelner** werden die Auswirkungen von Rassismus und Diskriminierung auf Einzelne erarbeitet und eingeordnet.

In der Übung **6.5 Was ist das Volk?** wird eine historisch-politische Auseinandersetzung mit Grundrechten und mit aktuellen Debatten über Zugehörigkeit in Deutschland unternommen.

Die Schlaglicht-Seiten zwischen den Übungen

Zwischen den Übungen finden sich Schlaglicht-Seiten, die entweder fachliche Hintergrundinfos geben oder einschlägige Erfahrungen porträtieren. Sie stehen im inhaltlichen Zusammenhang mit ihrer jeweiligen Platzierung vor, nach oder zwischen bestimmten Übungen.

Das *Schlaglicht D* stellt Wissen entlang der Fachbegriffe ***Soziale Kategorisierung, Stereotype und Vorurteile*** bereit.

Das *Schlaglicht E* bietet eine ***Arbeitsdefinition Rassismus*** an.

Das *Schlaglicht F* stellt eine ***Matrix. Formen rassistischer Diskriminierung*** (individuelle, diskursive, institutionelle und strukturelle) bereit, die Begriffe erklärt und durch Beispiele veranschaulicht.

Mit dem *Schlaglicht G* ***Ein engagiertes Leben – Aktiv werden und Empowern*** wird die Geschichte von Tupoka Ogette und von der *Initiative Schwarzer Menschen in Deutschland Bund e. V.* erzählt. Zudem wird der Begriff „Empowerment" erklärt.

Das *Schlaglicht H* gibt einen Überblick über die fachliche Diskussion zu ***Auswirkungen von Rassismus und Diskriminierung auf Einzelne.***

6.1 ALLES BEGINNT MIT DER KATEGORIE

Soziale Kategorisierung als Grundlage für Stereotype, Vorurteile und Diskriminierung

I. Allgemeine Infos zur Übung

Titel der Übung: Alles beginnt mit der Kategorie

Fachtitel: Soziale Kategorisierung als Grundlage für Stereotype, Vorurteile und Diskriminierung

Zuordnung und Voraussetzung
Grundlagenübung. Keine Voraussetzungen.

Themenbereiche/Schlagworte
Soziale Kategorisierung, soziale Kategorien, Stereotype, Vorurteile (→ *Schlaglicht D*), Diskriminierung (→ *Schlaglicht C*), Gesellschaft, individuell, institutionell (→ *Schlaglicht F*).

Anzahl der Teilnehmenden
8–20. maximal 30 Personen, Kleingruppen mit je 2–3 Personen

Lernziele
- TN lernen den automatischen Prozess der sozialen Kategorisierung kennen.
- TN werden sich ihrer Kategoriennutzung bewusst.
- TN lernen die Perspektive von diskriminierten Personen kennen.
- TN entwickeln ein Bewusstsein für individuelle und gesellschaftliche Auswirkungen von Kategorienzuschreibung.
- TN kennen Möglichkeiten, wie Diskriminierung im Arbeitsalltag abgebaut werden kann.

Zeit: Gesamtdauer: ca. 100 Minuten (+ Optional 30 + 15 Minuten)
1. Phase: Einstieg „Wen würden Sie fragen?“. Dauer: 40 Minuten + 5–10 Minuten Pause
2. Phase: Paararbeit & Präsentation & Besprechung. Dauer: 30 Minuten
3. Phase: Gruppendiskussion. Dauer: 20 Minuten
Option: Handlungsorientierte Vertiefung
4. Phase: Paararbeit & Präsentation & Besprechung. Dauer: 30 Minuten

Materialien
- Laptop, Beamer
- Power-Point-Präsentation "Wen würden Sie fragen?"
- Moderationskarten (drei Farben, z. B. grün und blau und weiß: weiße Moderationskarten für Phase 2 und 4), Stifte

- SL schreibt Aufgabenstellung für Paararbeit auf Flipchart/ Whiteboard/ Pinnwand/ als PowerPoint-Folie (je Phase 2 und Phase 4)
- Moderationskarten (idealerweise weitere Farbe, z. B. weiß), Stifte (je Phase 2 und Phase 4)

Räumlichkeiten: Der Seminarraum sollte adäquat für die Gruppengröße sein.

Weiterführende Literatur und Links

Banaji, Mahzarin R. & Greenwald, Anthony G. (2015): Vor-Urteile. Wie unser Verhalten unbewusst gesteuert wird und was wir dagegen tun können. München.

Geschke, Daniel (2012): Vorurteile, Differenzierung und Diskriminierung – sozialpsychologische Erklärungsansätze. In: APuZ 16. Online: http://www.bpb.de/apuz/130413/vorurteile-differenzierung-und-diskriminierung-sozialpsychologische-erklaerungsansaetze?p=all (01.06.2022).

Klauer, Karl Christoph (2008): Soziale Kategorisierung und Stereotypisierung. In: Lars-Eric Petersen & Bernd Six (Hg.): Stereotype, Vorurteile und soziale Diskriminierung – Theorien, Befunde und Interventionen. Weinheim, S. 23–32. Download möglich unter: https://www.antidiskriminierungsstelle.de/SharedDocs/Downloads/DE/Literatur_Themenjahr_Behinderung/Petersen_Six_Stereotype_Vorurteile.pdf?__blob=publicationFile&v=1 (01.06.2022).

Kombination mit anderen Übungen

Die Übung ist eine Grundlagenübung und sollte im ersten Teil des Trainings durchgeführt werden. Sie kann gut in Kombination mit der → Übung 6.3 Diskriminierung?! durchgeführt werden (vorher oder nachher). Vor der Durchführung von der Option/Vertiefung ist es empfehlenswert, die Übung Diskriminierung?! bearbeitet zu haben.

https://t1p.de/40890

II. Ablauf und konkrete Schritte

1. Phase: Einstieg „Wen würden Sie fragen?" Dauer: 40 Minuten + 5–10 Minuten Pause

A **Einführung** (ca. 5 Minuten). Die SL leitet die Übung ein, indem sie den Ablauf der Übung erklärt.
- Die TN erhalten zunächst fünf Entscheidungsfragen, auf die sie reagieren sollen.
- Jede*r TN erhält zwei Karten, die sich in der Farbe (z. B. grün und blau) unterscheiden.
- Bei jeder Frage wird angesagt, welche Farbe für welche Entscheidung hochgehalten werden soll (z. B. Wahl der Person auf dem rechten Foto = Farbe 1, Wahl der Person auf dem linken Foto = Farbe 2).
- Die TN sollen jeweils schnell und spontan entscheiden, welche Karte sie hochhalten möchten.

B **Durchführung der Übung** „Wen würden Sie fragen?" (ca. 20 Minuten)
Die SL öffnet die PowerPoint-Präsentation und beginnt mit der ersten Frage.

Erste Frage (Folie 1):
„Sie wollen sich über die aktuellen Fußballergebnisse informieren. *Wen würden Sie im Raum fragen?* Bitte nutzen sie Farbe 1 = einen Mann, Farbe 2 = eine Frau." Wenn die TN die Karten hochhalten, fragt die SL zwei TN, die sich (idealerweise) unterschiedlich entschieden haben: *„Warum haben Sie sich so entschieden?"* Die SL gibt ggf. einen Hinweis, welche Stereotype hier zur Entscheidungsfindung genutzt wurden, wenn TN das Stereotyp („Alle Männer gucken Fußball") nicht selbst erwähnen.
Die SL fährt mit der Folie 2 fort und liest die Frage vor. Nach dem Kartenhochhalten der TN fragt sie*er wieder zwei TN nach dem Grund ihrer Entscheidung (wieder möglichst Personen, die sich unterschiedlich entschieden haben). Anschließend gibt sie*er ggf. wieder einen Hinweis auf Stereotype, die hier zur Entscheidungsfindung genutzt wurden.
Ebenso wird mit den zwei weiteren Fotosets der PowerPoint-Präsentation verfahren.

C **Die SL stößt eine Diskussion in der Gesamtgruppe an** (ca. 15 Minuten). Mögliche Fragen sind:

- *Welchen Sinn hatten Ihrer Meinung nach diese Fragen?*
- *Woran haben Sie sich bei ihren Entscheidungen orientiert?*
- *Welche Rolle haben Ihre Vorannahmen dabei gespielt?*
- *Welche Zuschreibungen von Gruppenzugehörigkeit/ Merkmalen/ Eigenschaften haben in Ihren Entscheidungen eine Rolle gespielt?*

Lösungsvorschläge/Fazit durch die SL

- Wir alle nutzen ständig soziale Kategorien, um Entscheidungen zu fällen. Das hilft uns, unseren Denkaufwand zu reduzieren, schnell und effizient Entscheidungen zu treffen und dann zu handeln. Soziale Kategorien geben uns Orientierung im Denken und Handeln.
- Soziale Kategorisierung ist menschlich und ein wichtiger kognitiver Prozess unseres Gehirns. Er hilft uns Informationen aus unserer komplexen sozialen Umwelt zu reduzieren und effiziente Entscheidungen zu treffen.
- Aber: Soziale Kategorien sind auch Grundlage für Vorurteile und letztendlich Diskriminierung. Die SL kann beliebige Beispiele von Vorurteilen nennen und mit Diskriminierungssituationen verbinden (z. B. Vorurteil: „Frauen sind keine guten Führungspersonen", das führt zu Diskriminierung: es gibt kaum Frauen in Vorständen; Vorurteil: „Migrant*innen sind kriminell", das führt zu Diskriminierung: Polizei kontrolliert eher Schwarze Menschen; „Deutsche sind nicht schwarz"; ...)
- Diskriminierung kann entgegengetreten werden, wenn (eigene) soziale Kategorisierungen immer wieder hinterfragt werden.

2. Phase: Paararbeit und Fazit. Dauer: 30 Minuten

Die SL stellt die Aufgabenstellung, die Methode: Murmelrunde (Beschreibung hierzu → Kapitel 3.3) und den Ablauf der Phase zwei vor. Die Aufgabenstellung ist unterstützend an ein Flipchart/ Whiteboard geschrieben oder wird als PowerPoint-Folie an die Wand geworfen.

Aufgabenstellung

1. Finden Sie mit Ihrem*r Nachbar*in zwei bis drei soziale Kategorien aus dem eigenen Arbeitskontext!
2. Notieren Sie die gefundenen sozialen Kategorien auf den Moderationskarten.
3. Stellen Sie die von ihnen gefundenen Kategorien der Gesamtgruppe vor.

Die TN haben für Aufgabenstellung 1 und 2 insgesamt 5 Minuten Zeit. Die Ergebnispräsentation wird etwa 10 Minuten dauern, je nach TN-Zahl etwas mehr oder weniger.

TIPP

Falls es Nachfragen zur Aufgabenstellung gibt, kann die SL soziale Kategorien wie z. B. Frauen, Chef*innen, Behinderte, Mitarbeiter*innen, Klient*innen, Migrant*innen nennen. Es wäre allerdings gut, wenn keine konkreten oder sehr viele Beispiele genannt werden, um die Beeinflussung der TN gering zu halten!

Abschließend wird gemeinsam ein Fazit gezogen (ca. 15 Minuten). Die SL fasst die Ergebnisse entlang folgender Fragen zusammen bzw. stellt **folgende Fragen** zur Diskussion:

- *Gab es Mehrfachnennungen von Kategorien?* Das würde aufzeigen, welche Kategorien besonders relevant sind bzw. welche die TN besonders beschäftigen.
- *Welche Bezugspunkte lassen sich bei den genannten Kategorien erkennen?*
- *Welche unterschiedlichen Arten von Kategorien finden wir in den von Ihnen genannten Beispielen?*

Falls keine oder wenige Ideen von den TN kommt, kann die SL weiter fragen:

- *Gibt es Kategorien, die eher durch die Arbeitsstrukturen und Arbeitsbeziehungen relevant sind?*
- *Und andere Kategorien, die nicht durch den Arbeitskontext vorgegeben sind?*

Je nach Diskussionsverlauf werden die Kärtchen von der SL zu übergeordneten Kategorien zusammengehängt (z. B. genannte Kategorien beziehen sich auf **Arbeitsrollen** (Mitarbeitende, Chefs, …) bzw. **gesellschaftlich konstruierte soziale Gruppen** (Migrant*innen, …).

Lösungsvorschläge/Fazit durch die SL
Kategorien wie „Chefin" oder „Mitarbeiter" sind durch den Arbeitskontext und die Arbeitsstruktur vorgegeben. Aber es gibt auch gesellschaftlich verbreitete Kategorienbildungen jenseits eines spezifischen Arbeitskontexts (z. B. Migrant*innen, Menschen mit Behinderung, Frauen, Männer). Hierbei handelt es sich um „Querschnittskategorien", die nicht durch die Organisationshierarchien vorgegeben sind. Durch die Verknüpfung von Arbeitsrollen und gesellschaftlich verbreiteten Kategorien können noch einmal veränderte – teilweise konfliktfördernde – Querschnittskategorien/-herausforderungen in der Institution zustande kommen (z. B. Umgang mit migrantischen Mitarbeitenden, mit Klient*innen mit Behinderung).

3. Phase. Gruppendiskussion. Dauer: 20 Minuten

Die SL moderiert eine Gruppendiskussion, in der der Bezug zum eigenen beruflichen Alltag besprochen wird.
Mögliche Fragen:
- *Können Sie Beispiele nennen, wie diese Kategorien in Ihrem Arbeitsalltag sichtbar werden? Gab es etwa konkrete Situationen, die Sie schon einmal erlebt/ beobachtet haben?*
- *Auf welchen Vorurteilen basieren diese Kategorien?*
- *Sie haben jetzt einige Stereotype und Situationen benannt. Welche davon halten Sie für relevant und wichtig für die Bewältigung Ihres Arbeitsablaufs?*
- *Welche Kategorien halten Sie für vorurteilsbehaftete Einstellungen und Handlungsweisen, die diskriminierend sind oder als diskriminierend wahrgenommen werden könnten?*
- *Wie kann in Ihrer Institution ein Umgang mit relevanten Sachverhalten der Diskriminierung gefunden werden? Welche Maßnahmen müssen ergriffen werden?*

Option. Mögliche weitere Phase: Handlungsorientierte Vertiefung

4. Phase. Bezüge zur eigenen Arbeit reflektieren. Paararbeit und Abschlussgespräch in der Gesamtgruppe. Dauer: 30 Minuten

Als Vertiefung für fortgeschrittene Gruppen bzw. an einer späteren Stelle des Seminars kann die → Übung Alles beginnt mit der Kategorie handlungsorientiert vertieft werden.
Die SL stellt die Grund-Frage vor:
Wie kann es zu Verbesserungen im eigenen Arbeitskontext kommen?

Die SL führt in den Ablauf ein: Die TN brainstormen zunächst in Paararbeit und notieren Ihre Ideen. Für die Paararbeit sind 10 Minuten Zeit. Die Ergebnisse der Paararbeit werden anschließend in der Gesamtgruppe vorgestellt und besprochen.
Die SL erklärt, dass es hilfreich ist zwischen Maßnahmen auf einer individuellen Ebene und solchen, die auf der institutionellen Ebene liegen zu unterscheiden. Sie kann die Begriffe an das Whiteboard bzw. auf ein Flipchart/ Pinnwand schreiben, um ihre Bedeutung zu erklären (→ hierzu *Schlaglicht F* ***Matrix. Formen von Diskriminierung***) und später die Ideen entsprechend zu sortieren bzw. sortieren zu lassen.

TIPP: Falls die → Grundlagenübung 6.3 Diskriminierung?!, in der unterschiedliche Formen von Diskriminierung erarbeitet werden, bereits durchgeführt wurde, kann die SL an die Inhalte erinnern.
Die Aufgabenstellung ist im Raum sichtbar:

Aufgabenstellung

1. Besprechen Sie mit Ihre*m Nachbar*in, wie Diskriminierung in Ihrem Arbeitskontext abgebaut werden kann.
2. Notieren Sie Ihre Ideen auf den Moderationskarten.
3. Versuchen Sie Ihre Ideen unter einerseits individueller Diskriminierung und andererseits institutioneller Diskriminierung zu sortieren.
4. Anschließend bringen Sie ihre Ideen in die Gruppendiskussion ein.

Die SL moderiert die Gruppendiskussion (ca. 20 Minuten) bzw. fordert die TN auf, ihre Ergebnisse vorzustellen (→ mögliche Präsentations- und Auswertungsmethoden in Kapitel 4.3). Dabei können die TN ihre Moderationskarten an Whiteboard/Flipchart/Pinnwand befestigen.

Lösungsvorschlag → Input durch die SL
Folgende Möglichkeiten können genannt werden:

Institutionelle Maßnahmen

- *Gibt es im Arbeitskontext verschriftlichte Richtlinien, die auf Vermeidung von Diskriminierung hinweisen?* Diese können entwickelt werden oder bekannt gemacht werden.
- *Wieviel Diversität im Arbeitsteam gibt es?* Eine Antwort könnte auf Grundlage einer (Selbst-)Einschätzung von Mitarbeitenden eruiert werden.
- *Wie ist das Beschwerdemanagement im Arbeitskontext: Gibt es Ansprechpersonen für Diskriminierung für Mitarbeitende oder/ und Klient*innen?* Es könnte eine interne Gleichstellungs- oder Beschwerdestelle eingerichtet oder eine Ansprechperson benannt werden, die Probleme sammelt und/ oder bearbeitet.
- *Sind Räumlichkeiten der Arbeit barrierefrei?* Entsprechende Maßnahmen können angegangen werden.
- Dokumentation von Vorfällen vornehmen, um das Vorkommen zu beobachten und ggf. in Aktion zu treten, wenn sie öfter auftreten.
- Weiterbildungen für Mitarbeitende anbieten.

Individuelle Maßnahmen

- Individuelles Einschreiten bzw. Gespräch suchen, wenn vorurteilsgeleitetes Handeln, also Diskriminierung stattfindet.
- TN sollten reflektiert über eigene Vorurteile sein und sich in ihrem Handeln nicht von diesen leiten lassen.
- Wissen aneignen über Diskriminierung und unterschiedliche Formen der Diskriminierung: z. B. Sexismus, Rassismus, Antisemitismus, Diskriminierung von Menschen mit Behinderung.
- Wenn TN im Berufsalltag diskriminierende Äußerungen oder andere Handlungen auffallen, kann sie*er diese direkt oder später in Mitarbeitergesprächen kritisch thematisieren.

Die SL hält folgendes Fazit fest: Diskriminierung findet auf unterschiedlichen Ebenen statt, ihr muss deshalb auf unterschiedlichen Ebenen begegnet werden – im Arbeitskontext wirkt Diskriminierung vor allem auf der individuellen und institutionellen Ebene.

III. Fachliche und methodische Hintergrundinfos für SL

Fachliche Hintergrundinfos

1. Die SL sollte mit Grundbegriffen und Phänomenen der sozialen Kategorienbildung vertraut sein.
a. → *Schlaglicht D* ***Soziale Kategorisierung, Stereotype, Vorurteile.***
b. → auch Literaturhinweise oben.

2. Die SL sollte die Bedeutung und die unterschiedlichen Formen von Diskriminierung kennen.
a. → Kapitel 2.
b. → *Schlaglicht C* ***Arbeitsdefinition Diskriminierung für die berufliche Praxis und*** *Schlaglicht F* ***Matrix. Formen rassistischer Diskriminierung.***

3. Beispiele für Diskriminierung: Dass heutzutage vollzeitbeschäftigte Frauen in Deutschland im Durchschnitt für die gleiche Arbeit 23 % weniger Lohn als Männer erhalten, ist ein Fall von Ungleichbehandlung. Jedoch kann auch gegen eine Gleichstellung von Menschen aufgrund bestimmter Kriterien argumentiert werden. Beispielsweise sind Jugendliche unter 18 Jahren in Deutschland nicht wahlberechtigt, weil Menschen, die nicht volljährig sind, das Recht auf politische Beteiligung aufgrund des Kriteriums Alters nicht zugestanden wird. Letztlich ist die Anerkennung von Benachteiligung auch abhängig von gesellschaftlichen Normen und Wahrnehmungen. Diese können sich im Laufe der Zeit verändern.

Methodische Hinweise

Erläuterungen zur → Methode: Murmelrunde finden sich in Kapitel 4.3.

IV. Material

Material 1: PowerPoint-Präsentation "Wen würden Sie fragen?"

Wen würden Sie fragen?

Für Ihre komplizierte Regalkonstruktion brauchen Sie genau zurechtgeschnittene Bretter. Wen würden Sie in der Tischlerei eher nach Unterstützung fragen?

Quelle: Die Fotos sind Teil der Fotoserie „5 Menschen – 10 Orte“, welche in Kooperation mit dem ADB Sachsen für die Ausstellung „Unterschiede, die einen Unterschied machen“ entstand. Online: http://www.bettypabst.de/auftragsarbeiten/5-menschen-10-orte/

https://t1p.de/40890

Sie sind allein auf der Autobahnraststätte und haben eine Reifenpanne.
Wen würden Sie eher nach Unterstützung beim Reifenwechsel fragen?

Quelle: Die Fotos sind Teil der Fotoserie „5 Menschen –10 Orte", welche in Kooperation mit dem ADB Sachsen für die Ausstellung „Unterschiede, die einen Unterschied machen" entstand. Online: http://www.bettypabst.de/auftragsarbeiten/5-menschen-10-orte/

Sie sind in einer neuen Stadt unterwegs.
Wen würden Sie eher nach dem Weg fragen?

Quelle: https://www.stuttgarter-zeitung.de/gallery.umfrage-unter-stuttgarter-passanten-was-ist-ihr-lebensziel.9178be80-9d64-4948-a841-b42e0e9a56ab.html

Schlaglicht D
Soziale Kategorisierung, Stereotype und Vorurteile

Soziale Kategorisierung

Der Prozess der Zuordnung einzelner Objekte zu Objektklassen wird als Kategorisieren bezeichnet. Die Umwelt ist komplex und vielfältig. Um trotzdem reaktionsfähig zu sein, vereinfacht unser Gehirn und ordnet die uns umgebenden Dinge und Personen schnell ein. Somit ist es funktional und unvermeidlich, einzelne Objekte Objektgruppen zuzuordnen. Menschen kategorisieren sowohl bei Gegenständen (wie Tisch und Stuhl sind Möbel, Trabant und Mercedes sind Autos) als auch bei „sozialen Objekten" (wie Jenaer und Erfurter sind Thüringer, Joggerinnen und Tischtennisspieler sind Sportler). Unumgänglich ist dieses „Schubladendenken" aufgrund der beschränkten kognitiven Kapazitäten des Menschen: Das Gehirn kann nicht jeden einzelnen Umweltreiz individuell wahrnehmen und auswerten.

Stereotype

sind positive und negative Eigenschaften und Verhaltensweisen, die mit bestimmten sozialen Kategorien oder Gruppen assoziiert werden. Sie können soziale Gruppen betreffen, etwa eine Kategorisierung nach Nationalität: „Die Franzosen sind besonders romantisch", „Die Deutschen sind besonders gehorsam". Sie sind gelernt und werden vom Gehirn quasi „automatisch" abgerufen. Völlig unabhängig davon, ob sie zutreffend oder unzutreffend sind. Meist herrscht ein tradiertes soziales Einverständnis darüber, welche Eigenschaften mit welchen Gruppen assoziiert werden. Doch dieses „Wissen" darüber bedeutet nicht, dass die Stereotype auch wahr sind.

Vorurteile

sind herabsetzende Einstellungen gegenüber (erdachten) sozialen Gruppen oder ihren Mitgliedern, die auf wirklichen oder zugeschriebenen Merkmalen von Mitgliedern dieser Gruppen beruhen. Sie treten zwischen (sozialen) Gruppen auf, umfassen eine (positive oder negative) Bewertung einer Gruppe, stellen eine verzerrte Wahrnehmung einer Gruppe dar und basieren auf wirklichen oder vorgestellten Gruppenmerkmalen. Demnach sind Vorurteile verzerrte Bewertungen eines sozialen Reizes, die kognitive (wie Stereotype), emotionale (wie Angst) und verhaltensmäßige Komponenten (wie Vermeidung) enthalten.

Literatur:

Geschke, Daniel (2012): Vorurteile, Differenzierung und Diskriminierung – sozialpsychologische Erklärungsansätze. In: APUZ, Nr. 16. Online: http://www.bpb.de/apuz/130413/vorurteile-differenzierung-und-diskriminierung-sozialpsychologische-erklaerungsansaetze?p=all (01.06.2022).

6.2 WAS IST RASSISMUS?

Analytische Annäherung an das Phänomen Rassismus

I. Allgemeine Infos zur Übung

Titel der Übung: Was ist Rassismus?

Fachtitel für die Übung: Analytische Annäherung an das Phänomen Rassismus

Zuordnung und Voraussetzung
Grundlagenübung, zentral, sollte im ersten Teil des Trainings durchgeführt werden.

Themenbereiche/Schlagworte
Bestimmung des Themas; institutioneller und struktureller Rassismus (→ *Schlaglicht F*), Intersektionalität (→ *Schlaglicht J*)

Anzahl der Teilnehmenden
8–16 (je 2–5 TN pro → Kleingruppenarbeit); es können beliebig viele Kleingruppen gebildet werden, maximal 35 Personen

Lernziele
- TN entwickeln ein Problembewusstsein für Rassismus.
- TN reflektieren über eigene Verwobenheit in rassistische Strukturen.
- TN identifizieren und benennen institutionellen Rassismus anhand von Beispielen.
- TN erarbeiten gemeinsam eine handhabbare Rassismus-Definition.

Zeit Dauer insg. ca. 115 oder 135 Minuten
1. **Phase:** Einführung in das Thema Rassismus. Dauer: 15 Minuten
2. **Phase:** Kleingruppenarbeitsphase. Dauer: 45 Minuten
3. **Phase:** Besprechung der Kleingruppenarbeiten. Dauer: 25 Minuten
4. **Phase:** Einführung der Arbeitsdefinition. Dauer: 30 Minuten
5. **Phase:** Vertiefung. Dauer: 20 Minuten

Materialien
- Arbeitsblatt: Zitate Rassismus
- Moderationskarten, Stifte

Räumlichkeiten
Der Raum sollte groß genug für Kleingruppenarbeiten sein bzw. Ausweichmöglichkeiten in mehrere Räumlichkeiten bieten.

Weiterführende Literatur und Links
Glokal e. V. (Hg.) (2012): Mit kolonialen Grüßen. Berichte und Erzählungen von Auslandsaufenthalten rassismuskritisch betrachtet. Abrufbar unter: https://www.glokal.org/wp-content/uploads/2011/05/Broschuere-ReiseberichteundRassismus.pdf (01.06.2022).

Amnesty International (2016): Wir nehmen Rassismus persönlich. Abrufbar unter: https://www.amnesty.de/sites/default/files/2017-05/Amnesty-Broschuere-Alltagsrassismus-September 2016.pdf (01.06.2022).

Nduka-Agwu, A./Hornscheidt, A. L. (Hg.) (2013): Rassismus auf gut Deutsch. Ein kritisches Nachschlagewerk zu rassistischen Sprachhandlungen. Transdisziplinäre Genderstudien. Frankfurt am Main.

Kombination mit anderen Übungen

Nach dieser Übung eignet sich die Durchführung der → Übung 6.3 Diskriminierung?! Außerdem lässt sie sich sehr gut mit den → Übungen 6.4 Kein Problem Einzelner, 7.3 Bewegen Sie sich oder 7.1 Kleine archäologische Ausgrabungen verbinden, um herausgearbeitete Zusammenhänge zu vertiefen, auch im Hinblick auf die eigene Biografie.

II. Ablauf und konkrete Schritte

1. Phase: Einführung in das Thema Rassismus. Dauer: 15 Minuten

Die SL führt in das Thema ein, zunächst historisch, indem sie Zusammenhänge zwischen der erfundenen „Rassetheorie" und der Kolonialpolitik westeuropäischer Länder bespricht. Die Einführung beginnt mit dem berühmten Zitat des Staatssekretärs des Äußeren Bernhard von Bülow aus dem Jahr 1897:

Wir wollen niemanden in den Schatten stellen, aber wir verlangen auch unseren Platz an der Sonne.

2. Phase: Kleingruppenarbeitsphase. Dauer: 45 Minuten

Die TN finden sich in Kleingruppen zusammen (zu möglichen Einteilungsmethoden → Kapitel 4.3) und erhalten das Arbeitsblatt „Zitate Rassismus", auf dem sie kleine Erfahrungsberichte/ Zitate von rassistisch markierten Personen finden. Sie sollen anhand der Vorfälle Funktionsweisen erarbeiten, Folgen von Rassismus identifizieren und wichtige Aspekte für eine Problembeschreibung in der Praxis ableiten.

Arbeitsauftrag

1. Betrachten Sie die Screenshots und Zitate[1].
2. Erarbeiten Sie anhand der geschilderten Vorfälle eine Problembeschreibung von Rassismus für die Praxis. Diskutieren Sie dafür die Frage, an welcher Stelle Sie Rassismus erkennen. Beziehen Sie dabei folgende Punkte mit ein:
- Lebensbereiche (z. B. Schule, Arbeit, ...),
- Aspekte (z. B. Negierung von Zugehörigkeit, rassistische Zuschreibungen, etc.),
- Folgen und Wirkungen für die Gesellschaft und auf Einzelne.
3. Notieren Sie jeden Aspekt auf einer eigenen Moderationskarte.
4. Im nächsten Schritt stellen Sie Ihre Ergebnisse im Plenum vor.

1 Die Zitate stammen aus: Amnesty International (2016): Wir nehmen Rassismus persönlich. Online: https://www.amnesty.de/sites/default/files/2017-05/Amnesty-Broschuere-Alltagsrassismus-September2016.pdf (01.06.2022). Reni Eddo Lodge (2019): Ausgeschlossen vom Menschsein. Abrufbar unter: https://www.zeit.de/kultur/2019-01/rassismus-hautfarbe-weisse-white-privilege (01.06.2022). Mohamed Amjahid, Xifan Yang & Vanessa Vu (2018): In die Ecke gestellt. Abrufbar unter: https://www.zeit.de/2018/33/metwo-rassismus-alltag-journalisten-erfahrungen (01.06.2022). Screenshots von #MeTwo Tweets

3. Phase: Besprechung der Kleingruppenarbeiten. Dauer: 25 Minuten

Nachdem sich die einzelnen Kleingruppen auf eine Problembeschreibung geeinigt haben, stellen sie ihre Stichpunkte vor. Alle Aspekte werden an der Tafel/ Flipchart zusammengetragen. Es entsteht ein umfangreiches Bild, das für alle sichtbar ist.
Die SL betont, dass Rassismus alle Lebensbereiche betreffen kann und somit im Alltag rassistisch markierter Personen allgegenwärtig ist. Der Blick für Rassismus als gesellschaftliches Phänomen auch jenseits von physischen Übergriffen oder rechtsradikalen Gruppen wird geschärft.

4. Phase: Einführung der Arbeitsdefinition. Dauer: 30 Minuten

Die SL schließt diese Übung ab, indem sie die Arbeitsdefinition des Projekts „Den Menschen im Blick" vorstellt.
→ *Schlaglicht E* ***Arbeitsdefinition Rassismus***
Die Definition beinhaltet wichtige Aspekte zur besseren Einordnung von rassistischen (Sprach-)Handlungen. Sie dient einem praxisorientierten Umgang in der eigenen Institution.
Die SL geht mit den TN Schritt für Schritt die Definition durch und bespricht im Plenum Überschneidungen mit dem vorher Erarbeiteten durch die Frage:

- *Welche Aspekte der Definition haben wir bereits erarbeitet, welche fehlen?*

5. Phase: Vertiefung. Dauer: 20 Minuten

Um das Gelernte zu vertiefen, stellt die SL eine herkömmliche Definition aus dem einsprachigen Wörterbuch Duden vor:

Ras¬sis¬mus, der

Bedeutung

1. (meist ideologischen Charakter tragende, zur Rechtfertigung von Rassendiskriminierung, Kolonialismus o. Ä. entwickelte) Lehre, Theorie, nach der Menschen bzw. Bevölkerungsgruppen mit bestimmten biologischen Merkmalen hinsichtlich ihrer kulturellen Leistungsfähigkeit anderen von Natur aus über- bzw. unterlegen sein sollen
2. dem Rassismus entsprechende Einstellung, Denk- und Handlungsweise gegenüber Menschen bzw. Bevölkerungsgruppen mit bestimmten biologischen Merkmalen.

Quelle: https://www.duden.de/rechtschreibung/Rassismus (01.06.2022).

Die Definition wird sichtbar an die Wand gepinnt oder mit einem Beamer an die Wand projiziert.
Die TN finden sich wieder in ihren Kleingruppen zusammen, um folgende Fragestellung zu diskutieren:

- *Was sind die Vor- und Nachteile der Definition aus dem Duden?*
- *Was fällt Ihnen im Vergleich zur Arbeitsdefinition von „Den Menschen im Blick" auf?*

Für die Besprechung bietet es sich an, die Arbeitsdefinition von „Den Menschen im Blick" sichtbar an die Wand zu pinnen/projizieren. Damit wird der Vergleich erleichtert.

III. Fachliche und methodische Hintergrundinfos für SL

Kolonialpolitik westeuropäischer Länder

Das obige Zitat vom Staatssekretär des Äußeren Bernhard von Bülow (Phase 1) stammt aus seiner berühmten Rede über die deutsche Kolonialpolitik. Er spricht von seiner Vision und dem Wunsch das Deutsche Kaiserreich zu einer Kolonialmacht zu machen. Zu dieser Zeit beginnt die deutsche Expansionspolitik.
Das Deutsche Kaiserreich war insgesamt 30 Jahre in die direkte Kolonialisierung verschiedener Regionen der Erde involviert. Beispielsweise fand die Westafrika-Konferenz vom 15. November 1884 bis zum 26. Februar 1885 in Berlin statt. Vertreter*innen verschiedenen Nationen (u. a. Frankreich, Großbritannien) nahmen teil. Aus einem afrikanischen Staat waren keine Vertreter*innen anwesend. Trotzdem wurde über die Zukunft des afrikanischen Kontinents und seiner Aufteilung unter den Kolonialmächten verhandelt. Otto von Bismarck eröffnete die Konferenz folgendermaßen: Ziel sei es „den Eingeborenen Afrikas den Anschluß an die Zivilisation zu ermöglichen, indem das Innere dieses Kontinents für den Handel erschlossen" werde. Die Zivilisierungsrhetorik Bismarcks ist charakteristisch für das Gebaren europäischer Kolonialmächte.

Quellen: Deutsches Historisches Institut. Bernhard von Bülow über Deutschlands „Platz an der Sonne" (1897): Abrufbar unter: http://germanhistorydocs.ghi-dc.org/sub_document.cfm?document_id=783&language=german (01.06.2022); Zimmerer, J. (2015): Bismarck und der Kolonialismus. Abrufbar unter: http://www.bpb.de/apuz/202989/bismarck-und-der-kolonialismus?p=all#footnode7-7 (01.06.2022).

Eine Auflistung ehemaliger Kolonien Deutschlands findet sich in der → Übung 5.3 Diskriminierungs-BinGo unter Abschnitt III. Weitere Informationen zu Kolonialismus finden sich im *Schlaglicht P* ***Kolonialismus, antimuslimischer Rassismus und aktuelle Diskurse.***

Für eine vertiefende Auseinandersetzung mit anhaltenden Folgen von Kolonialismus siehe außerdem: von Laak, D. (2005): Deutschland in Afrika – Der Kolonialismus und seine Nachwirkungen. Abrufbar unter: http://www.bpb.de/internationales/afrika/afrika/58870/deutschland-in-afrika?p=all (01.06.2022).

Methodische Hinweise

Partizipative Erarbeitung der Rassismus-Definition

Die Übung eignet sich sehr gut dafür, sich dem Thema Rassismus beispielhaft und praktisch zu nähern. Durch die Bearbeitung der Erfahrungsberichte wird ein assoziativer Zugang ermöglicht, der die TN „mitnimmt" und ihren Wissensstand explizit einbezieht und wertschätzt. Die TN sind aktiv und fühlen sich nicht frustriert, weil sie mit der Analyse einer komplexen Definition von Rassismus alleine gelassen werden. Im weiteren Verlauf der Übung erhalten die TN die Möglichkeit, die Beispiele zu abstrahieren und allgemeiner zu formulieren, in dem sie gebeten werden, das Problem Rassismus zu beschreiben.

Als Abrundung dieser Aufgabenstellung erhalten die TN eine Arbeitsdefinition von Rassismus, die ihnen dabei helfen soll, rassistische (Sprach-)Handlungen besser einzuordnen und damit bearbeitbar zu machen. Die Vertiefung in der 5. Phase dient der intensiven Auseinandersetzung mit problematischen Herangehensweisen, durch die Rassismus (re-)produziert und verfestigt wird. So heißt es in der Lexikondefinition im Duden etwa, Menschen würden aufgrund *tatsächlicher ethnischer oder kultureller* Unterschiede rassistisch diskriminiert werden. Es ist wissenschaftlich jedoch bewiesen, dass es keine „Rassen" gibt. Für eine rassismuskritische Auseinandersetzung ist es hochproblematisch, dass diese Definitionen renommierten Wörterbücher entstammen und bei Suchmaschinen oftmals als eine der ersten Treffer angezeigt werden.

Beachtet werden muss:

- Die TN sollen nicht das Gefühl bekommen, dass ihre eingangs erarbeitete Problembeschreibung falsch oder unnötig ist. Vielmehr soll das Erarbeitete mit der Arbeitsdefinition „Den Menschen im Blick" verglichen und ggf. abgeglichen werden.
- Die SL muss sicherstellen, dass die Erfahrungen in den Zitaten/ Erfahrungsberichten unhinterfragt bleiben und kein Raum für Relativierung eröffnet wird.

- Der SL und den TN sollte bewusst sein, dass Rassismus zu definieren immer ein unabgeschlossener Prozess bleiben wird. Rassismus ist sehr „anpassungs-“ und „überlebensfähig“, sodass eine Problembeschreibung niemals in Stein gemeißelt werden kann. Die Definition dient vielmehr einer Annäherung und muss immer wieder angepasst werden.

IV. Material

Arbeitsblatt: Zitate Rassismus

Aufgabenstellung

1. Betrachten Sie die Screenshots und Zitate .
2. Erarbeiten Sie anhand der geschilderten Vorfälle eine Problembeschreibung von Rassismus für die Praxis. Diskutieren Sie dafür die Frage, an welcher Stelle Sie Rassismus erkennen. Beziehen Sie dabei folgende Punkte mit ein:
- Lebensbereiche (z. B. Schule, Arbeit, …),
- Aspekte (z. B. Negierung von Zugehörigkeit, rassistische Zuschreibungen, etc.),
- Folgen und Wirkungen für die Gesellschaft und auf Einzelne.
3. Notieren Sie jeden Aspekt auf einer eigenen Moderationskarte.
4. Im nächsten Schritt stellen Sie Ihre Ergebnisse im Plenum vor.

Material 1. Screenshot eines #metwo Tweets

Oğuz Yılmaz
@oguz
Folgen

Wenn du über Immoscout freie Wohnungen kontaktierst & einfach keine Antwort bekommst, aber die deutsche Freundin bei gleichen Angeboten sofort Antworten erhält. Nach Ehe & Namensänderung hat sie auch keine Antwort mehr bekommen.

Wohnung nur dank gezahlter Maklerprovision. #metwo

05.05 - 26. Juli 2018

Material 2. Erfahrungsbericht

In einem Kita-Projekt einer Kollegin ging es um Berufe. Ein Schwarzer Junge aus Berlin sagte, als er nach seinem Berufswunsch gefragt wurde: **„Ich würde gern Busfahrer, Polizist oder Pilot werden. Aber das geht ja nicht, ich bin ja braun."**

Material 3. Erfahrungsbericht

Saskia, Medizinstudentin: „Als ich im Kindergarten war, schrien sie meiner Mutter hinterher, wir sollen doch endlich zurück nach Afrika gehen. Als ich in der ersten Klasse war, haben Kinder Abstand von mir gehalten, weil ich eine ‚**N-Wort**' war, und haben mich auch als solche beschimpft. Meine Beschwerden bei den Lehrer*innen waren wie das Reden gegen eine Wand: **‚Hör einfach nicht hin', lautete ihre Devise."**

Material 4. Screenshot eines #metwo Tweets

Aylin
Folgen

Auf meine Bewerbung hin "Ich rufe nur an, weil ich mal wissen wollte, wie ihre Deutsch-Kenntnisse sind" Ich: "Haben Sie meinen Lebenslauf nicht gelesen? Ich wurde hier geboren, bin hier zur Schule gegangen" Er: "Ihr Name ist aber ausländisch." #metwo

01:19 - 27. Juli 2018

1 Retweet 7 „Gefällt mir"-Angaben

3 1 7

Material 5. Erfahrungsbericht

JÉRÔME ist Fotograf und geht gern auf Reisen: „Es war eine simple Geschichte im Alltag. Ich war zu Besuch in Frankfurt und lief mit einem Freund durch die U-Bahn-Station an der Konstabler Wache. Uns kamen vier Polizisten in Einsatzuniform entgegen, keine normale Polizeiuniform, sondern bekleidet, als seien sie für einen Straßenkampf gerüstet. ‚An die Wand, Personenkontrolle! – Hast du gerade was verkauft oder wolltest du erst?!', war das Einzige, was sie zu mir sagten, bevor sie mich an die Wand drückten und abtasteten. Mich, meinen Freund nicht, der ist weiß."

Material 6. Interview-Ausschnitt

Reni Eddo-Lodge: „Ich bin mir meiner Hautfarbe nur deswegen so akut bewusst, weil ich, seitdem ich mich erinnern kann, von der Welt durchgängig als anders abgestempelt werde. Als ich vier war, fragte ich meine Mutter, wann ich weiß werden würde, **weil alle guten Menschen im Fernsehen weiß waren, und alle Bösen waren dunkelhäutig.** Ich betrachtete mich als guten Menschen, deswegen dachte ich, dass ich irgendwann weiß werden würde. Meine Mutter erinnert sich immer noch an den enttäuschten Ausdruck auf meinem Gesicht, als sie mir die schlechte Nachricht mitteilte."

Material 7. Erfahrungsbericht

Mohamed Amjahid: „Ich habe mir Monologe anhören müssen, **dass ich als Mohamed nicht objektiv forschen oder schreiben könne.** Oft genug erklärten mir dafür kleine und große weiße Wissenschaftler in einem paternalistischen Ton und natürlich super objektiv die Welt. Das nervte nicht nur, diese rassistischen Strukturen an der Universität prägen mich bis heute, vielleicht mein ganzes Leben lang."

Material 8. Erfahrungsbericht

Vanessa Vu: „Die Mehrheit merkt davon wenig, für uns Minderheiten bedeutet Rassismus aber einen täglichen Kampf um unsere Existenz: um Bildung, Jobs, Wohnungen, unsere Menschenwürde, um unseren Aufenthalt und Mitbestimmungsrechte, um die Anerkennung unserer Biografien und die daraus resultierenden Perspektiven, um unsere geistige und körperliche Gesundheit und – wie der NSU-Terror zeigt – auch um unser Leben."

Material 9. Screenshot eines #metwo Tweets

Zusatzmaterialien: Weitere Zitate und Screenshots

Die Zitate auf dem Arbeitsblatt können durch die folgenden Zitate ausgetauscht oder erweitert werden. Diese stellen keinesfalls eine abgeschlossene Sammlung dar, um Rassismus endgültig zu beschreiben. Es können auch andere Beispiele durch die SL eingebracht werden.

1. Erfahrungsberichte aus einer Amnesty International Broschüre[1]

- Billie, Krankenschwester: „Wenn ich mit meinem Freund, heute Mann, bei Behörden war, um ihm als Übersetzerin zu helfen, wurde immer ich adressiert, obwohl die Fragen an ihn gerichtet waren. Wenn ich die Fragen übersetzen wollte, fiel man mir ins Wort und machte mir klar, ich könnte ihm das ja nach dem Termin erklären. Er wurde gar nicht direkt angesprochen. Das war für mich sehr schmerzhaft, da ich erlebt habe, wie sehr ihn das verunsichert hat und wie ich gezwungen wurde, für ihn zu sprechen, ihn zu übergehen. Als wir auf dem Standesamt unsere Hochzeit angemeldet haben, musste ich in einem formlosen Schreiben erklären, wie ich meinen Mann kennengelernt habe. Er wurde nicht danach gefragt."
- „Gehst du mal in deine Heimat zurück?" – „Was, nach Bielefeld? Nee!"
- „Als ich das N-Wort das erste Mal hörte, war ich ungefähr vier Jahre alt: Ein Kind, nicht viel älter als ich, machte seine Mutter auf das ‚**N-Wort**' aufmerksam und zeigte staunend mit dem Finger auf mich. Ich kannte die Bedeutung des Wortes zwar nicht, aber ich merkte, dass es nicht neutral war und dass irgendetwas mit mir und meinem Aussehen nicht in Ordnung zu sein schien. "

2. MeTwo Tweets:

- Mahret Ifeoma Kupka (@modekoerper) 26. Juli 2018: „Meine Mutter, die während einer Geschäftsreise in einem Hotel auf dem Flur steht und die Frau, die zu ihr kommt und sagt ‚sie können mein Zimmer jetzt gerne machen' #MeTwo."

- Igor Levit (@igorpianist) 26. Juli 2018: „Goldberg Variationen gespielt. Großen Erfolg gehabt. Nach dem Konzert ein Ehepaar beim Signieren: ‚Das war so schön, und das obwohl sie ihrer geistigen und sonstigen Herkunft nach ja eigentlich keinen direkten Zugang zu Bach und seiner Musik haben können.' #metwo"

3. Ausschnitte aus Zeitungen

- Reni Eddo Lodge: „Ich erzählte ihr [einer Freundin], dass ich einmal bei einem Job, für den ich mich vorgestellt hatte, übergangen wurde und über gemeinsame Freunde herausfand, dass ihn eine weiße Frau meines Alters mit nahezu identischer Berufserfahrung bekommen hatte. Damals hatte ich den strukturellen Rassismus wie einen Schlag ins Gesicht gespürt. Es war etwas, das man in Statistiken über schwarze Arbeitslosigkeit liest, jedoch nie von den betroffenen Personen erfährt."

Quelle: Lodge, Reni Eddo (2019): Ausgeschlossen vom Menschsein. Abrufbar unter: https://www.zeit.de/kultur/2019-01/rassismus-hautfarbe-weisse-white-privilege (01.06.2022).

- Vanessa Vu: „Ich wünschte, sie hätten sich hinter mich gestellt, als mir eine Mitschülerin die Vergasung wünschte, anstatt meine Verschlossenheit als Eingeschnapptheit zu kritisieren. Ich wünschte, sie hätten uns allen beigebracht, dass nicht ich der Fehler im System bin, sondern der Rassismus, der seit Generationen weitergetragen wird. Ich wünschte, ich hätte Vorbilder gehabt, die zumindest ein bisschen so aussehen wie ich. Die vorn an der Tafel stehen und zeigen: Man kann es trotz aller Vorurteile schaffen. [...] Die Mehrheit merkt davon wenig, für uns Minderheiten bedeutet Rassismus aber einen täglichen Kampf um unsere Existenz: um Bildung, Jobs, Wohnungen, unsere Menschenwürde, um unseren Aufenthalt und Mitbestimmungsrechte, um die Anerkennung unserer Biografien und die daraus resultierenden Perspektiven, um unsere geistige und körperliche Gesundheit und – wie der NSU-Terror zeigt – auch um unser Leben."

Quelle: Amjahid, Mohamed/Yang, Xifan/Vu, Vanessa (2018): In die Ecke gestellt. Abrufbar unter: https://www.zeit.de/2018/33/metwo-rassismus-alltag-journalisten-erfahrungen (01.06.2022).

1 Amnesty International (2016): Wir nehmen Rassismus persönlich. Abrufbar unter: https://www.amnesty.de/sites/default/files/2017-05/Amnesty-Broschuere-Alltagsrassismus-September2016.pdf (01.06.2022).

Schlaglicht E
Arbeitsdefinition Rassismus[1]

Die Arbeitsdefinition Rassismus soll staatliche und zivilgesellschaftliche Institutionen dabei unterstützen, Rassismus zu erkennen und zu thematisieren (in Fortbildungen, Publikationen, öffentlichen Statements, in der Organisationsentwicklung).

Rassismus beruht auf der Erfindung menschlicher „Rassen", die über Jahrhunderte weiterentwickelt wurde. Demnach werden Menschen – bewusst oder unbewusst – nicht als Individuen betrachtet, sondern stets einer erfundenen Gruppe zugeordnet. Die Gruppen werden hierarchisiert und auf- (Eigengruppe) und abgewertet (Fremdgruppe). Behauptet wird eine „Andersartigkeit" und Ungleichwertigkeit von Menschen aufgrund einer tatsächlichen oder auch nur zugeschriebenen Herkunft oder Kultur. Grundlage der Menschenrechte ist jedoch die Gleichheit und Gleichwertigkeit aller Individuen. Rassismus erhält oder stärkt Machtpositionen und Privilegien. Im Gegenzug werden Benachteiligung, Unterdrückung, Ausbeutung und Ausgrenzung gerechtfertigt und der Zugang zu Ressourcen und gesellschaftlicher Teilhabe erschwert oder verwehrt.

Rassismus kann bestimmte Verhaltensweisen motivieren, muss aber nicht. Aktuelle Beispiele von Rassismus im öffentlichen Leben, in den Medien, in Bildungseinrichtungen sowie am Arbeitsplatz können folgendes Verhalten einschließen:

- Die Behauptung, Menschen würden aufgrund „ihrer Kultur" stets in bestimmter Weise denken oder sich verhalten.
- Das Verwenden von (Sprach-)Bildern, die eine konstruierte Gruppe und ihre vermeintlichen Mitglieder als unzivilisiert, unterlegen, aggressiv, kriminell, exotisch oder sexualisiert darstellen.
- Entmenschlichende, dämonisierende oder stereotype Anschuldigungen.
- Die Behauptung, Personen können nicht Teil der Gesellschaft sein, etwa aufgrund ihrer (unverrückbaren) Herkunft, Religion oder Kultur oder aufgrund vermeintlicher äußerer Merkmale.
- Menschen werden besondere Begabungen (z. B. musikalisch oder mathematisch) bzw. eine gute Leistungsfähigkeit zugesprochen, weil ihnen eine bestimmte Abstammung unterstellt wird.
- Das Bestreiten, die Verharmlosung oder die Verherrlichung von Ausbeutung, Gewalt bis hin zu Morden und Massenmorden gegen rassistisch markierte Personen, einschließlich Kolonialismus und Holocaust.
- Der Aufruf zur Tötung oder Verletzung sowie die Beihilfe zu solchen Taten oder ihre Rechtfertigung, oft mit der Begründung die eigene „Nation" oder „Rasse" retten zu wollen.

Rassistische Taten sind Straftaten. Aufgrund des Sichtbarwerdens von Schwierigkeiten bei der Erfassung und Ahndung rassistischer Taten befinden sich Gesetzgebung und institutionelle Erfassungsinstrumente aktuell in einem Entwicklungsprozess. Seit 2015 berücksichtigt die Justiz rassistische Motive bei der Strafzumessung (§46.2 StGB). Die Polizei erfasst Rassismus im Definitionssystem „Politisch motivierte Kriminalität" (PMK) unter dem Themenfeld „Hasskriminalität" und nicht mehr alleine unter „Politische motivierter Kriminalität rechts".
Straftaten sind rassistisch, wenn die Angriffsziele, seien es Personen oder Sachen – wie Gebäude, Schulen oder Glaubenshäuser – deshalb ausgewählt werden, weil sie als „fremd" oder „anders" gewertet oder mit „Fremdem" oder „Anderem" in Verbindung gebracht werden.

1 Die Definition wurde gemeinsam mit dem Fachbeirat des Projektes „Der Mensch im Blick" entwickelt.

6.3 DISKRIMINIERUNG?!

Formen von Diskriminierung

I. Allgemeine Infos zur Übung

Titel der Übung: Diskriminierung?!

Fachtitel: Formen von Diskriminierung

Zuordnung und Voraussetzungen
Grundlagenübung. Erste inhaltliche Auseinandersetzung mit den Themen Rassismus und Diskriminierung sollte bereits erfolgt sein, ansonsten keine Voraussetzungen.

Themenbereiche/Schlagworte
Diskriminierung (→ *Schlaglicht C*), Rassismus (→ *Schlaglicht E*), Formen von Diskriminierung: individuelle, diskursive, institutionelle, strukturelle, intendiert und unbewusst (→ jeweils *Schlaglicht F*), Theorie-Praxis-Transfer, Sensibilisierung im beruflichen Kontext

Anzahl der Teilnehmenden
8–16, maximal 32 Personen
Kleingruppen je 2–4 Personen (bei große Gruppen können ggf. jeweils 2 Kleingruppen zu einer Diskriminierungsform gebildet werden)

Lernziele
- TN kennen unterschiedliche Formen von Diskriminierung: individuelle, diskursive, institutionelle und strukturelle.
- TN wissen, dass Diskriminierung intendiert oder nicht-intendiert sein kann.
- TN erkennen diskriminierende Äußerungen/Handlungen in der beruflichen Praxis.
- TN schätzen durch Bestimmung der Formen spezifischer diskriminierender Äußerungen/Handlungen deren Bedeutung im Arbeitskontext ein.

Zeit:
Gesamtdauer ca. 75 Minuten (+ 15 Minuten extra, falls → Methode/Galeriespaziergang)
1. Phase: Intro durch Videoclip oder durch SL. Dauer: 5–10 Minuten
2. Phase: Kleingruppenarbeit: eigene Beispiele finden und Zitate zuordnen. Dauer: 35 Minuten
3. Phase: Ergebnisvorstellung in Gesamtgruppe und Diskussion. Dauer: 30 Minuten

Materialien
- Videoclip „Formen Diskriminierung", abrufbar im Kompetenzportal „Den Menschen im Blick" unter folgendem Stichwort „Diskriminierung. Formen" oder alternativ als Power-Point-Präsentation (zwei Folien) bzw. *Schlaglicht F* ***Matrix. Formen von rassistische Diskriminierung***
- Laptop und Beamer
- 4 Pinnwände oder alternativ Whiteboards/Tafeln/Pinnboard, Moderationskarten und dicke Stifte
- Vorbereitung der Aufgabenstellung (Phase 2) auf Flipchart und AB 1
- AB 2–5: Ausdrucke mit je einer Form von Diskriminierung/Bestimmung. Es reicht ein AB pro KG, es wird jeweils an einer Pinnwand/Whiteboard/Tafel befestigt (je 1 Ausdruck)

- AB 5 „Diskriminierend oder nicht? Passt „Ihre" Form der Diskriminierung?" zerschnitten: Zitate-Schnipsel (1x je Kleingruppe)
- AB 6 die Matrix „Formen rassistischer Diskriminierung" (= Entspricht gleichnamigem Schlaglicht. Für jede*n TN ein Ausdruck zum Mitnehmen nach der Übung)

Räumlichkeiten
Der Seminarraum sollte groß genug für vier Kleingruppen sein sowie genügend Platz für die Gesamtgruppe im Plenum bieten. Alternativ sollten ein mittelgroßer Raum und weitere Räumlichkeiten (Vorraum, Sitzecken, weitere Räume) für die Kleingruppenarbeit zur Verfügung stehen.

Weiterführende Literatur und Links
→ Kapitel 2
- *Schlaglicht C* ***Arbeitsdefinition Diskriminierung***
- *Schlaglicht F* ***Matrix. Formen rassistischer Diskriminierung***

Kombination mit anderen Übungen
Die Übung kann nach erstem inhaltlichen Einstieg durchgeführt werden. Im Anschluss ist für Mitarbeitende eine emotionalere → Übung empfehlenswert, wie Bewegen Sie sich; für Führungskräfte und kognitiv engagierte Mitarbeitende kann auch eine Auseinandersetzung mit gesetzlichen Grundlagen erfolgen, → *Schlaglicht B* ***Recht und Gesetz.***

II. Ablauf und konkrete Schritte

1. Phase: Intro durch Videoclip bzw. durch SL. Dauer: 5–10 Minuten

Die inhaltliche Einführung in die verschiedenen Formen der Diskriminierung – individuelle, diskursive, institutionelle, strukturelle – erfolgt
entweder (a) durch einen einführenden Videoclip, Stichwort „Diskriminierung. Formen", abrufbar auf dem Kompetenz-Portal www.den-menschen-im-blick.de/arbeitsmaterialien oder (b) durch einen Impuls der SL auf der Grundlage einer PowerPoint-Präsentation (→ Material).

2. Phase: Kleingruppenarbeit: eigene Beispiele finden und Zitate zuordnen. Dauer: 35 Minuten

Die SL teilt die Gruppe in vier Kleingruppen (je 2–4 TN) ein. Jede Kleingruppe betrachtet eine Form der Diskriminierung. Bei vielen TN kann die Anzahl der Kleingruppen verdoppelt werden und jeweils 2 x die gleiche Diskriminierungsform zugewiesen werden.
Die TN je einer Kleingruppe begeben sich zu einer Pinnwand/Whiteboard/Tafel, auf der eine erläuternde Definition zu jeweils einer Diskriminierungsform (z. B. „individuelle Diskriminierung" oder „institutionelle Diskriminierung") angebracht ist (z. B. als Ausdruck → ABs 1–4). Es liegen für jede Kleingruppe ausreichend Moderationskarten bereit.

Aufgabenstellung
Die TN setzen sich mit der Ihnen vorliegenden Diskriminierungs-Form in der Kleingruppe auseinander.
1. **Finden Sie zunächst Beispiele aus dem eigenen beruflichen Kontext und Alltag.**
   Schreiben Sie Stichpunkte zu den Beispielen auf die Moderationskarten. Befestigen Sie die Moderationskarten an der Wand/Tafel. (15 Minuten Zeit)

2. **Finden Sie im Anschluss passende Zitate.**
   Die SL teilt Zitate aus. Besprechen Sie die Zitate. Schneiden Sie 3–5 passende Zitate aus, die Sie „Ihrer" Diskriminierungsform zuordnen können und befestigen diese an der Wand/Tafel. (15 Minuten Zeit)

Schritt 1:
TN finden selbstständig Beispiele für „ihre" Diskriminierungsform – aus ihrem Berufsalltag oder weiterem persönlichen Erleben.
Das ermöglicht den TN, die Thematik tiefer und eigenständig zu durchdringen. Es entsteht ein anschauliches Gespräch über die jeweilige Diskriminierungsform. Die gefundenen Beispiele werden auf den Moderationskarten festgehalten und an dem Pinnboard/ Whiteboard o. Ä. angebracht.

Schritt 2:
Die SL verteilt vorgefertigte Zitate-Schnipsel (→ Material AB 5) an alle Kleingruppen (jeweils die gleiche Zitate-Sammlung), sobald die KG Aufgabe 1 beendet haben.
AB 5 listet eine Vielzahl an Zitaten auf. Die SL kann – je nach Zielgruppenbedarf – einzelne Zitate auswählen und verteilen. Empfehlung: etwa 10 Zitate auswählen. Alternativ können statt der vorgeschlagenen Zitate im Vorfeld in der Gruppe erhobene Zitate genutzt werden (→ unten Abschnitt III. und passende vorbereitende → Übung 7.2 Den Blick schärfen).
Die TN diskutieren, welche Zitate für ihre Diskriminierungsform passend sind. Die gefundenen Zitate werden an der Tafel/ dem White- bzw. Pinnboard befestigt.

3. Phase: Ergebnisvorstellung in Gesamtgruppe und Diskussion. Dauer: 30 Minuten

Jede Kleingruppe trägt ihre Ergebnisse zur bearbeiteten Diskriminierungsform vor. Für jede Präsentation sind bis zu 5 Minuten Zeit.

Lösungsvorschlag → Gruppengespräch bzw. Abschluss durch die SL/Fazit:
Die verschiedenen Formen von Diskriminierung greifen ineinander. Beispielsweise werden strukturelle Problematiken zum individuellen Handlungsmuster und individuelle Handlungen zum institutionellen Problem.

Es zeigt sich, dass sich die gleiche Äußerung/das gleiche Zitat bei unterschiedlichen Formen der Diskriminierung finden kann. Relevant für die Zuordnung ist der Kontext.
Wenn sich beispielsweise ein*e Kolleg*in diskriminierend im Arbeitskontext äußert (Beispiel: „Eine Kollegin sagt in der Pause, man solle die Ratsuchenden – weil Roma und Sinti – nie alleine im Raum lassen."), liegt das nicht (alleine) auf der individuellen Ebene, sondern auf der institutionellen Ebene. Denn: Im Arbeitskontext unter Kolleg*innen handelt es sich nicht um eine private Äußerung. Die Äußerung liegt auf der institutionellen Ebene. Die Mitarbeitenden und die betroffene Institution sind hier also gefordert zu reagieren (widersprechen, Konsequenzen ziehen). Handeln sie nicht, gibt es ein institutionelles Problem.

Die SL betont zudem, dass es kontroverse Einordnungen geben kann, was als diskriminierend oder nichtdiskriminierend eingeschätzt wird. Ebenso, ob es sich um intendierte oder nicht bewusste Diskriminierung handelt.

Im Anschluss möglich: Die TN haben abschließend die Gelegenheit sich mit der → Methode/Galeriespaziergang (→ Kapitel 4.3) einen detaillierteren Überblick über die Ergebnisse der anderen Gruppen zu verschaffen.

TIPP
für mehrtägige Seminare: Die Ergebnisse (als Poster /auf der Pinnwand) bleiben im Raum ausgestellt bzw. an Wänden befestigt. Sie hängen als Grundlage des Gesamtseminars stets sichtbar im Seminarraum → Methode/Ausstellung (→ Kapitel 4.3).

Selbstständige Vertiefung (optional)
Das → *Schlaglicht F* kann von den TN für die selbstständige Vertiefung mitgenommen werden. Dieses Schlaglicht enthält die verschiedenen Formen von Diskriminierung sowie jeweils Beispiele zur rassistischen Diskriminierung.

III. Fachliche und methodische Hintergrundinfos für SL

Die Übung ist grundlegend für das Fortbildungsprogramm.
Durch die Übung werden theoretische Grundlagen erarbeitet, um Diskriminierung im beruflichen Kontext bewusst zu machen und zu problematisieren. Sie ermöglicht neue Perspektiven und ein tieferes Verständnis der Thematik Rassismus und Diskriminierung. Damit sensibilisiert sie nachhaltig.
Diskriminierung wird als „komplexes System sozialer Verhältnisse und Beziehungen" (Albert Scheer, Aladin El Mafaalani & Gökcen Yüksel 2017) verstanden. Sie ist nicht von diesem Komplex unabhängig wirksam und wird auf verschiedenen Ebenen sichtbar: auf der individuellen (oder interpersonellen), auf der diskursiven, der institutionellen und der strukturellen (→ Kapitel 2). Damit kann sie nicht allein in individuellen Verhaltensweisen sichtbar werden.

Die Übung ist am beruflichen Alltag orientiert und praxisbezogen, weil in ihr zum einen eigene Praxis-Erfahrungen ausgetauscht und gesammelt, zum anderen Zitate aus der beruflichen Praxis diskutiert und eingeordnet werden. Damit ermöglicht die Übung einen Theorie-Praxis-Transfer. Dabei ist sie methodisch vielfältig, partizipativ und dynamisch.

Die Übung kann sowohl als Grundlagenübung zum Thema „Diskriminierung" angeboten werden, also auch speziell zum Thema „rassistische Diskriminierung". Dafür müssten lediglich die Arbeitsaufträge und Zitate-Auswahl angepasst werden.

Vorausgehende problemorientierte Reflexionen
Die SL sollte eingangs kritisch darauf aufmerksam machen, dass in der Übung diskriminierende Äußerungen zum Thema gemacht werden. Die TN sollen in Phase 2 selbstständig diskriminierende Äußerungen/Handlungen überlegen. Zudem beinhaltet AB 6 authentische Beispiele diskriminierender Aussagen. Das kann TN persönlich berühren und an eigene Diskriminierungserfahrungen erinnern. Hilfreich ist es daher eingangs zu betonen, dass die Aussagen problematisch sind und als Grundlage für die kritische Auseinandersetzung dienen. Insgesamt handelt es sich aber eher um eine sachliche (nicht eine emotionale) Übung.

Zudem kann der Bedarf, sich theoretisch auseinanderzusetzen und institutionelle Bedarfe zu besprechen, bei den verschiedenen Zielgruppen unterschiedlich sein. Je nachdem ist es sinnvoll, zusätzliche Zeit einzuplanen.

Die Übung ist dazu geeignet, Schwachstellen bezüglich des Diskriminierungsschutzes in unserer Gesellschaft aufzuzeigen. Die TN identifizieren Diskriminierung auf unterschiedlichen Ebenen. Dabei können auch institutionelle Problematiken, also Schwachstellen in der eigenen Organisation, sichtbar werden ebenso wie diskursive und strukturelle Probleme.
Unsere Empfehlung für die SL: Halten Sie das Gespräch dennoch positiv. Verweisen Sie auf die Möglichkeit jeder*s Einzelnen die Gesellschaft, ihre Selbstverständlichkeiten, ob in Diskursen, Institutionen oder im Regelwerk/den Strukturen, zu gestalten. Alle TN können partizipieren und mitgestalten. Und betonen Sie: Normen können sich – durch Engagement – mit der Zeit ändern. z. B. Barrierefreiheit für Behinderte zu garantieren, ist eine relativ junge Diskussion, die zu gesetzlichen Neujustierungen führt – und somit die strukturelle Ebene verändert.

Einschlägige rechtliche Kenntnisse sind für die kompetente Durchführung der Übung relevant. Es besteht sonst die Gefahr, dass auf der strukturellen Ebene / strukturelle Diskriminierung Legenden und Mythen ausgetauscht werden. Die SL kann sich einen schnellen Überblick in *Schlaglicht B* ***Recht und Gesetz*** verschaffen.

TIPP und Anmerkung zur Zitate-Sammlung
Die Zitate sind authentisch. Sie wurden im Rahmen unseres Projektes von Mitarbeitenden kooperierender Organisation gesammelt und uns zur Verfügung gestellt. Wir haben eine Auswahl getroffen.
Damit der Bezug zur eigenen Organisation optimal gelingt, kann es hilfreich sein, im Vorfeld die TN durch die → Übung 7.2 Den Blick schärfen Zitate aus ihrem eigenen beruflichen Kontext sammeln zu lassen. Diese Sammlung kann dann statt AB 6 für die Übung genutzt werden.

IV. Material

Folien als Grundlage für das Intro der*s Trainer*in

Form	Beschreibung
individuell	Individuelles, zwischenmenschliches Verhalten: Einzelne Personen behandeln einen Menschen oder eine Gruppe aufgrund bestimmter Zuschreibungen ungleich. *bewusst oder unbewusst
institutionell	Institutionelles Verhalten: Organisationen, Verwaltungen, Unternehmen u.ä. behandeln einen Menschen oder eine Gruppe ungleich. *intendiert (gewollt) und nicht intendiert (z.B. auf unreflektierten Routinen beruhend) Das Ergebnis ist aber gleich: Diskriminierung
diskursiv	Ungeschriebene kommunikative Muster: Es gibt öffentliche, politische und mediale Sprechweisen, mit denen Menschen oder Gruppen bestimmte Merkmale zugeschrieben werden, die eine Ungleichbehandlung darstellen. *bewusstes oder unbewusstes Befolgen diskriminierender Diskurs-Muster
strukturell	Normativ geregelte („geschriebene") Ungleichheit: Rechtsgrundlagen einer Gesellschaft bestimmen oder begünstigen Ungleichbehandlung. *In jüngerer Zeit wird diskutiert, ob fehlende Maßnahmen zur gesellschaftlichen Inklusion bestimmter benachteiligter Gruppen bereits als diskriminierend zu werten sind.

Arbeitsblatt 1: [1]

Aufgabenstellung

Kleingruppenarbeit: Setzen Sie sich mit der Ihnen vorliegenden Diskriminierungs-Form in der Kleingruppe auseinander.

1. Finden Sie zunächst Beispiele aus dem eigenen beruflichen Kontext und Alltag. Schreiben Sie Stichpunkte zu den Beispielen auf die Moderationskarten. Befestigen Sie die Moderationskarten an der Wand/Tafel. (15 min Zeit)
2. Finden Sie im Anschluss passende Zitate. Die Seminarleitung teilt Zitate aus. Besprechen Sie die Zitate in der KG. Schneiden Sie 3–5 passende Zitate aus, die Sie „Ihrer" Diskriminierungsform zuordnen können und befestigen diese an der Wand/Tafel. (15 min Zeit)

1 Achtung, die vorgelegten und gefunden Zitate oder Situationen können rassistisch und diskriminierend sein. Sie dienen allein der kritischen Auseinandersetzung! Sie können verletzen und beschädigen, deshalb bitten wir um einen sorgältigen und kritischen Umgang.

Arbeitsblatt 2: Individuell

Form	Beschreibung
individuell	Individuelles, zwischenmenschliches Verhalten: Einzelne Personen behandeln einen Menschen oder eine Gruppe aufgrund bestimmter Zuschreibungen ungleich. Individuelle Diskriminierung fußt auf einer Ideologie der Ungleichwertigkeit. Ob das diskriminierende Verhalten bewusst wahrgenommen wird oder unbewusst „passiert", kann von verschiedenen Faktoren abhängen (u. a. Wissen über das Recht, internalisiertem Rassismus, Reflexionsfähigkeit).

Arbeitsblatt 3: Diskursiv

Form	Beschreibung
diskursiv	Ungeschriebene kommunikative Muster: Es gibt öffentliche, politische und mediale Sprechweisen, mit denen Menschen oder Gruppen bestimmte Merkmale zugeschrieben werden, die eine Ungleichbehandlung darstellen. Ob die/der Sprecher*in ein*e überzeugte*r Rassist*in ist, ist schwer feststellbar. Sie*er hat die Ideologie internalisiert oder folgt mindestens unbewusst den in der Gesellschaft gängigen rassistischen Diskurs-Regeln & -Routinen.

Arbeitsblatt 4: Institutionell

Form	Beschreibung
institutionell	Institutionelles Verhalten: Organisationen, Verwaltungen, Unternehmen u.ä. behandeln einen Menschen oder eine Gruppe ungleich. Institutionelle Diskriminierung kann sowohl intendiert (gewollt) als auch nicht intendiert (z. B. auf unreflektierten Routinen beruhend) sein. Es kann auch eine bewusste Ungleichbehandlung geben, die nicht auf eigenem, individuellem Rassismus (bei Einzelnen, z. B. der*dem Chef*in, des Personals) fußt. So kann es scheinbar pragmatische Gründe geben, z. B. keine kopftuchtragenden Kellnerinnen einzustellen (z. B. Rücksicht auf Kundschaft, Konfliktvermeidung im Team) oder nur Personen mit klassischen deutschen Namen vorzuschlagen, wenn deutsche Vertreter*innen ausgewählt werden sollen (z. B. vermeintliche Zeitersparnis gegenüber Prüfung ob deutsche*r Staatsbürger*in). Das Ergebnis bleibt aber gleich: rassistische Diskriminierung.

Arbeitsblatt 5: Strukturell

Form	Beschreibung
strukturell	Normativ geregelte („geschriebene") Ungleichheit: Rechtsgrundlagen einer Gesellschaft bestimmen oder begünstigen Ungleichbehandlung. Begünstigung von Ungleichbehandlung: In jüngerer Zeit wird diskutiert, ob fehlende Maßnahmen zur gesellschaftlichen Inklusion bestimmter benachteiligter Gruppen bereits als diskriminierend zu werten sind.

Arbeitsblatt (AB 6): Passt „Ihre" Form der Diskriminierung?

Aufgabenstellung[1]

A. Bitte prüfen und diskutieren Sie, welche Zitate Sie der Ihnen vorliegenden Form von Diskriminierung zuordnen können.

B. Bringen Sie die passenden Zitate an die (Pinn-)Wand/ das Whiteboard an.

1. **„Eine Kollegin sagt in der Pause, man solle die Ratsuchenden – weil Roma und Sinti – nie alleine im Raum lassen."**
2. **„X kann das nicht machen, weil die Verwandten von Y verlangen, dass er von einem Deutschen versorgt wird."**
3. **„‚Ausländische' Eltern sind desinteressiert – die brauchen wir gar nicht erst ansprechen."**
4. **„Ich warte noch auf die P* (Schimpfwort für Polin)."**
5. **Hetze im Netz gegenüber Mitarbeitenden und Diensten, weil diese sich um Geflüchtete und Migrant*innen sorgen.**
6. **Ein*e Mitarbeiter*in hetzt in ihrer Freizeit gegen Geflüchtete.**
7. **„Was für einen Aufenthaltsstatus hat der denn? Das lohnt sich doch nicht den in die Gruppe aufzunehmen."**
8. **„Sind unsere Frauen noch sicher?" (Medien-Zitat, Thema: Geflüchtete in Deutschland)**
9. **„Arme Eltern schauen ‚Assi – TV' und kümmern sich nicht um ihre Kinder."**
10. **„Sozialhilfeempfänger brauchen nicht arbeiten, da sie alles bezahlt bekommen."**
11. **„Nicht berücksichtigen. Wir wollen keine Ausländer hier." (Wohnungsgesuch, Name wurde als „ausländisch" zugeordnet.)**
12. **„Wir wollen hier keine Mitarbeiterin mit Kopftuch."**
13. **„Ausflüge mit ‚schwierigen Kindern' gehen nicht."**
14. **„Das sind doch alles Wirtschaftsflüchtlinge, Sozialschmarotzer und kriminelle Ausländer."**
15. **„Hoffentlich bekomme ich nicht mal so ein blödes Kind!" (Kind hat erhöhten Förderbedarf)**
16. **„Eine Rollstuhlfahrerin – wie soll die denn in unsere Einrichtung kommen?"**

---

1 Achtung, die vorgelegten und gefunden Zitate oder Situationen können rassistisch und diskriminierend sein. Sie dienen allein der kritischen Auseinandersetzung!

17. „Hat der Mann ein Führungszeugnis abgegeben?“ – „Hat der Mann ein Gesundheitszeugnis abgegeben?“ (bzgl. Mann als Erzieher in KiTa)

18. „Ich will nicht, dass ein Mann mein Kind wickelt!“

19. „‚Migranten‘ sind in Spielfilmen häufiger in der Rolle der Verbrecher und seltener als Ärzte oder Anwälte zu sehen.“ (Filmanalyse)

20. „Das ist ein Mann, der spielt bestimmt mit Euch Fußball.“

21. „Mädchen spielen kein Fußball.“

22. „Richtige Jungs spielen nicht mit den Puppen.“

23. „Türkische Jungs sind alle Paschas.“

24. „Die Alten wollen nichts verändern.“

25. „Dicke Leute sind faul.“

26. „Die Flüchtlingswelle verkraften WIR nicht.“

Schlaglicht F
Matrix. Formen rassistischer Diskriminierung

Mit der Matrix werden verschiedenen Formen rassistischer Diskriminierung aufgelistet, beschrieben und durch Beispiele veranschaulicht. Rassistische Diskriminierung bedeutet, dass Menschen aufgrund bestimmter Zuschreibungen unrechtmäßig behandelt und zwar benachteiligt werden.
Der *internalisierte Rassismus,* der auf der Einstellungsebene angesiedelt ist und selbst keine Verhaltensweise darstellt, bildet häufig die Grundlage der rassistischen Diskriminierung. *Internalisierter* Rassismus prägt den Selbstwert von Menschen. Er kann den Selbstwert von positiv kategorisierten Mitgliedern der Gesellschaft prägen: Die Person fühlt sich dann als (gegenüber anderen) berechtigt privilegiert (*internalisierte* Privilegien). Er kann ebenso den Selbstwert von negativ kategorisierten Mitgliedern der Gesellschaft prägen: Die Person übernimmt die negativen Zuschreibungen und empfindet sich tatsächlich als minderwertig (*internalisierte* Unterdrückung).[1]

Form	Beschreibung	Beispiele
individuell	Individuelles, zwischenmenschliches Verhalten: Einzelne Personen behandeln einen Menschen oder eine Gruppe aufgrund bestimmter Zuschreibungen ungleich. *Individuelle* Diskriminierung fußt auf einer Ideologie der Ungleichwertigkeit. Ob das diskriminierende Verhalten bewusst wahrgenommen wird oder unbewusst „passiert", kann von verschiedenen Faktoren abhängen (u. a. Wissen über das Recht, internalisiertem Rassismus, Reflexionsfähigkeit).	- beleidigende Äußerungen - ausschließendes Verhalten - Gewalttätigkeit
institutionell	Institutionelles Verhalten: Organisationen, Verwaltungen, Unternehmen u. ä. behandeln einen Menschen oder eine Gruppe ungleich. *Institutionelle* Diskriminierung kann sowohl *intendiert* (gewollt) als auch *nicht intendiert* (z. B. auf unreflektierten Routinen beruhend) sein. Es kann auch eine bewusste Ungleichbehandlung geben, die nicht auf eigenem, *individuellem* Rassismus fußt. So kann es scheinbar pragmatische Gründe geben, z. B. keine kopftuchtragenden Kellnerinnen einzustellen (z. B. Rücksicht auf Kundschaft, Konfliktvermeidung im Team) oder nur Personen mit klassischen deutschen Namen vorzuschlagen, wenn deutsche Vertreter*innen ausgewählt werden sollen (z. B. vermeintliche Zeitersparnis gegenüber Prüfung ob deutsche*r Staatsbürger*in). Das Ergebnis bleibt aber gleich: rassistische Diskriminierung.	- Gymnasialempfehlungen an Kinder mit ausländischer Familienbiografie - NSU-Ermittlungen (insb. Kriminalisierung der Opfer, Umgang mit den Angehörigen, fehlende Überprüfung eines rassistischen Tatmotivs) - *Racial Profiling*
diskursiv	Ungeschriebene kommunikative Muster: Es gibt öffentliche, politische und mediale Sprechweisen, mit denen Menschen oder Gruppen bestimmte Merkmale zugeschrieben werden, die eine Ungleichbehandlung darstellen. Ob die/der Sprecher*in ein*e überzeugte*r Rassist*in ist, ist schwer feststellbar. Sie/Er hat die Ideologie internalisiert oder folgt mindestens unbewusst den in der Gesellschaft gängigen rassistischen Diskurs-Regeln und -Routinen.	- Nennung von muslimischen Täternamen in der Berichterstattung - Rassistisch gelesenen Menschen (z.B. Schwarzen Menschen, muslimischen Menschen) wird Kriminalität und/oder Aggression unterstellt.
strukturell	Normativ geregelte („geschriebene") Ungleichheit: Rechtsgrundlagen einer Gesellschaft bestimmen oder begünstigen Ungleichbehandlung. Begünstigung von Ungleichbehandlung: In jüngerer Zeit wird diskutiert, ob fehlende Maßnahmen zur gesellschaftlichen *Inklusion* bestimmter benachteiligter Gruppen bereits als diskriminierend zu werten sind.	- Unterschiedliche Menschen- und Bürgerrechte - fehlende Angebote */Affirmative Action* für benachteiligte Gruppen (z. B. Einstellungsquoten für Personen, die von *institutioneller* rassistischer Diskriminierung betroffen sind)

1 Anmerkung: *Internalisierter* Rassismus ist auf der Einstellungsebene angesiedelt und lässt sich somit nicht in der handlungsbezogenen Matrix zur rassistischen Diskriminierung abbilden. Jedoch ist *internalisierter* Rassismus hier erwähnenswert, weil er ein zentrales ideologisches Fundament darstellt, das Verhaltensweisen beeinflusst oder erst ermöglicht

6.4 KEIN PROBLEM EINZELNER

Rassismus und seine Auswirkungen. Betroffene berichten.

I. Allgemeine Infos zur Übung

Titel der Übung: Kein Problem Einzelner

Fachtitel: Rassismus und seine Auswirkungen. Betroffene berichten.

Zuordnung und Voraussetzungen
Emotional-affektive Übung, bildet zentrale Grundlage des Trainings. Erste Kenntnisse zu Rassismus und Diskriminierung sollten bereits vorhanden sein.

Themenbereiche/Schlagworte
Rassismus, individuelle, diskursive und institutionelle Formen (→ *Schlaglicht F*), Auswirkungen auf die*den Einzelne*n: psychisch, physisch, materiell; Stress, Trauma, Posttraumatische Belastungsstörung, kollektive und sekundäre Viktimisierung (→ jeweils *Schlaglicht H*), Hilfs- und Beratungsangebote (→ *Schlaglicht R*)

Anzahl der Teilnehmenden
9–21 (3–7 Kleingruppen mit je 2–4 TN), maximal 28 Personen

Lernziele
- TN erarbeiten Auswirkungen von Rassismus auf rassistisch markierte Personen.
- TN erkennen, dass Rassismus ähnliche Auswirkungen auf den*die Betroffenen haben.
- TN verstehen, dass sekundäre und kollektive Viktimisierung Auswirkungen von Rassismus weiter verschärft.
- TN analysieren institutionelle und strukturelle Formen von Rassismus.
- TN lernen Unterstützungsangebote bzw. Beratungsstellen für rassistisch markierte Personen kennen.

Zeit Gesamtdauer ca. 105 Minuten
1. Phase. Einstieg. Dauer: 15 Minuten
2. Phase. Kleingruppenarbeit. Dauer: 30 Minuten
3. Phase: Ergebnispräsentation und Diskussion in der Gesamtgruppe. Dauer: 45 Minuten
4. Phase. PowerPoint-Impuls: Lokale, regionale und überregionale Unterstützungsangebote bei Diskriminierung und bei einem gewalttätigen Übergriff. Dauer: 15 Minuten

Materialien
- Videoclip *Response*/Anne Frank Hessen
- Smartboard/ Beamer
- Arbeitsblätter (AB): AB 1–6
  AB 1: Tagebuch von A
  AB 2: Die Angst bleibt
  AB 3: Tagebuch von D
  AB 4: Gavriiil Boulgarides erzählt
  AB 5: Eine Betroffene des Sprengstoffanschlags in der Kölner Probsteigasse erzählt

AB 6: „Aber man ließ uns nicht in Ruhe“: Ein Laden für den toten Ort, Herr E.
*ggf. zusätzlich oder alternativ: AB 7: „Ich bin aus Sachsen weggezogen, weil ich die Rassisten nicht mehr ertragen habe“ Anmerkung: AB 7 mit extra Diskussionsbedarf, weil Thema hier zusätzlich unterschiedliche Intensität von Rassismus an verschiedenen Orten in Deutschland.
Alternativ: evtl. Kopfhörer oder kleine Audio-Boxen (Phase 2)
- Flipchart-/Posterpapier, Stifte, Kreppband oder Pinnadeln (zum Anbringen der Poster), Wand/Pinnboard/ Tafel
- PowerPoint Präsentation: Beratungsstellen (lokal, regional, bundesweit)

Räumlichkeiten
Der Seminarraum sollte genügend Platz für Kleingruppenarbeiten und die Möglichkeit einer Filmvorführung, sowie Ausweichmöglichkeiten in mehrere Räume oder Raumnischen, Sitzecken, Flur bieten.

Weiterführende Literatur und Links
Donkor, Tatana Roncolato (2015): Einfluss von Alltagsrassismus auf die Gesundheit von Menschen mit Migrationshintergrund. IHK-Wissenschaftspreis 2012, überarbeitet publiziert 2015: https://www.socialnet.de/materialien/attach/285.pdf (01.06.2022).

Sue, D. W. in Psychology Today (2010): Racial microaggressions in everyday life: Is subtle bias harmless? https://www.psychologytoday.com/blog/microaggressions-in-everyday-life/201010/racial-microaggressions-in-everyday-life (01.06.2022).

Traumatisierung und psychische Belastung – Geflüchtete: https://fluechtlingshelfer.info/fuer-engagierte/detail-spezielle-arbeitshilfen/news/traumatisierung-und-psychische-belastungen-hilfe-zur-selbsthilfe-fuer-gefluechtete/ (01.06.2022).

Dokumentationen zu den Todesopfern rechter, rassistischer und antisemitischer Gewalt seit 1990 in Deutschland: https://opfer-rechter-gewalt.de (01.06.2022) und https://www.zeit.de/gesellschaft/zeitgeschehen/2018-09/todesopfer-rechte-gewalt-karte-portraet (01.06.2022).

Kombination mit anderen Übungen
Die Übung kann auf die → Grundlagenübung 6.3 Diskriminierung?! folgen oder in der Reihe nach Diskriminierung?! und der → Übung 7.3 Bewegen Sie sich durchgeführt werden. Im Nachgang bietet sich eine dynamisch-positive Übung (z. B. 7.4 Ein Date mit Chris), eine Übung mit Empowerment-Elementen (z. B. 8.1 Heimat oder 8.2 Gutes Haar) oder eine handlungsorientierte Übung (z. B. 9.2 Umsetzung) an.

II. Ablauf und konkrete Schritte

1. Phase: Einstieg. Dauer: 15 Minuten

1. Es wird der Videoclip „Du stehst über den Dingen“ von response-hessen.de gezeigt: https://response-hessen.de/istalltag (01.06.2022). Der Videoclip zeigt die Würde der Betroffenen von rassistischer Diskriminierung. Die Betroffenen werden als aktiv Handelnde dargestellt. Der Videoclip eröffnet das Thema positiv und empowernd.

SL erklärt: Response ist eine Beratungsstelle für Betroffene von rassistischer Gewalt.

2. Anschließend wird kurz über die Stimmung des Clips in der Großgruppe gesprochen.
Folgenden Fragestellungen können anleitend sein:
- *Wie haben Sie die Stimmung im Videoclip empfunden?*
- *Wie hat der Clip auf Sie gewirkt?*
- *Was haben Sie beim Schauen empfunden?*

2. Phase: Kleingruppenarbeit. Dauer: 30 Minuten

Die TN gehen in die Kleingruppen (→ zur Kleingruppeneinteilung 4.3), die sich jeweils einen ruhigen Ort suchen.
Die SL verteilt die Arbeitsblätter (AB 1–6 bzw. 7). Jede Kleingruppe hat den gleichen Arbeitsauftrag, aber unterschiedliche Inhalte. Bei der Erstellung des Personenposters in der Kleingruppe wird auf die Kreativität der Kleingruppen gesetzt, die SL gibt keine weitere Anleitung zur Erstellung des Posters.
Jedes AB (AB 1–6 bzw. 7) enthält neben der Aufgabenstellung einen Erfahrungsbericht und fachliche Hintergründe zu einem Fokus-Thema.

Der Erfahrungsbericht: Betroffene berichten von ihren Gefühlen der Verletzung, Entwürdigung, Unterdrückung, Fremdbestimmung und beschreiben, welch existentielle Herausforderung es ist, einen Umgang mit Rassismus zu finden. Je AB ein Erfahrungsbericht.

Die Hintergrundinfos: Die wissenschaftlichen Hintergrundinfos betrachten Auswirkungen von Rassismus auf Betroffene. Es wird pro Text ein spezifischer Aspekt betrachtet: (a) „Toxischer Stress – Wirkungen von Rassismus", (b) „Rassismus macht krank", (c) „Sekundäre und kollektive Viktimisierung", (d) „Posttraumatische Belastungsstörung". Auf jedem AB und je KG findet sich einer der vier Texte; auf den 7 ABs sind drei 2x, einer 1x zu finden.

Aufgabenstellung

1. Lesen Sie die beiden Texte. (5–10 Minuten).
2. Diskutieren Sie in der Kleingruppe die Inhalte. (5–10 Minuten) *Worum geht es im Kern? Was hat Sie überrascht, irritiert, nachdenklich gemacht?*
3. Erstellen Sie ein Personenposter mit Infos über die Auswirkungen von Rassismus. (15 Minuten).
   Berücksichtigen Sie dabei folgende Aspekte:
- Informationen zur Person, z. B. Name der*s Verfasser*in, Form des Übergriffs und ggf. Beziehung zum Opfer, Wohnort, ungefähres Alter der*s Verfasser*in, Geschlecht
- Handlungen: *Was wirkte auf die Person verletzend, bzw. wodurch wurde sie beeinträchtigt? Z. B. Rassismus, Gewalttat, Verlust Familienmitglied? Das Verhalten von wem?*
- Auswirkungen auf die Person: *Welche gab bzw. gibt es?* Z. B. körperliche, psychische, materielle; „verlässt aus Angst nicht mehr die Wohnung", hält das nicht aus.
- Umgang: *Wie geht die Person heute damit um? Hat sie Umgangsstrategien entwickelt? Hat sie Unterstützung? Was hilft ihr?*

4. Stellen Sie das Erleben ihrer Person der Gesamtgruppe vor (5 Minuten). Anmerkung: Wird erst in Phase 3 durchgeführt.

Alternative: Es kann – je nach Lerngruppe – statt mit den textlichen Erfahrungsberichten mit Audioaufnahmen gearbeitet werden. Dafür bekommen die TN einen Zugang zu einem Audio-Erfahrungsbericht über einen Link zum Kompetenz-Portal www.den-menschen-im-blick.de. Die Audio-Aufnahmen sind unter folgendem Stichwort abrufbar: „Kein Problem Einzelner". Es werden zusätzlich Kopfhörer ausgeteilt (Handy/ Kopfhörer) oder es werden kleine Hör-Boxen mit Kopfhörern im Raum aufgestellt, für einen Zugang zum Audio-Erfahrungsbericht. Die Aufgabenstellung und Hintergrundinfos bleiben gleich.

3. Phase: Ergebnispräsentation und Diskussion in der Gesamtgruppe.

Dauer: 45 Minuten

Schritt 1:

Die Poster und Karten werden an einer (Pinn-)Wand/ Tafel befestigt. Die Kleingruppen **präsentieren** ihre Ergebnisse vor der Gesamtgruppe, ggf. mit der → Methode/ Galeriespaziergangs (→ 4.3).
(Dauer: Pro Gruppe ca. 5 Minuten, 6 Gruppen x 5 Minuten = 30 Minuten)

Schritt 2:
Das Charakteristische des Erlebens der Betroffenen von Rassismus wird im Gruppengespräch zusammengetragen (Dauer: ca. 15 Minuten). Folgende Fragen sind hierfür anleitend:

- *Gibt es Gemeinsamkeiten im Erleben der vorgestellten Personen? Ähnlichkeiten der erlebten Handlungen und ihrer Auswirkungen?*
- *Was genau verletzt und beeinträchtigt sie? Was setzt ihnen zu?*

Fazit: Rassismus hat eine besondere Dimension, weil er zu psychischen Langzeitproblemen führen kann und weil er auf die gesamte Opfergruppe und damit auch auf potentielle Opfer wirkt. Damit verletzt Rassismus das Wohlbefinden Vieler und schädigt den gesellschaftlichen Frieden in besonderem Maße.

Die SL kann an dieser Stelle auf Entwicklungen in der jüngeren Gesetzgebung hinweisen, mit der versucht wird, Vorurteilskriminalität, inklusive rassistische Motivationen, besser zu fassen und zu ahnden, → unten, Abschnitt III: StGB §46.2 und AGG.

4. Phase: PowerPoint-Impuls: Unterstützungsangebote bei Diskriminierung und bei einem gewalttätigen Übergriff. Dauer: 15 Minuten

Abschließend stellt die SL lokale, regionale und überregionale Stellen vor (→ unten Abschnitt III/ *Schlaglicht R*), die professionell Unterstützungsangebote bereitstellen.

Sie betont, dass für einen positiven und empowernden Ausgang der Übung ein Ausdruck des *Schlaglichts G* ***Ein engagiertes Leben*** *– Aktiv werden und Empowern* an die TN verteilt werden kann.

Vertiefend können auch **Videoclips** gezeigt oder empfohlen werden, die über die Arbeit der **Beratungsstellen informieren oder einen bestimmten Aspekt vertiefen:**
(a) „Rassistische Gewalt – Was tun?" Empfehlungen der Beratungsstelle RAA Sachsen zu Schritten nach einer rassistischen körperlichen Attacke. Das Video kann auf YouTube unter https://t1p.de/RAASachsen (01.06.2022) in verschiedenen Sprachen abgerufen werden. (a)
(b) Heike Kleffner vom Verband der Beratungsstellen für Betroffene Rechter, Rassistischer und Antisemitischer Gewalt e. V. (VBRG) über die Arbeit und Aufgaben der Opferberatungsstellen. https://t1p.de/VBRG (01.06.2022). (b)
(c) Auf dem Kompetenz-Portal www.den-menschen-im-blick.de/stimmen sind zahlreiche Videoclips zum Thema „Institutioneller Rassismus" bereit gestellt. Sie können einfach über die Suchmaske unter Eingabe von „Rassismus" und „institutionell" gefunden werden, z. B. gibt es ein Interview mit Seda Başay-Yildiz, Nebenklageanwältin für die Familie Şimşek im NSU-Prozess; mit Abdulkerim Şimşek, Sohn des vom NSU ermordeten Enver Şimşek und von Tahir Della von der *Initiative Schwarze Menschen in Deutschland Bund e. V.* (c)

III. Fachliche und methodische Hintergrundinfos für SL

Fachliche Hintergründe

1. Erarbeitete Gemeinsamkeiten des Erlebens rassistisch markierter Menschen

In ihren Erfahrungsberichten beschreiben die Betroffenen, dass sie unter massiven, vielschichtigen Beeinträchtigungen litten. Sie alle wurden nachhaltig „aus der Bahn geworfen". Beschrieben werden vor allem folgende Auswirkungen:

Physische Auswirkungen: körperliche Verletzungen; oder psychosomatische Krankheitsbilder bspw. das Auftreten einer Schuppenflechte.

Psychologische Auswirkungen sind u. a. verschiedene Formen von Ängsten, Antriebslosigkeit und Reizbarkeit, z. B. eine Person kann nicht mehr aus der Wohnung gehen.

Weitere Auswirkungen betreffen häufig den *schulischen oder arbeitsweltlichen Bereich*: Einige Betroffene und Angehörige verlieren ihre Arbeit, brechen die Schule ab oder werden von ihr verwiesen. Eine (weitere) *materielle Auswirkung*: durch Übergriff ist Haupteinkunftsquelle der Familien weggefallen, die Familien sind plötzlich von Armut betroffen.

Deutlich wird auch, dass rassistisch stigmatisierendes Verhalten nach der Tat durch Umfeld, Polizei, Medien oder auch das Gefühl, Rassismus nicht thematisieren zu können nachhaltig verletzt. Auch rassistische Stimmungen und Bewegungen werden als kollektive Bedrohungslage empfunden.

Die wissenschaftlichen Hintergrundinfos ordnen die berichteten Erfahrungen ein und benennen entsprechende Phänomene: (a) „Toxischer Stress – Wirkungen von Rassismus" (b) „Rassismus macht krank" (c) „Sekundäre und kollektive Viktimisierung".

2. zu Auswirkungen von Rassismus und Diskriminierung auf Einzelne → gleichnamiges *Schlaglicht H*.

Die Infos finden sich zudem auf den unterschiedlichen Arbeitsblättern: Toxischer Stress – Auswirkungen von Rassismus (AB1 und AB 7); Rassismus macht krank (AB 2 und AB 3); Sekundäre und kollektive Viktimisierung (AB 4 und AB 5); Posttraumatische Belastungsstörung (AB 6).

3. Rechtliche Grundlagen → *Schlaglicht B* ***Recht und Gesetz,*** → hier insbesondere Strafgesetzbuch: StGB §46.2 und Allgemeine Gleichbehandlungsgesetz

4. Unterstützungsangebote bei Diskriminierung und gewalttätigen Übergriffen → *Schlaglicht R*.

Methodische Hinweise

Die Erfahrungsberichte führen in die Erlebenswelt von Personen ein, die unter Rassismus leiden. Die Kurztexte mit wissenschaftlichen Hintergrundinfos helfen die Erfahrungen einzuordnen und typische Auswirkungen von Rassismus zu benennen. Es wird deutlich: Rassismus wirkt auf Einzelne und zwar von unterschiedlichen Ebenen her: individuell, diskursiv, institutionell, manchmal auch strukturell (→ *Schlaglicht F* ***Matrix Formen rassistischer Diskriminierung***). Und die Auswirkungen von rassistischer Gewalt zeigen sich körperlich, psychisch, materiell. Auch rassistische Mikroaggressionen entfalten langfristige Wirkungen (→ *Schlaglicht H* ***Auswirkungen von Rassismus und Diskriminierung auf Einzelne***).

Die Übung kann TN deprimieren, denn die schädigenden Auswirkungen von Rassismus auf die*den Einzelne*n werden durch sie sichtbar. Durch die Erfahrungsberichte ist ein emotionaler Zugang gegeben, der sehr nahegehen kann. TN können die Berichte in ihrer Vielfalt und gleichwohl Ähnlichkeit (was die Auswirkungen anbetrifft) als bereichernd, aber auch als „erschlagend" empfinden. Das Gesamtbild kann „weh tun" und Gefühle der Ohnmacht auslösen.

Achtsamkeit sollte gegenüber den TN herrschen, damit es nicht zu Retraumatisierungs-Effekten von TN mit entsprechenden Vor-Erfahrungen kommt. Empowerment-Zugänge, wissenschaftliche Abstraktionen und Einblicke in konkrete Unterstützungsstrukturen sollen hierbei unterstützend wirken. Wichtige Hinweise für den empathischen Blick auf TN finden sich in → Kapitel 4.2.

IV. Material

Arbeitsblatt 1

Arbeitsaufträge

1. Lesen Sie die beiden Texte. 5–10 Minuten
2. Diskutieren Sie in der Kleingruppe die Inhalte. (5–10 Minuten) *Worum geht es im Kern? Was hat Sie überrascht, irritiert, nachdenklich gemacht?*
3. Erstellen Sie ein Personenposter mit Infos über die Auswirkungen von Rassismus. (15 Minuten) Berücksichtigen Sie dabei folgende Aspekte:
- Informationen zur Person, z. B. Name der*s Verfasser*in, Form des Übergriffs und ggf. Beziehung zum Opfer, Wohnort, ungefähres Alter der*s Verfasser*in, Geschlecht
- Handlungen: *Was wirkte auf die Person verletzend bzw. von was wurde sie beeinträchtigt? Z. B. Rassismus, Gewalttat/Verlust Familienmitglied? Das Verhalten von wem?*
- Auswirkungen auf die Person: *Welche gab bzw. gibt es?* Z. B. körperliche, psychische, materielle; „verlässt aus Angst nicht mehr die Wohnung", hält das nicht aus.
- Umgang: *Wie geht die Person heute damit um? Hat sie Umgangsstrategien entwickelt? Hat sie Unterstützung? Was hilft ihr?*

4. Stellen Sie das Erleben ihrer Person der Gesamtgruppe vor. (5 Minuten)

Tagebuch von Frau A.

A., 33 Jahre alt, ist alleinerziehende Mutter von drei Kindern.Sie wurde von der Bundesrepublik Deutschland als irakischer Kontingentflüchtling aufgenommen.

Geboren bin ich in Kuwait, habe aber lange mit meiner Familie im Irak gelebt. Doch wegen des Krieges mussten wir nach Syrien fliehen und ich lebte dort als „staatenloser" Flüchtling. Vor allem als alleinerziehende Mutter mit drei Kindern hatte ich viele Probleme und brauchte dringend Hilfe. Man riet mir einen Antrag bei der UNO zu stellen, was ich tat und zwei Wochen später meldete sich die Deutsche Botschaft und sagte mir, dass ich nach Deutschland kommen kann. Es war ein großartiges Gefühl! Ich war begeistert und habe mir dieses große Land in all seiner Schönheit vorgestellt. (...)

Man hat uns zuerst nach Hannover in ein zentrales Aufnahmeheim gebracht. Ich war voller Hoffnung. (...) Die Leute haben sich um uns gekümmert und mir ist gleich aufgefallen, wie grün und schön das Land ist. Ich dachte, ich bin im Paradies gelandet. (...) Dann wurden wir einem Flüchtlingsheim in Brandenburg an der Havel zugeteilt. (...) Wir bekamen ein kleines Zimmer für uns Vier. Es gab nicht einmal Matratzen auf den Betten, sondern nur dünne Unterlagen auf hartem Metall. (...) Die Frau, die uns in Empfang genommen hat, war nett und tröstete mich damit, dass es nur für kurze Zeit sei. Neun Monate sind es dann geworden.

Das Schlimmste aber war, isoliert zu sein. Der Ort war wie ausgestorben, es gab kaum einen Menschen im Heim oder auf den Fluren. Ich konnte mit niemandem ein Wort wechseln. Wir konnten alle noch kein Wort Deutsch. Wir haben uns komplett verloren und alleine gefühlt. Und dann, nach dem kurzen schönen Anfang (...) sind wir in eine tiefe Depression verfallen.

Schwierigkeiten im Schulalltag: Meine Kinder wurden alle auf verschiedene Schulen verteilt. Und es ging ihnen schlecht. Sie wurden von ihren Mitschülern beschimpft, rassistisch beleidigt und ausgegrenzt. Meine Kinder waren gezwungen zur Schule zu gehen ohne jegliche Vorbereitung, ohne einen einzigen Deutschkurs. (...) Wir waren hier komplett auf uns allein gestellt. Und wir haben uns um Hilfe bemüht: einmal kam eine Dolmetscherin zu einem Gespräch mit in die Schule, aber weil sie ein Kopftuch trug, nahmen die rassistischen Beleidigungen danach nur noch zu. In der Klasse gab es auch ein Gespräch über die Konflikte. Da war aber kein Dolmetscher dabei und mein Sohn hat wenig verstanden. Nur einmal ist ein Junge aufgestanden, hat auf ihn gezeigt und gesagt: „Wir wollen hier keine Ausländer haben."

Meiner Tochter Z. wurde empfohlen zum Psychiater zu gehen. Sie weinte viel und erzählte, dass die Mitschüler*innen sie nicht mögen und immer nur böse angucken. Sie hatte dort keine einzige Freundin und wollte nicht mehr hingehen. Ich erzählte das mit Hilfe einer Frau aus dem Jemen einem Sozialarbeiter im Heim. Er versprach mir zu helfen, aber daraus ist nie etwas geworden. Ich habe auch versucht, mit der Lehrerin zu reden. Erfolglos. Stattdessen hat man meiner Tochter gesagt, dass sie die Klasse sowieso nicht schafft. Fortan weigerte sie sich zur Schule zu gehen. Aber auch das interessierte niemanden. (…)

Der Angriff: Es war ein Nachmittag Ende Mai und mein 15–jähriger Sohn K. war beim Fußballtraining. Dachte ich zumindest. Zweimal die Woche ist er Fußballspielen gegangen und es hat ihm viel Spaß gemacht. Aber an diesem Tag kam er erst sehr viel später als gewöhnlich nach Hause.

Er weinte und war völlig aufgelöst, orientierungslos, er erkannte kaum jemanden und war wie in einer anderen Welt. Er weinte und weinte und sagte nichts. Er sagte, sein Kopf tue weh. Und da sah ich das Blut auf seinem T-Shirt. Ich hob es hoch und sah eine lange, offene Wunde am Bauch, wie von einem Messer.

Das Personal im Heim wollte keinen Krankenwagen rufen und so sind wir ganz langsam zu Fuß ins Krankenhaus gelaufen.

Die Ärzte haben gleich festgestellt, dass mein Sohn eine kurzzeitige Amnesie erlitten hatte. Die Untersuchung ergab, dass er mit Füßen gegen den Kopf getreten worden war. Auch wurde vermutlich ein Schlagstock benutzt oder andere Gegenstände, deshalb die vielen Verletzungen überall am Körper. Mein Sohn sagte, eine Gruppe Jugendlicher, darunter auch Schüler seiner Schule, hätten ihn und einen weiteren Flüchtling beschimpft und provoziert. Als sie nicht reagierten, seien sie ihnen gefolgt. Mein Sohn hat sich nicht umgedreht, aber er hat gemerkt, wie sie näherkamen. Und dann wurden sie eingeholt.

Die Jugendlichen begannen sie zu schubsen. Ein 17-Jähriger hielt meinen Sohn am Kopf fest und rammte mit voller Wucht sein Knie von unten gegen das Kinn. Von da an hat er keine Erinnerungen mehr. Drei Tage lang musste mein Sohn im Krankenhaus stationär behandelt werden. Ich ging zur Polizei und erstattete Anzeige. Anfangs waren die Polizisten auch kooperativ und stellten viele Fragen. Am Ende aber hat man alles verdreht und fast meinen Sohn zum Schuldigen gemacht. Das Ganze zog sich sehr lange hin. Mein Sohn musste die Täter identifizieren, doch vor Gericht hieß es, dass sei alles nicht so schlimm, nur ein Jugend- und Pubertätsproblem. Sie wurden alle ohne Strafe freigelassen.

Das Schrecklichste aber ist, dass dieser Vorfall meinen Sohn komplett verändert hat. Er ist so aggressiv geworden. Wenn er wütend ist, dann haut er seinen Kopf gegen den Schrank und richtig reden kann man mit ihm immer noch nicht.

Im Krankenhaus: Ich war damals so wütend, und ich war so erschöpft. Da bin ich zusammengebrochen. Ich kam erst im Krankenhaus wieder zu mir. Dort habe ich viel geweint. Als ein arabischer Arzt kam, um mit mir zu sprechen, habe ich ihn kaum wahrgenommen. Man überwies mich an die psychiatrische Klinik. Es war alles wie in einem Film. Die Patienten schrien auf dem Flur, alles schien bedrohlich. Ich hatte Angst davor, dass die Ärzte mich befragen würden und ich nicht antworten kann und sie mir die Kinder wegnehmen (…)

Frau A. wird heute von der Opferperspektive Brandenburg unterstützt.

Quelle: Antidiskriminierungstelle Brandenburg (o. J.). Tagebuch von Frau A. (gekürzt). https://www.antidiskriminierungsberatung-brandenburg.de/tagebuch-des-rassismus-texte-von-betroffenen-zum-lesen/#A (01.06.2022).

Toxischer Stress – Auswirkungen von Rassismus

Unabhängig davon, ob wir uns dessen bewusst sind, reagieren unsere Körper auf Umstände (einschließlich Rassismus) in unserer Umgebung. Oft denken wir, dass Stress ein vager Zustand ist, der uns „passiert". Doch in Wahrheit ist Stress definiert als: „unsere Antwort auf die Bedingungen oder Reize in unserer Umgebung". Diese Reize nennen sich Stressoren. Im *Center of Developing Child an* der Harvard Universität wurden drei Reaktion auf Stressoren identifiziert, welche eingeteilt werden in positiv, erträglich und toxisch.

Wie der Name bereits sagt, ist der toxische Stressfaktor am gefährlichsten. Bei ihm handelt es sich um einen oft und / oder über längere Zeit auftretenden

Stressfaktor. Darunter fallen emotionaler und körperlicher Missbrauch, wirtschaftliche Not und Gewalt. Die Studien des Harvard Centres fanden heraus, dass Rassismus Erfahrungen – sowohl offener als auch subtiler Art – ebenfalls zu den toxischen Stressfaktoren zählen. Ist man ihnen über längere Zeit ausgesetzt, kann dies Erkrankungen wie Depressionen, Autoimmunkrankheiten oder andere Erkrankungen begünstigen und/ oder zu physischem und psychischem Unwohlsein führen.

Ein weiterer wichtiger Aspekt ist, dass Mikroaggressionen nicht absehbar sind. Zudem zeigen Studien, dass Mikroaggressionen in allen Bereichen des Lebens auftauchen: auf der Arbeit, in der Schule, im privaten Bereich, auf der Straße. Die Kombination von beidem führt dazu, dass sich Schwarze Menschen und People of Color in einem permanenten Zustand der Vorsicht befinden, der sich *racial stress* nennt und sowohl bewusst wahrgenommen wird als auch unbewusst vorhanden ist. Der unberechenbare Charakter von *racial stress* kann bei Betroffenen sogar zu dem Gefühl führen, bald verrückt zu werden. Studien belegen, dass die Auswirkungen von Mikroaggressionen im Alltag zu den gleichen Symptomen führen können, die auch von posttraumatischen Belastungsstörungen hervorgerufen werden. Besonders tragisch ist, dass diese Effekte bereits bei Kindern zu beobachten sind. Chronischer Stress, Migräne, Bauchschmerzen und Neurodermitis finden sich bei Schwarzen Kindern und Kindern of Color gehäuft und stehen in einer direkten Relation zum sogenannten *racial stress*.

Quelle: Tupoka Ogette (2017): exit RACISM. Rassismuskritisch denken lernen. Münster 2. Auflage, S. 64 f. (gekürzt).

Arbeitsblatt 2

Arbeitsaufträge

1. Lesen Sie die beiden Texte. (5–10 Minuten)
2. Diskutieren Sie in der Kleingruppe die Inhalte. (5–10 Minuten) *Worum geht es im Kern? Was hat Sie überrascht, irritiert, nachdenklich gemacht?*
3. Erstellen Sie ein Personenposter mit Infos über die Auswirkungen von Rassismus. (15 Minuten) Berücksichtigen Sie dabei folgende Aspekte:
- Informationen zur Person, z. B. Name der*s Verfasser*in, Form des Übergriffs und ggf. Beziehung zum Opfer, Wohnort, ungefähres Alter der*s Verfasser*in, Geschlecht
- Handlungen: *Was wirkte auf die Person verletzend bzw. von was wurde sie beeinträchtigt? Z. B. Rassismus, Gewalttat/Verlust Familienmitglied? Das Verhalten von wem?*
- Auswirkungen auf die Person: *Welche gab bzw. gibt es?* Z. B. körperliche, psychische, materielle; „verlässt aus Angst nicht mehr die Wohnung", hält das nicht aus.
- Umgang: *Wie geht die Person heute damit um? Hat sie Umgangsstrategien entwickelt? Hat sie Unterstützung? Was hilft ihr?*

4. Stellen Sie das Erleben ihrer Person der Gesamtgruppe vor. (5 Minuten)

Text 1: Die Angst bleibt

Lange habe ich darüber nachgedacht, ob ich diesen Text schreiben soll oder nicht. Ich habe mich jetzt dazu entschieden, dass ich ihn schreiben muss, für mich und für die Menschen in meinem Umfeld.

Ich bin in Deutschland aufgewachsen und fühle mich hier zu Hause. Ich spreche Hochdeutsch, habe Abitur, studiere und engagiere mich politisch. Ich bin in einem muslimischen Umfeld groß geworden, trage aber weder ein Kopftuch, noch erkennt man auf den ersten Blick, dass ich mit dem muslimischen Glauben aufgewachsen bin.

Allein durch mein Aussehen werde ich immer wieder als Migrantin oder Ausländerin abgestempelt. Doch genau das bin ich nicht. Ich fühle mich nicht als Ausländerin oder Migrantin und möchte auch nicht als solche wahrgenommen werden. In Bayern wurde ich in einem Restaurant einmal gelobt, dass ich ja so „toll" deutsch rede.

Als ich erzählte, dass ich ja auch aus Hannover komme, meinten sie mir sagen zu müssen, „so wie **Sie** aussehen, kommen Sie doch bestimmt nicht aus Hannover".

„Woher kommst Du?" In regelmäßigen Abständen werde ich gefragt, wo ich herkomme. Dass ich aus Hannover bin, glauben mir die wenigsten direkt. Wenn ich dann sage, dass ich Britin bin, glauben sie mir das auch nicht, obwohl ich seit meiner Geburt die britische Staatsbürgerschaft habe. Jemand der „so" aussieht, kann nicht aus Großbritannien kommen (...) damit ich mich nicht wieder rechtfertigen muss, sage ich inzwischen immer, dass mein Vater Pakistaner ist.
Die Reaktion ist immer gleich: „Ach das hab' ich mir doch gedacht!" Mich ermüdet es jedes Mal meine Hautfarbe zu rechtfertigen. Ich habe immer das Gefühl, ich muss 10-mal besser sein als andere, um überhaupt als gleichwertig wahrgenommen zu werden. Ich arbeite mehr als viele andere, einfach, weil ich sonst als faul bezeichnet werde. Wenn dann bei der Arbeit (ich arbeite in einem Haushaltswarengeschäft) immer meine weiße Kollegin angesprochen wird, obwohl ich schon deutlich länger da arbeite und den Kund*innen mindestens genauso kompetent helfen kann, ist das vielleicht Zufall (...)

Gedanken, die keine Ruhe lassen Ich will und wollte nie „die Ausländerin" sein. Aber andere entscheiden jeden Tag aufs Neue für mich, dass ich genau das bin. Ich rege mich über diese Zuschreibung auf. Will aufklären und verdeutlichen, wer ich bin und dass ich nicht unter einem Begriff zusammengefasst werden kann. Doch jeden Tag aufs Neue dagegen anzukämpfen, kostet Kraft und Energie und an manchen Tagen fehlt mir die Kraft, wieder zu diskutieren, wieder zu erklären und wieder zu merken, dass mir nicht geglaubt wird.
Aber in den letzten Wochen habe ich immer wieder das Gefühl, ich müsste mich noch mehr rechtfertigen, mich noch mehr erklären. Dabei bekomme ich immer mehr Angst. Angst vor dem, was hier in Deutschland gerade passiert. Die „Patrioten gegen die Islamisierung des Abendlandes" (Pegida) haben inzwischen eine solche Eigendynamik, dass ich Angst habe, wie sich das noch weiterentwickelt. Ich habe Angst, dass ich nicht unbeschwert allein durch Deutschland reisen kann. Ich habe Angst, offen meine Meinung zu sagen. Ich habe Angst vor einer Vorverurteilung allein durch mein Aussehen.
Ich bin seit einigen Wochen mit meinen Gedanken oft woanders, komme nicht zur Ruhe. Das hat einen Höhepunkt erreicht, als in Paris der Anschlag auf die Zeitschrift „Charlie Hebdo" verübt wurde. Ich habe Karikaturen von „Charlie Hebdo" durchaus auch als rassistisch erlebt. Trotzdem ist der Gewaltakt der in Paris stattfand, unverzeihlich. Natürlich finde ich das auch als Frau mit muslimischem Hintergrund unverzeihlich, ich verstehe nicht, wieso das überhaupt in Frage gestellt wird. Ich verlange ja auch von keinem Menschen, dass sie/er sich vom Ku-Klux-Klan distanzieren soll, oder auch vom Nationalsozialistischen Untergrund. Aber ich soll mich dagegen von jedem terroristischen Gewaltakt von radikalen Islamist*innen distanzieren? Diese Logik erschließt sich mir nicht.

Und dann ist wieder Montag Jedes Mal, wenn ich über diese Themen mit Menschen rede, kommt irgendwann der Punkt, an dem ich mich für meine Gedanken und Gefühle rechtfertigen muss. Dafür welche Religion meine Eltern haben, mit welcher Religion ich aufgewachsen bin. Ich muss Angst davor haben, meine eigene Angst zu kommunizieren. Die Angst vor rassistischen Anfeindungen und in letzter Konsequenz vor körperlichen Angriffen. Und das macht es alles noch schlimmer.
Zwei Tage lang kamen im Stundentakt „Eil-Meldungen" von Nachrichtenagenturen auf mein Handy, die sich mit den Geschehnissen in Frankreich beschäftigen. Jedes Mal wenn mein Handy vibrierte, erstarrte ich für einen Augenblick. Ich hatte Angst davor zu lesen, was passiert ist. Angst, dass noch mehr Menschen gestorben sind. (...)
Und dann ist aber auch wieder Montag. Montage haben sich in den letzten Wochen zu Angst-Tagen entwickelt. Angst davor, wie viele Menschen wieder gegen die vermeintliche „Islamisierung des Abendlandes" auf die Straße gehen werden. Die mir damit praktisch sagen, dass ich hier nicht willkommen bin. Natürlich gibt es Gegenbewegungen – die Angst ist bei mir aber inzwischen allgegenwärtig.
Am 12. Januar 2015 wurde Khaled Idris Bahray, ein Asylbewerber in Dresden, (zeitlich gesehen) während der Pegida-Demo umgebracht. Augenzeug*innen sprechen von einem blutüberströmten Körper, die Polizei davon, dass „Fremdverschulden ausgeschlossen werden kann". Nach der Obduktion heißt es dann aber, dass der junge Eritreer aufgrund von mehreren Messerstichen im Hals- und Bauchbereich starb. Ich frage mich wie man dies übersehen kann?! Die Mitbewohner*innen von Khaled geben an, dass

sie sich eigentlich montags gar nicht mehr aus den Haus trauen und Kahled nur schnell zum Supermarkt wollte, aber nicht wieder zurück kam.

Die Angst bleibt Ich bin jahrelang durch ganz Deutschland gefahren, ganz häufig allein. Nie habe ich mich unsicher gefühlt. Aber mittlerweile habe ich Angst, wenn ich so unterwegs bin. Ganz unabhängig davon, wohin es mich verschlägt. Dabei hat sich Sachsen und insbesondere Dresden für mich zu einem Ort entwickelt, an dem ich nicht sein möchte. Ich finde es schade, dass ich als junge Frau sagen muss, dass ich in Deutschland nicht sicher allein unterwegs sein kann.

Ich freue mich natürlich, wenn in Städten tausende Menschen auf die Straße gehen und für eine Willkommenskultur eintreten, dass Woche für Woche auch Gegenveranstaltungen zu den Pegida-Demos stattfinden. Außerdem kann ich glücklich darüber sein, dass ich Menschen um mich habe, die mich schätzen so wie ich bin und mich unterstützen. Ich wüsste manchmal gar nicht, was ich ohne sie täte. Nichtsdestotrotz, die Angst bleibt.

Quelle: Amina Yousaf, Die Angst bleibt (2015): Kleinerdrei. Was uns am Herzen liegt (gekürzt). http://kleinerdrei.org/2015/01/die-angst-bleibt/ (01.06.2022).

Text 2: Rassismus macht krank

Rassistische Mikroaggressionen treten als „kurze und tägliche Kränkungen, Beleidigungen, Demütigungen und verunglimpfende Nachrichten (…)" in der zwischenmenschlichen, medialen und symbolischen Kommunikation auf Verursacher*innen sind sich ihrer Handlungen häufig nicht bewusst und das Eingestehen kann einen Bruch im eigenen Selbstbild als „guter moralischer Mensch" bedeuten.

Betroffene können ihre Verletzung daher kaum artikulieren, ohne befürchten zu müssen, als „übersensibel" bezeichnet und nicht ernst genommen zu werden. Die rassistische Mikroaggression endet also nicht mit ihrer initialen, häufig nicht-bewussten abwertenden Botschaft, sondern geht über in eine zweite Gewaltform, die als „sekundäre Viktimisierung" bezeichnet wird: sie zielt darauf ab, die Betroffenen zum Schweigen zu bringen.

Dieses Unsichtbarmachen der rassistischen Mikroaggressionen bewirkt bei den Betroffenen häufig, dass sie die psychische Belastung nicht genau benennen können, die sich in verminderten Arbeits- oder Schulleistungen, verminderter Qualität zwischenmenschlicher Beziehungen und Verminderung des Lebensstandards äußern können. Studien zeigen, dass „race-based traumatic stress" zu einer Traumatisierung führen kann und das Ausbilden einer Posttraumatischen Belastungsstörung befördert, sobald es zu einem bedrohlichen Ereignis kommt, welches das sprichwörtliche Fass zum Überlaufen bringt: also zum Beispiel zu einem körperlichen Übergriff, rassistischem Mobbing oder Polizeigewalt.

Die Traumaforschung zeigt auf, dass in Folge traumatischer Erlebnisse eine Selbststärkung entwickelt werden kann, die im Sinne eines „Posttraumatischen Wachstums" über unsere vorher bewussten und aktivierten Handlungs- und Umgangsstrategien hinausgeht (vgl. Tedeschi & Calhoun, 1996).

Quelle: Modalal, Miriam/Response Hessen (2017): Einblick. Das geleugnete Trauma (gekürzt, leicht geändert). https://response-hessen.de/content/einblick-das-geleugnete-trauma (01.06.2022).

Arbeitsblatt 3

Arbeitsaufträge

1. Lesen Sie die beiden Texte. (5–10 Minuten)
2. Diskutieren Sie in der Kleingruppe die Inhalte. (5–10 Minuten) *Worum geht es im Kern? Was hat Sie überrascht, irritiert, nachdenklich gemacht?*
3. Erstellen Sie ein Personenposter mit Infos über die Auswirkungen von Rassismus. (15 Minuten) Berücksichtigen Sie dabei folgende Aspekte:

- Informationen zur Person, z. B. Name der*s Verfasser*in, Form des Übergriffs und ggf. Beziehung zum Opfer, Wohnort, ungefähres Alter der*s Verfasser*in, Geschlecht

- Handlungen: *Was wirkte auf die Person verletzend bzw. von was wurde sie beeinträchtigt? Z. B. Rassismus, Gewalttat/Verlust Familienmitglied? Das Verhalten von wem?*
- Auswirkungen auf die Person: *Welche gab bzw. gibt es?* Z. B. körperliche, psychische, materielle; „verlässt aus Angst nicht mehr die Wohnung", hält das nicht aus.
- Umgang: Wie geht die Person heute damit um? Hat sie Umgangsstrategien entwickelt? Hat sie Unterstützung? Was hilft ihr?

4. Stellen Sie das Erleben ihrer Person der Gesamtgruppe vor. (5 Minuten)

Tagebuch von D.

Die 14-jährige Schülerin D. stammt aus dem Irak und lebt nun mit ihrer Familie im Süden Brandenburgs. Sie lernte Deutsch und schaffte es aufs Gymnasium.

08.12.2011 „Ausländer raus!": Ich war mit meiner Mutter, meinem Bruder und meiner Schwester bei einer Bekannten. Auf dem Weg nach Hause hat ein Mann, kaum, dass er uns gesehen hatte, plötzlich laut angefangen zu schreien: „Verschwindet! Das ist mein Land! Ausländer raus! Ich will hier Deutsch hören!" Das Übliche halt.

10.12.2011 Meine Klassenarbeit: Ich hatte um 9 Uhr einen Nachschreibetermin für eine Mathe-Arbeit in der Schule. Zwei Minuten bin ich zu spät gekommen, weil ich sehr krank war. Ich hatte eine Magenspiegelung beim Arzt im Krankenhaus und war sehr erschöpft. Das Wetter war kalt und es fuhr kein Bus.

Als ich die Schule erreichte, hat mich der Lehrer nicht in die Aula gelassen, weil ich zu spät war. Ich wartete und die Zeit für die Klassenarbeit lief. Als ich dem Lehrer das sagte, meinte er, ich solle draußen bleiben.

Erst viel später ließ er mich rein und gab mir das Aufgabenblatt. Er kontrollierte mich ständig, durchsuchte meine Federtasche, meine Unterlagen und sah mich blöde an. Ich hatte Angst. Meine Klassenlehrerin war auch da, aber sie machte nichts, auch wenn sie alles mitbekam und doch wusste, dass ich sehr krank bin und deshalb zu spät kam.

Nach einer halben Stunde hat er das Blatt weggezogen, ohne mich zu fragen, ob ich fertig bin. Er fragte nur: „Vertraust Du Dir?" Aber ich wusste nicht genau was er meinte. (...)

07.05.2012 Im Supermarkt: Am Nachmittag war ich mit meiner kleinen Schwester Mina im Supermarkt. Zwei Männer starrten uns die ganze Zeit wütend an und folgten uns auf Schritt und Tritt. Wir hatten beide große Angst, meine Schwester und ich, also sind wir schnell zur Kasse gegangen. Wir wollten einfach nur raus.

Die beiden Männer verfolgten uns weiter und sagten: „Die beiden da kann man ganz schnell und leicht fertig machen." Viele Leute waren im Supermarkt, aber sie haben nichts gemacht, uns nur angesehen und einige haben gelacht.

14.05.2012 Nach der Schule: Heute hatte ich um kurz vor 13 Uhr Schulschluss. Zusammen mit einer Schülerin aus meiner Klasse bin ich zum Supermarkt gegangen. Sie kommt aus dem Irak. Wir wollten ein bisschen länger draußen bleiben und haben uns Eis gekauft. Da liefen plötzlich zwei erwachsene Frauen an uns vorbei und begannen zu schimpfen. Sie sagten: „Ih, guck mal, was sehen die hässlich aus, schrecklich." Sie sahen uns die ganze Zeit über böse an. Den Rest habe ich nicht mehr gehört.

Wir sind zur Drogerie gegangen. Dort hat mich eine Verkäuferin laut angeschrien: „Fass das nicht an." Dabei hatte ich nur einen Tester angefasst. (...) Auf dem Weg nach Hause rempelten mich zwei Männer an, obwohl es doch sehr viel Platz zwischen ihnen und mir gab.

Das war mein Tag. Ich war nur eine Stunde draußen, weil ich ja früher Schulschluss hatte. Ich wusste, dass das passieren würde. (...)

26.05.2012 In der Klasse: Am Donnerstag ist die erste Stunde Mathe ausgefallen. Wir saßen alle in der zweiten Etage in unserem Klassenraum. Alle saßen um einen Tisch und spielten „Stadt, Land, Fluss". Nur ich saß allein, weil es keinen Platz mehr gab und niemand meiner Mitschüler*innen Platz machte.

Schließlich ist unsere Mathelehrerin gekommen und sagte, sie sollen mich mitspielen lassen. Da sagte eine Schülerin: „≠Nein, das Spiel braucht Gehirn, das kann nicht jeder. Die Dumme kann nicht mitspielen." Niemand aus meiner Klasse hat mich verteidigt, sie haben alle nur gelacht.

Das Mädchen hat mich immer schon gemobbt, angeschrien und beleidigt. Ich habe auch schon meine

Klassenlehrerin gefragt, ob wir nicht alle zusammen eine Lösung finden können. Fast alle Mädchen in der Klasse hassen mich, lachen mich aus und sagen immer, ich sei dumm.
Mit Hilfe des Schulleiters bekam ich einen Termin bei der Schulpsychologin. Ich sollte dahin mit meiner Mutter und der Klassenlehrerin gehen. Aber kurz zuvor sprach meine Lehrerin schon mit dem Mädchen, und die erzählte dann alles in der Klasse. Alle haben mich ausgelacht. Und das Mädchen sagte, ich sei eine Lügnerin, die nur Probleme machen will. Sie ist immer so gemein zu mir zusammen mit den anderen Mädchen.
Meine Klassenlehrerin meint, die Kinder würden das nicht verstehen. Ich hingegen sei schon alt und erwachsen. Wenn ich ihr von meinen Problemen erzähle, sagt sie, ich solle glücklich sein, dass ich in dieser Klasse bin, sonst könnte ich ja die Schule wechseln.
Aber ich habe viel dafür getan, um an dieser Schule zu lernen. Ich habe einen Deutschkurs gemacht und acht Monate privat dafür bezahlt, zwei Prüfungen abgelegt in Englisch und Deutsch und Bewertungen in beiden Fächern bekommen. Der Schulleiter hat mich am Gymnasium aufgenommen. Das war nicht leicht, denn wir waren ja erst seit einem Jahr in Deutschland. Aber es war meine Entscheidung, in diese Klasse zu kommen, weil ich ein Ziel habe: Abitur zu machen.
Meine Klassenlehrerin beharrt darauf, dass ich nicht an diese Schule gehöre, weil ich zu alt bin. Das sagt sie immer. Als meine Mutter zur Schule kam, sagte sie ihr, dass meine Leistungen nicht ausreichen und nie ausreichen werden, dass ich in Deutsch immer eine 5 haben werde, egal wie viel ich lerne.
D. wird heute von der Opferperspektive Brandenburg unterstützt.

Quelle: Antidiskriminierungsberatung Brandenburg (o. J.): Tagebuch von B. (gekürzt). https://www.antidiskriminierungsberatung-brandenburg.de/tagebuch-des-rassismus-texte-von-betroffenen-zum-lesen/#D (01.06.2022).

Rassismus macht krank

Rassistische Mikroaggressionen treten als „kurze und tägliche Kränkungen, Beleidigungen, Demütigungen und verunglimpfende Nachrichten (...)" in der zwischenmenschlichen, medialen und symbolischen Kommunikation auf. Verursacher*innen sind sich ihrer Handlungen häufig nicht bewusst und das Eingestehen kann einen Bruch im eigenen Selbstbild als „guter moralischer Mensch" bedeuten.

Betroffene können ihre Verletzung daher kaum artikulieren, ohne befürchten zu müssen, als „übersensibel" bezeichnet und nicht ernst genommen zu werden. Die rassistische Mikroaggression endet also nicht mit ihrer initialen, häufig nicht-bewussten abwertenden Botschaft, sondern geht über in eine zweite Gewaltform, die als „sekundäre Viktimisierung" bezeichnet wird: sie zielt darauf ab, die Betroffenen zum Schweigen zu bringen.

Dieses Unsichtbarmachen der rassistischen Mikroaggressionen bewirkt bei den Betroffenen häufig, dass sie die psychische Belastung nicht genau benennen können, die sich in verminderten Arbeits- oder Schulleistungen, verminderter Qualität zwischenmenschlicher Beziehungen und Verminderung des Lebensstandards äußern können. Studien zeigen, dass „race-based traumatic stress" zu einer Traumatisierung führen kann und das Ausbilden einer Posttraumatischen Belastungsstörung befördert, sobald es zu einem bedrohlichen Ereignis kommt, welches das sprichwörtliche Fass zum Überlaufen bringt: also zum Beispiel zu einem körperlichen Übergriff, rassistischem Mobbing oder Polizeigewalt.

Die Traumaforschung zeigt auf, dass in Folge traumatischer Erlebnisse eine Selbststärkung entwickelt werden kann, die im Sinne eines „Posttraumatischen Wachstums" über unsere vorher bewussten und aktivierten Handlungs- und Umgangsstrategien hinausgeht.

Quelle: Miriam Modalal, Response Hessen (2017): *Rassismus macht krank* (gekürzt). https://response-hessen.de/content/einblick-das-geleugnete-trauma (01.06.2022).

Arbeitsblatt 4

Arbeitsaufträge

1. Lesen Sie die beiden Texte. (5–10 Minuten)
2. Diskutieren Sie in der Kleingruppe die Inhalte. (5–10 Minuten) *Worum geht es im Kern? Was hat Sie überrascht, irritiert, nachdenklich gemacht?*
3. Erstellen Sie ein Personenposter mit Infos über die Auswirkungen von Rassismus. (15 Minuten) Berücksichtigen Sie dabei folgende Aspekte:

- Informationen zur Person, z. B. Name der*s Verfasser*in, Form des Übergriffs und ggf. Beziehung zum Opfer, Wohnort, ungefähres Alter der*s Verfasser*in, Geschlecht.
- Handlungen: *Was wirkte auf die Person verletzend bzw. von was wurde sie beeinträchtigt? Z. B. Rassismus, Gewalttat/Verlust Familienmitglied? Das Verhalten von wem?*
- Auswirkungen auf die Person: Welche gab bzw. gibt es? Z. B. körperliche, psychische, materielle.
- Umgang: *Wie geht die Person heute damit um? Hat sie Umgangsstrategien entwickelt? Hat sie Unterstützung? Was hilft ihr?*

4. Stellen Sie das Erleben ihrer Person der Gesamtgruppe vor. (5 Minuten)

Text 1: Gavriil Boulgarides erzählt

Wir sind 1972 nach München gekommen. Ich war zwei Jahre alt, mein Bruder acht. Meine Eltern lebten schon hier, während wir Kinder noch in Griechenland bei unserer Oma mütterlicherseits wohnten. In Deutschland angekommen, haben wir den deutschen Kindergarten besucht, später die griechische Schule und die deutsche.

Unsere Eltern waren unermüdliche Arbeiter, schon in Griechenland, dann hier bei der Firma ‚Reisländer'. Mein Bruder und ich haben beide den Hauptschulabschluss geschafft, mehr konnten wir nicht erreichen. Ich habe es dann vom Putzmann bis zum Objekt- und Bereichsleiter gebracht, mein Bruder war erst bei Siemens und der Bundesbahn und hat dann einen Schlüsseldienst aufgebaut. Als mich die Polizei nach dem Mord nach einem möglichen Täter fragte, sagte ich spontan: ‚Für mich war es ein ausgetickter Deutscher, der durch die Lande reist und Ausländer tötet.' Die Beamten haben mich angeschnauzt, was ich mir erlauben würde, ihnen solche Geschichten zu erzählen. Zehn Stunden lang bin ich verhört worden, ein Glas Wasser haben sie mir in der Zeit gegeben. Dann begannen sie mit ihren Ermittlungen in der gesamten griechischen Szene. Fast jeder Grieche in München wurde ausgefragt über unsere Familien. Die Folge: Niemand wollte mehr Kontakt mit uns haben. es hieß: Mit solchen Leuten wollen wir nichts zu tun haben, die gehören zur Mafia, das sind Killer usw. Die Zeitungen haben ähnlich berichtet. Die Familie meines Bruders war isoliert, und meine auch.

Ich bin dann zu meinem Chef gegangen, habe gekündigt, weil ich psychisch nicht mehr konnte. Ich konnte den Job nicht mehr ausüben, meine Aufgaben nicht bewältigen. Geholfen hat mir damals noch niemand. Erst später, als alles ans Tagelicht kam, also im November 2011, habe ich Unterstützung gefunden. Deshalb bin ich zunächst zurück nach Griechenland. Das war damals die einzige Alternative für mich. Auch der griechische Verein hat uns nicht geholfen, eigentlich nur mein Cousin. Meine Familie war am Ende. Meine Frau und ich standen kurz vor der Scheidung. Mein Sohn war auch am Ende, obwohl er noch ganz klein war. (…) Kurz vor meiner Rückkehr aus Griechenland rief mich plötzlich der Leiter der Sonderkommission von der Polizei an und sagte, dass die Täter erwischt worden seien. Er sagte noch: ‚Sie hatten damals recht, es waren Nazis.' Dann hat er gleich aufgelegt. Das war der einzige Kontakt zur Polizei damals. Er rief aus persönlichem Antrieb an, glaube ich. An der Stimme merkte ich, das war ihm wichtig. Dann hat sich auch (…) der Erzpriester der griechisch-orthodoxen Gemeinde gemeldet und darauf bestanden, dass ich zurückkomme. Die Reaktion der Freunde und Bekannten war plötzlich wie ausgewechselt. Von einem Tag zum anderen. Sie klopften mir auf die Schulter, sagten, es täte ihnen leid. Alles war total anders. Alle wollten mit mir in Kontakt treten. Damals habe ich viel gelernt über die menschliche Natur. (…)

Quelle: Gavriil Boulgarides erzählt. In: John (Hg.) (2014): Unsere Wunden kann die Zeit nicht heilen. Was der NSU-Terror für die Opfer und Angehörigen bedeutet. Freiburg, S. 103–108.

Text 2: Sekundäre und kollektive Viktimisierung
Ein relevantes Phänomen ist zudem die sekundäre Viktimisierung, das ist die erneute Opferwerdung nach der eigentlichen Tat bei dem Betroffenen stattfinden kann (Mikroebene). Die Folgen einer sekundären Viktimisierung können teilweise schlimmer sein als durch die primäre Viktimisierung, also durch die eigentliche Tat. Das Wohlbefinden und die Leistungsfähigkeit des*r Betroffene*n können deutlich vermindert sein, was neben psychischen und körperlichen Problemen zu sozialen und materiellen Einschränkungen führen kann.

Wenn die Gewalterfahrung vom sozialen Umfeld, den Instanzen im Strafverfahren oder innerhalb der Medienberichterstattung nicht als solche anerkannt wird oder Schuldzuweisungen in Richtung der Betroffenen erfolgen, kommt es häufig zu einer sekundären Viktimisierung.

Auf der Mesoebene wirkt eine rassistische Tat häufig über die konkret betroffenen Individuen hinaus und betrifft im Sinne einer Botschaftstat weitaus mehr Menschen: alle, die der jeweiligen Betroffenengruppe angehören. Wie von den Täter*innen intendiert, können Angsträume im lokalen und sozialen Nahraum entstehen und es kann eine kollektive Viktimisierung stattfinden.

Die migrantischen Anwohner*innen der Kölner Keupstraße beispielsweise haben nach dem Nagelbombenanschlag der rassistischen Terrorgruppe „Nationalsozialistischer Untergrund" (NSU) das Phänomen der sekundären Viktimisierung als „die Bombe nach der Bombe" bezeichnet. Viele vermuteten Rassisten und Neonazis als Täter, wurden aber von der Polizei und weitgehend auch in der Berichterstattung als Täter und Täter-Gruppe betrachtet.

Quelle: Arbeitsgruppe Qualitätsstandards der Beratungsstellen für Betroffene rechter, rassistischer und antisemitischer Gewalt (Hg.) (2014): Beratung für Betroffene rechter, rassistischer und antisemitischer Gewalt in Deutschland. Qualitätsstandards. Berlin (gekürzt).

Arbeitsblatt 5

Arbeitsaufträge

1. Lesen Sie die beiden Texte. (5–10 Minuten)
2. Diskutieren Sie in der Kleingruppe die Inhalte. (5–10 Minuten) *Worum geht es im Kern? Was hat Sie überrascht, irritiert, nachdenklich gemacht?*
3. Erstellen Sie ein Personenposter mit Infos über die Auswirkungen von Rassismus. (15 Minuten) Berücksichtigen Sie dabei folgende Aspekte:

- Informationen zur Person, z. B. Name der*s Verfasser*in, Form des Übergriffs und ggf. Beziehung zum Opfer, Wohnort, ungefähres Alter der*s Verfasser*in, Geschlecht
- Handlungen: *Was wirkte auf die Person verletzend bzw. von was wurde sie beeinträchtigt?* z. B. *Rassismus, Gewalttat/Verlust Familienmitglied? Das Verhalten von wem?*
- Auswirkungen auf die Person: *Welche gab bzw. gibt es?* Z. B. körperliche, psychische, materielle; „verlässt aus Angst nicht mehr die Wohnung", hält das nicht aus.
- Umgang: *Wie geht die Person heute damit um? Hat sie Umgangsstrategien entwickelt? Hat sie Unterstützung? Was hilft ihr?*

4. Stellen Sie das Erleben ihrer Person der Gesamtgruppe vor. (5 Minuten)

Eine Betroffene des Sprengstoffanschlags in der Kölner Probsteigasse erzählt
Was macht uns als Menschen aus? Unsere Herkunft, Hautfarbe oder Religion? Oder unser Handeln und Denken?

Zu erfahren, dass dich jemand aufgrund deiner Herkunft umbringen will, ist schockierend. Und das in dem Land, das du als dein Heimatland bezeichnest. In dem Land, in dem du groß geworden bist, dir dein Leben und deine Zukunft aufgebaut hast. Zu erfahren, dass dich Menschen aus diesem Land vertreiben wollen, nur weil du anders aussiehst und woanders geboren bist. Das ist schwer zu verkraften.

(...) Für meine Eltern war es ein harter und schwieriger Weg (B.S.: sich aus einem anderen Land kommend in Deutschland ein neues Leben aufzubauen). Doch sie haben es geschafft. Sie haben es geschafft,

die fremde Sprache zu erlernen, dann neue berufliche Abschlüsse zu machen und sich eine berufliche Selbstständigkeit aufzubauen. Sie haben hart gearbeitet, um für ihre Kinder und sich sorgen zu können. Sie wollten unabhängig sein. Bei uns Kindern haben sie besonders viel Wert auf Schulbildung und Integration gelegt.
Und dann kam der 19. Januar 2001. Eigentlich ein ganz normaler Tag. Ein Freitag. Wir Kinder sind mit meinen Eltern zu unserem Laden gefahren, um von dort aus weiter zur Schule zu gehen. Ich freute mich schon auf den Abend, weil meine Freundinnen und ich zusammen tanzen gehen wollten. Die passenden Kleidungsstücke dafür hatte ich gleich morgens rausgelegt.
Doch dann passierte es. Der Sprengstoffanschlag. Ein Anschlag, der unser Leben bis heute verändert hat, ein Anschlag, der so viel in unserem Leben zerstört hat. Von einem Tag auf den anderen stehst du vor dem Nichts. Zu wissen, dass jemand dein Leben bedroht. Dass jemand dich umbringen will. Es ist fast unmöglich, mit so einem Schicksalsschlag umzugehen. Mit diesen Gedanken und dieser Angst zu leben. Und das nach allem, was du im Leben bereits durchgemacht hast. Wie viel kann und soll denn ein Mensch verkraften?
Die Zeit nach dem Sprengstoffanschlag war für unsere ganze Familie nicht einfach. Ich lag mit schweren Verletzungen und Verbrennungen im Krankenhaus. So schwer, dass mich meine eigene Familie zunächst nicht erkannte. Mich in diesem Zustand zu sehen und nichts tun zu können, war das Schwierigste für meine Eltern und meine Geschwister. Die Ungewissheit, ob es bleibende psychische und physische Schäden geben würde, war für meine Familie kaum zu ertragen. Dazu kam die Angst um die berufliche und finanzielle Existenz. Wie sollte es weitergehen? Wovon sollten wir leben? Und zu all dem kamen noch die laufenden Ermittlungen hinzu, in deren Mittelpunkt unsere ganze Familie stand. Diese Anschuldigungen (Redak.: von den Behörden gegen uns, uns wurde unterstellt kriminell und selbst irgendwie für den Anschlag verantwortlich zu sein) waren eine enorme Belastung für alle (…)"

Quelle: „Manche Wunden sind einfach zu tief". Eine Betroffene des Sprengstoffanschlags in der Kölner Probsteigasse erzählt. In: Barbara John (Hg.) (2014): Unsere Wunden kann die Zeit nicht heilen. Was der NSU-Terror für die Opfer und Angehörigen bedeutet. Freiburg i. Br., S. 41–46, S. 41 f. (gekürzt).

Sekundäre und kollektive Viktimisierung

Ein relevantes Phänomen ist zudem die sekundäre Viktimisierung, das ist die erneute Opferwerdung nach der eigentlichen Tat bei dem Betroffenen stattfinden kann (Mikroebene). Die Folgen einer sekundären Viktimisierung können teilweise schlimmer sein als durch die primäre Viktimisierung, also durch die eigentliche Tat. Das Wohlbefinden und die Leistungsfähigkeit des*r Betroffene*n können deutlich vermindert sein, was neben psychischen und körperlichen Problemen zu sozialen und materiellen Einschränkungen führen kann.
Wenn die Gewalterfahrung vom sozialen Umfeld, den Instanzen im Strafverfahren oder innerhalb der Medienberichterstattung nicht als solche anerkannt wird oder Schuldzuweisungen in Richtung der Betroffenen erfolgen, kommt es häufig zu einer sekundären Viktimisierung.
Auf der Mesoebene wirkt eine rassistische Tat häufig über die konkret betroffenen Individuen hinaus und betrifft im Sinne einer Botschaftstat weitaus mehr Menschen: alle, die der jeweiligen Betroffenengruppe angehören. Wie von den Täter*innen intendiert, können Angsträume im lokalen und sozialen Nahraum entstehen und es kann eine kollektive Viktimisierung stattfinden.
Die migrantischen Anwohner*innen der Kölner Keupstraße beispielsweise haben nach dem Nagelbombenanschlag der rassistischen Terrorgruppe „Nationalsozialistischer Untergrund" (NSU) das Phänomen der sekundären Viktimisierung als „die Bombe nach der Bombe" bezeichnet. Viele vermuteten Rassisten und Neonazis als Täter, wurden aber von der Polizei und weitgehend auch in der Berichterstattung als Täter und Täter-Gruppe betrachtet.

Quelle: Arbeitsgruppe Qualitätsstandards der Beratungsstellen für Betroffene rechter, rassistischer und antisemitischer Gewalt (Hg.) (2014): Beratung für Betroffene rechter, rassistischer und antisemitischer Gewalt in Deutschland. Qualitätsstandards. Berlin (gekürzt).

Arbeitsblatt 6

Arbeitsaufträge

1. Lesen Sie die beiden Texte. (5–10 Minuten)
2. Diskutieren Sie in der Kleingruppe die Inhalte. (5–10 Minuten) *Worum geht es im Kern? Was hat Sie überrascht, irritiert, nachdenklich gemacht?*
3. Erstellen Sie ein Personenposter mit Infos über die Auswirkungen von Rassismus. (15 Minuten) Berücksichtigen Sie dabei folgende Aspekte:

- Informationen zur Person, z. B. Name der*s Verfasser*in, Form des Übergriffs und ggf. Beziehung zum Opfer, Wohnort, ungefähres Alter der*s Verfasser*in, Geschlecht
- Handlungen: *Was wirkte auf die Person verletzend bzw. von was wurde sie beeinträchtigt? Z. B. Rassismus, Gewalttat/Verlust Familienmitglied? Das Verhalten von wem?*
- Auswirkungen auf die Person: *Welche gab bzw. gibt es?* Z. B. körperliche, psychische, materielle; „verlässt aus Angst nicht mehr die Wohnung", hält das nicht aus
- Umgang: *Wie geht die Person heute damit um? Hat sie Umgangsstrategien entwickelt? Hat sie Unterstützung? Was hilft ihr?*

4. Stellen Sie das Erleben ihrer Person der Gesamtgruppe vor. (5 Minuten)

Aber man ließ uns nicht in Ruhe: Ein Laden für den toten Ort, Herr E.

Herr E., 62 Jahre alt, wurde in Ägypten geboren. Seit über 40 Jahren lebt und arbeitet er in Deutschland. Nach vielen Jahren in Berlin wollte er sich seinen Traum vom eigenen Haus mit einem kleinen Laden verwirklichen. Schließlich fand er ein passendes Grundstück, baute und zog mit seiner Frau und seinen zwei Kindern in sein neues Heim in einem kleinen Ort im Süden Brandenburgs. Doch dort kam alles anders. Ein Rückblick.

Als ich den Laden aufmachte, haben sich die meisten Leute hier gefreut: eine Bäckerei und ein Lebensmittelladen, in dem es auch Süßigkeiten und Schreibwaren für Kinder für die Schule gab – es war sehr gut für diesen toten Ort hier.

Dann haben sich ein paar Leute zusammengetan, die keine Ausländer mögen und haben angefangen die anderen gegen mich aufzuhetzen. Es kamen auch NPD-Leute und Rechtsradikale in meinen Laden. Hier in der Gegend gibt es viele. Das ist viel, viel schlimmer als in Berlin.

Sie kamen zu mir in den Laden und haben mit mir einen kleinen Krieg angefangen. Sie haben mich beleidigt und beschimpft. Ich wusste nicht, wie ich mich dagegen wehren sollte. Und so langsam blieben die Kunden lieber weg. Dafür wurde umso mehr geredet: "Er ist ein Ausländer und nur hierher gekommen, um seine Geschäfte abzuwickeln." Ich habe nur nie verstanden, warum sie nicht das Gleiche machen, statt zu Hause zu sitzen und schlecht über andere zu reden.

Ich lebe seit fast 40 Jahren in Deutschland und bin deutscher Staatsbürger. Meine Kinder sind hier geboren und aufgewachsen, meine Tochter will Medizin studieren. Wir sind doch friedliche Leute, haben hier immer gearbeitet und unsere Steuern gezahlt und sogar versucht, anderen Menschen Arbeit zu geben. Aber man ließ uns nicht in Ruhe.

Ich habe meinen Laden schließlich aufgegeben und die Ware verschenkt, alles geräumt. Ich wollte damit nichts mehr zu tun haben.

(…) Nachdem ich 2008 meinen Laden geschlossen hatte, habe ich ein paar Jahre gebraucht, um das Ganze zu verdauen. Ich habe in der Zeit natürlich einen neuen Job gesucht. Ich bin Ingenieur für Gartenbau, habe aber hier in Deutschland verschiedene Jobs gehabt: beim Bauamt, als Lagermeister und als Reisebusfahrer. In Berlin hatte ich mein eigenes Reisebüro. Und ich wollte wieder etwas Eigenes haben. Da kam die Idee eine Pizzeria aufzumachen. Also war ich beim Gewerbeamt und habe von meiner Idee berichtet, den alten Laden umzubauen. Und sie sagten okay. (…) Die Pizzeria war vorschriftsmäßig ausgestattet. Aber ein Nachbar, der schon gegen meinen vorherigen Laden war, machte jetzt gegen die Pizzeria Stimmung in der Nachbarschaft. Angeblich sammelte er 800 Unterschriften gegen meine Pizzeria. Ich sammelte daraufhin über 6000 Unterschriften. Aber er hatte gute Kontakte und zeigte mich beim Bauamt an. Ein Beamter kam vorbei und mein-

te, ich müsse unverzüglich schließen. (...) Und jemand fing an anonyme Briefe an die Ämter zu schicken, angeblich wegen Müll, Geruch, zugeparkten Straßen und anderen Sachen, die überhaupt nicht stimmten (...) Und das Bauamt stoppte meinen Antrag vorübergehend. Schließlich lehnte das Bauamt meinen Antrag endgültig ab.
(...) Es war ein sehr anstrengendes Jahr. Ich konnte mich kaum konzentrieren, ständig kamen Kontrolleure, die Schikanen, der Krieg in der Nachbarschaft – das hat mich ans Ende meiner Kräfte gebracht. Ich war fertig mit den Nerven.
Mit schwerem Herzen habe ich alle Schilder abgenommen. Die Nachbarn haben mich unter diesen Druck gesetzt, nur damit ich aufhöre. Anfangs ging die Hetze nur von ein paar Leuten aus. Aber die haben es immer weitergetrieben.
Ich war gedemütigt, ich war kaputt, ruiniert, zerstört. Ich konnte einfach nicht mehr weiter machen. Parallel wurden auch noch meine Kinder in der Schule diskriminiert und es gab mehrere Vorfälle. Es war einfach alles zu viel.
Jetzt bekommen meine Frau und ich Hartz IV. Ich denke, wenn ich Deutscher wäre, wäre es nicht so gekommen. Der Hass auf „Ausländer" ist hier sehr groß. Dabei kenne ich Deutschland besser als mein eigenes Land. Ich habe mich hier immer bemüht, nie irgendwelche Regeln gebrochen, versucht dazuzugehören. Ich habe immer gearbeitet, eine Familie gegründet, meine Kinder wurden hier geboren. Aber die Leute hier wollten das irgendwie nicht einsehen. (...)
Der Mann wird von zwei junge NPD-Mitgliedern zusammengeschlagen, ein älterer Mann hält ihn fest, damit die Beiden ihn besser verprügeln können. Er stellt Anzeige bei der Polizei, zunächst passiert nichts.
(...) Durch diese Anzeige bei der Polizei aber hat mich die Opferperspektive kontaktiert und wollte genau wissen, was da passiert war. Sie haben dann einen Brief mit den gesammelten Beweisen an die Staatsanwaltschaft geschickt, der nichts anderes übrigblieb, als den Fall aufzunehmen.
Vor Gericht war es dann aber so, dass sich der Junge, der mich geschlagen hat, mit den beiden Mitläufern abgestimmt hatte. Also stand mein Wort gegen das der drei. Ich war alleine und hatte auch keine Zeugen. Der ältere Herr, der die Jungen begleitet hatte, sagte wiederum als deren Zeuge aus.
Und die Leute lachen. Sie schmeißen Müll in meinen Garten, Bretter, Schilder, aber wer das macht, weiß man ja nicht. Das ist hinterhältig. Ich hatte auch zwei Hunde, Huskies, mit denen die Kinder immer sehr gerne gespielt haben. Also schickte jemand das Veterinäramt und behauptete, ich würde die Hunde schlagen und misshandeln. Ich habe sie verschenkt. Ein anderes Mal hat jemand den Außenwasserhahn aufgedreht. Das Wasser lief fünf Stunden lang, bis meine Tochter nach Hause kam. Das Wasser stand überall im Garten, lief über die Straße. Die Rechnung über 800 Euro musste ich zahlen. (...) Noch schlimmer aber ist, dass die Leute vorbeigehen und sie gucken und lachen. (...) Ich habe Anzeige erstattet und den Schaden der Versicherung gemeldet. Die hat mir daraufhin gekündigt.
Ich habe hier mit niemandem mehr zu tun.
Vielleicht wenn meine Kinder groß sind, werde ich mit meiner Frau auswandern. Noch mal woanders in Deutschland zu leben könnte ich mir nicht vorstellen. Wenn schon, dann nur ganz weit weg von hier. *E. wird heute von der Opferperspektive Brandenburg unterstützt.*

Quelle: Antidiskriminierungsberatung Brandenburg (o. J.). Tagebuch von Herrn E. (gekürzt). https://www.antidiskriminierungsberatung-brandenburg.de/tagebuch-des-rassismus-texte-von-betroffenen-zum-lesen/#E (01.06.2022).

Posttraumatische Belastungsstörung

Von traumatischem Stress spricht man, wenn mehrere Bedingungen zusammentreffen: Die Betroffenen müssen als Opfer oder Zeuge eine bedrohliche Situation erleben, der sie nicht entrinnen können. Dabei kann es sich zum Beispiel um einen schweren Unfall, eine Gewalttat oder auch um eine psychische Grausamkeit handeln. Die Reaktion des Opfers oder Zeugens ist von Angst, Panik und/oder Entsetzen geprägt. Wenn es sich um ein einzelnes, umgrenztes Ereignis handelt, spricht man von Typ I Trauma, bei chronischen oder sich wiederholenden Ereignissen vom Typ II.
Die Folgen solcher traumatischen Stresssituationen sind sehr unterschiedlich und hängen von früheren ähnlichen Erfahrungen und von der Art des Ereignisses ab: Traumafolgestörungen gibt es vergleichs-

weise selten nach Ereignissen, die nicht durch Menschen verursacht wurden. Die typische Traumafolgestörung ist die Posttraumatische Belastungsstörung (PTBS). Sie kann erst Tage bis Wochen, gelegentlich sogar erst Monate oder Jahre nach dem Ereignis auftreten. Eindringliche, sich aufdrängende Erinnerungen, Nachhallerinnerungen (Flashbacks), Alpträume, Anspannung, Schreckhaftigkeit, Vermeidungsverhalten gegenüber allen potenziell Angst auslösenden Hinweisreizen bis zum völligen sozialen Rückzug, emotionales Betäubtsein (Numbing), manchmal auch emotionale Labilität, Gereiztheit, Wutausbrüche und sogenannte dissoziative Zustände bestimmen das Krankheitsbild gemeinsam mit wiederkehrenden Scham- oder Schuldgefühlen. Neben der PTBS als klassischer Traumafolgestörung treten häufig auch Depressionen, Angst- oder Suchterkrankungen nach dem Erleben traumatischen Stresses auf.

Quelle: Aktionsbündnis Seelische Gesundheit (o. J.): Traumafolgestörungen (gekürzt). https://www.seelischegesundheit.net/themen/psychische-erkrankungen/erkrankungen-von-a-z/traumafolgestoerungen (01.06.2022).

Arbeitsblatt 7

Arbeitsaufträge

1. Lesen Sie die beiden Texte. (5–10 Minuten)
2. Diskutieren Sie in der Kleingruppe die Inhalte. (5–10 Minuten) *Worum geht es im Kern? Was hat Sie überrascht, irritiert, nachdenklich gemacht?*
3. Erstellen Sie ein Personenposter mit Infos über die Auswirkungen von Rassismus. (15 Minuten) Berücksichtigen Sie dabei folgende Aspekte:
- Informationen zur Person, z. B. Name der*s Verfasser*in, Form des Übergriffs und ggf. Beziehung zum Opfer, Wohnort, ungefähres Alter der*s Verfasser*in, Geschlecht
- Handlungen: *Was wirkte auf die Person verletzend bzw. von was wurde sie beeinträchtigt? Z. B. Rassismus, Gewalttat/Verlust Familienmitglied? Das Verhalten von wem?*
- Auswirkungen auf die Person: *Welche gab bzw. gibt es?* Z. B. körperliche, psychische, materielle; „verlässt aus Angst nicht mehr die Wohnung", hält das nicht aus
- Umgang: *Wie geht die Person heute damit um? Hat sie Umgangsstrategien entwickelt? Hat sie Unterstützung? Was hilft ihr?*

4. Stellen Sie das Erleben ihrer Person der Gesamtgruppe vor. (5 Minuten)

Ich bin aus Sachsen weggezogen, weil ich die Rassisten nicht mehr ertragen habe
Mein Partner ist aus Mosambik, wir haben Kinder. Im Zoo riefen sie: „Schau, da ist einer aus dem Affenhaus abgehauen."

Dass es in Deutschland Orte gibt, *an die man nicht geht*, wenn man scheinbar kein Deutscher ist, das wusste ich schon länger. Spätestens, seit ich bei einem Pizzaservice um die Ecke gearbeitet habe und die Mitarbeiterin am Backofen einmal rief: „Hey, guckt mal der Schwarze (sie sagte ein anderes Wort) da draußen. Holt den mal rein, ich wollte schon immer einen dressierten Affen, der mir mein Bier bringt."

Sie fuhr am nächsten Tag in den Urlaub – in die Sächsische Schweiz. Diese Sächsische Schweiz, in der die AfD am Sonntag *35,5 Prozent der Stimmen* bekam und schon lange eine Hochburg der Rechten ist. In diese Sächsische Schweiz fuhr die rassistische Kollegin, die für ihren Spruch Gelächter bekam, zusammen mit Freunden in einem BMW, *Deutschlandfahnen* rechts und links über den Scheinwerfern, Wehrmachtssymbol am Heck.

Die Sächsische Schweiz ist der Ort, wohin ich schon damals mit meinem aus Mosambik stammenden Partner und unserer gemeinsamen Tochter wohl nicht in den Urlaub gefahren wäre. Ich fand es gar nicht weiter betrauernswert, dass es eben Berge gibt, die ich nur auf Fotos sehen werde. Fotos zum

Beispiel von Facebook-Freunden, die romantische Bergpanorama-Bilder posten und die Beflaggung an den Häusern der Dörfer unkommentiert wehen lassen. Ebenso, wie ich nichts zum Spruch der Pizzabäckerin sagte. Was soll das schon bringen? Die sind halt dumm, lass sie reden.

Ein Kind nannte meine Tochter „Kaka", seine Mutter lachte

Das war vor fünf Jahren. Mittlerweile haben wir drei Töchter. Wir leben nicht mehr in Leipzig, auch weil der latente Rassismus uns zu zermürben drohte. Weil wir es nicht mehr hören konnten, wenn Menschen im Zoo sagten: „Schau, da ist einer aus dem Affenhaus abgehauen." Weil wir uns nicht mehr zweimal überlegen wollten, ob man abends wirklich nochmal auf die Straße geht. Ob man wirklich ein sprichwörtliches Fass aufmachen muss, wenn ein Kind aus dem Kindergarten das eigene Kind als „Kaka" bezeichnet und die Mutter lacht. Ob man sich wirklich ärgern will, wenn die Nachbarn tuscheln: „Seit die Schwarze hier wohnt, spielen die Kinder viel lauter." Ob man sich wirklich als „stinkend" bezeichnen lassen möchte.

Das – und anderes – haben wir stillschweigend hingenommen. Wir haben unsere Sachen gepackt und sind weg aus Sachsen, wo die AfD am Sonntag mit 27 Prozent stärkste Kraft geworden ist. Wir sind nach Potsdam. Doch die braune Soße ist uns hinterhergeflossen.

Die Orte, an die wir nicht gehen wollen, werden mehr

Zugegeben, es hat gedauert, aber nun gibt es auch hier Orte, an die wir nicht gehen wollen. Menschen, denen wir nicht begegnen wollen. Es gab sie schon immer, einige wenige. Kaum sichtbar, nur für die, die sich ihnen in den Weg stellen, durch Taten oder durch die äußere Erscheinung. Doch nun werden sie mehr und davor habe ich Angst.

Ich möchte meiner Tochter nicht erklären müssen, warum die Leute ständig ihre Haare anfassen wollen, warum andere Kinder über sie lachen, nur weil sie da ist, warum man sie im mehrfach fragt, ob sie wirklich schwimmen könne, bevor man sie ins Wasser lässt, warum die Menschen sie immerzu fragen, woher sie komme.

Ich möchte nicht mit ansehen müssen, wie eine Partei die rote Linie durch ständiges Übertreten immer mehr in die Mitte schiebt, immer ein Stück weiter, immer noch ein bisschen krasser. Ich möchte nicht ertragen müssen, dass *Rassismus kein Tabu* mehr ist.

Dabei weiß ich, dass er es schon längst nicht mehr ist. Ich weiß, dass man als äußerlich Deutscher davon kaum etwas spürt, den Kopf über einen Alexander Gauland schüttelt und den Fernseher abstellt, abhakt, weitermacht. Ich weiß aber auch, wozu das führt.

Ich möchte nicht in einer Welt leben, in der ich gefragt werde, ob sich mein Schwarzer das Visum ervögelt hat.

Damals, vor fünf Jahren, nahm ich die Pizza und trug sie zum Auto, schüttelte den Kopf über den dressierten Affen und versuchte, das zu vergessen. Heute fühle ich mich, als hätte ich meine Familie verraten, weil ich nicht schon damals etwas gesagt, etwas getan habe.

Ich möchte nicht in einer Welt leben, in der es Orte gibt, an die ich oder meine Familie nicht gehen dürfen. In der ein kleines Kind als Aggressor gilt, oder als ein Ding, das man anfassen und bestaunen kann. Das in den Mathe-Nachhilfeunterricht für Diskalkulieverdacht geschickt wird, in dem sich sämtliche äußerlich nicht deutsche Kinder der Klassenstufe treffen.

Ich möchte nicht in einer Welt leben, in der ich auf offener Straße gefragt werde, ob sich mein Schwarzer (wieder ein anderes Wort) fröhlich das Visum ervögelt habe und nun in Saus und Braus auf Staatskosten lebe, wenn ich mit meinen Kindern ohne ihn unterwegs bin. Wenn er doch mitkommt, ist er übrigens ein arbeitsloser Schmarotzer, der unsere deutschen Frauen stiehlt. Als ob Frauen nicht mündig wären, selbst zu entscheiden, an wen sie sich binden, aber das macht ein anderes Fass auf.

Ich habe Angst vor der AfD, vor dem Menschenbild, das diese Partei schürt, vor dem Feuer, das sie legt. Angst, weniger um meinetwillen, als für meine Kinder, die einen Hass zu spüren bekommen, den sie nicht verstehen können. Den ich nicht verstehen will.

Dieser Text ist zuerst auf dem Blog von Sophie Sumburane erschienen.

Quelle: Sophie Sumburane (2017): Ich bin aus Sachsen weggezogen, weil meine Tochter und ich den Rassismus nicht mehr aushielten (gekürzt). Auf: Bento vom 26.09. https://www.bento.de/politik/sachsen-und-die-afd-ich-bin-weggezogen-weil-der-rassismus-mich-und-meine-tochter-zermuerbte-a-00000000-0003-0001-0000-000001721511 (01.06.2022).

Toxischer Stress – Auswirkungen von Rassismus

Unabhängig davon, ob wir uns dessen bewusst sind, reagieren unsere Körper auf Umstände (einschließlich Rassismus) in unserer Umgebung. Oft denken wir, dass Stress ein vager Zustand ist, der uns „passiert". Doch in Wahrheit ist Stress definiert als: „unsere Antwort auf die Bedingungen oder Reize in unserer Umgebung". Diese Reize nennen sich Stressoren. Im *Center of Developing Child* an der Harvard Universität wurden drei Reaktion auf Stressoren identifiziert, welche eingeteilt werden in positiv, erträglich und toxisch.

Wie der Name bereits sagt, ist der toxische Stressfaktor am gefährlichsten. Bei ihm handelt es sich um einen oft und / oder über längere Zeit auftretenden Stressfaktor. Darunter fallen emotionaler und körperlicher Missbrauch, wirtschaftliche Not und Gewalt. Die Studien des Harvard Centres fanden heraus, dass Rassismus Erfahrungen – sowohl offener als auch subtiler Art – ebenfalls zu den toxischen Stressfaktoren zählen. Ist man ihnen über längere Zeit ausgesetzt, kann dies Erkrankungen wie Depressionen, Autoimmunkrankheiten oder andere Erkrankungen begünstigen und/ oder zu physischem und psychischem Unwohlsein führen.

Ein weiterer Wichtiger Aspekt ist, dass Mikroaggressionen nicht absehbar sind. Zudem zeigen Studien, dass Mikroaggressionen in allen Bereichen des Lebens auftauchen: auf der Arbeit, in der Schule, im privaten Bereich, auf der Straße. Die Kombination von beidem führt dazu, dass sich Schwarze Menschen und People of Color in einem permanenten Zustand der Vorsicht befinden, der sich *racial stress* nennt und sowohl bewusst wahrgenommen wird als auch unbewusst vorhanden ist. Der unberechenbare Charakter von *racial stress* kann bei Betroffenen sogar zu dem Gefühl führen, bald verrückt zu werden. Studien belegen, dass die Auswirkungen von Mikroaggressionen im Alltag zu den gleichen Symptomen führen können, die auch von posttraumatischen Belastungsstörungen hervorgerufen werden. Besonders tragisch ist, dass diese Effekte bereits bei Kindern zu beobachten sind. Chronischer Stress, Migräne, Bauchschmerzen und Neurodermitis finden sich bei Schwarzen Kindern und Kindern of Color gehäuft und stehen in einer direkten Relation zum sogenannten *racial stress*.

Quelle: Tupoka Ogette (2017): exit RACISM. Rassismuskritisch denken lernen. Münster 2. Auflage, S. 64 f. (gekürzt).

Schlaglicht G
Ein engagiertes Leben – Aktiv werden und Empowern

Rassismus und Diskriminierung begegnen Betroffenen überall: im Alltag, in ihrer Freizeit, im Beruf oder in der Schule. Man unterstellt ihnen, „fremd" zu sein. Reagiert das Umfeld nicht unterstützend, machen diskriminierende Äußerungen und Handlungen Betroffene oft ohnmächtig. Sie fühlen sich nicht zugehörig oder empfingen Deutschland als Diaspora. Doch: Es gibt Personen, die dem gegenüber nicht resigniert haben. Sie wehren sich gegen Rassismus, handeln aktiv und selbstbestimmt und helfen anderen Betroffenen, sich zu „empowern". Widerstandsformen gegen Rassismus und Diskriminierung gibt es schon sehr lange, bekannt sind beispielsweise die Schwarzen Bürgerrechtsbewegungen in den USA der 60er Jahre. In diesem Schlaglicht werden zwei aktuelle Beispiele von Selbstermächtigung aus Deutschland gegeben:

Tupoka Ogette

Als Fünfjährige wurde Tupoka Ogette auf dem Spielplatz mit dem N-Wort beschimpft. Als Erwachsene lud man sie als Rednerin zu einem Großkonzern ein, begrüßte sie aber als Küchenhilfe. Und immer wieder stellte man ihr die Frage: „Woher kommst Du? Ich meine, wirklich?" (Ogette 2017, S. 98).

Tupoka Ogette wurde als Tochter einer weißen deutschen Mathematikstudentin und eines Schwarzen tansanischen Studenten der Agrarwissenschaften in Leipzig geboren und bezeichnet sich als „das Produkt einer binationalen ‚Freundschaft' zwischen der damaligen DDR und Tansania" (Ogette 2017, S. 15 f.). Ogette studierte Afrikanistik und Wirtschaftswissenschaften. Leipzig ist Tupoka Ogettes Heimat, Deutsch ihre Muttersprache, und doch wurde ihr immer wieder unterstellt, fremd zu sein. Denn sie entsprach nicht der Vorstellung einer fiktiven, normgerechten Deutschen. Man lobte sie für ihr gutes Deutsch. Fragte sie, wo sie denn wirklich herkäme. Im Geschichtsunterricht forderte eine Lehrerin sie gar auf, über ihre Heimat „im Busch" zu erzählen.

Sich selbst und ihre Herkunft ständig legitimieren zu müssen, macht sie wütend. Doch anstatt zu resignieren wurde sie aktiv. Anstatt mit diesen Unterstellungen von Fremdheit und dem ihr ständig begegnenden Rassismus zu leben, beschloss sie, etwas dagegen zu tun. Als freiberufliche Trainerin und Coach leitet Ogette heute Trainings und Seminare zu Rassismus und dessen Auswirkungen. 2017 wurde sie mit ihrem Buch „exit RACISM" auch als Autorin bekannt. Zudem tritt sie regelmäßig als Rednerin oder Beraterin auf. Sie bezeichnet sich selbst als „Expertin für Vielfalt und Antidiskriminierung". In Workshops hilft Tupoka Ogette den Eltern Schwarzer Kinder, mit Rassismus umzugehen. Heute setzt sie, wie sie schreibt, auf „Empowerment, auf Sichtbarmachung, auf ein vorurteilsbewusstes Umfeld". Für ihre Kinder kauft sie deshalb Schwarze Weihnachtsfiguren, Piraten und Supermänner.

Initiative Schwarzer Menschen in Deutschland Bund e. V. (ISD Bund e. V.)

Schwarze Menschen werden oft damit konfrontiert, sie könnten ja keine Deutschen sein. Im 19. und frühen 20. Jahrhundert wurde dies mit der rassistischen „Rassenideologie" begründet, bis heute werden sie in deutscher Geschichtsschreibung ausgelassen. Im Zuge der Schwarzen Bewegung in den 1980er Jahren bildeten sich in Deutschland unter dem Namen „Initiative Schwarzer Deutsche" lokale Zusammenkünfte, die versuchten, ihr Dasein und ihre Lebensentwürfe selbstbestimmt zu definieren. Ihr Ziel war es, in der „angeblichen Geschichtslosigkeit ein eigenes, selbstbestimmtes Bild Schwarzer Deutscher Geschichte zu entwickeln" und Raum für „selbstbestimmten Dialog der afrikanischen Diaspora in Deutschland zu schaffen" (Wiedenroth-Coulibaly 2004). Die Initiative arbeitet Schwarze Deutsche Geschichte auf und macht die Stimmen Schwarzer Menschen durch Publikationsorgane hörbar. Zudem vertritt sie die Interessen Schwarzer Deutscher nach außen. Einmal im Jahr findet ein bundesweites Treffen statt. Der Verein stellt zudem das Diskussionsforum

„Afronetz" zur Verfügung oder unterstützt die Ausstellung „Homestory Deutschland", die ein kollektives Selbstportrait abbilden soll. Die Initiative Schwarzer Menschen in Deutschland setzt sich für eine anti-rassistische Haltung in allen gesellschaftlichen Bereichen ein.

Empowerment

Gesellschaftlich benachteiligte Personen befähigen sich selbst zu selbstbestimmtem Handeln, alleine oder gemeinsam mit anderen benachteiligten Personen. Dies geschieht durch aktive Teilnahme an Entscheidungsprozessen und Maßnahmen, die sie selbst betreffen, sowie insgesamt durch gleichberechtigte Teilhabe an Wirtschaft, Gesellschaft und Politik. Das aus der US-amerikanischen Schwarzen Bürgerrechtsbewegung (Civil Rights Movement) und aus der Frauenbewegung stammende Konzept postuliert einerseits den Perspektivwechsel von marginalisierten und stigmatisierten Defiziten auf vorhandene Ressourcen, auf Stärken, Fähigkeiten und Potenziale. Es fördert das Entdecken, das Bewusstwerden und die Entwicklung eigener Kräfte sowie das Vertrauen in sie. Andererseits hat das Konzept einen emanzipatorischen Charakter und ist an sozialpolitische Ziele, wie die Überwindung sozialer Ungerechtigkeiten, Benachteiligungen und Ungleichheiten, geknüpft. Seit der Schwarzen Bürgerrechtsbewegung der 1960-Jahre wurde Empowerment-Arbeit zum Gegenentwurf einer Lebenssituation, in der Menschen aufgrund von zugeschriebenen Merkmalen diskriminiert werden.

Literatur

Amnesty International (2017): Alltagsrassismus protokoliert. Als Referentin eingeladen, als Küchenhilfe empfangen. Erschienen unter https://www.youtube.com/watch?v=GjUjyhSSFI8 (01.06.2022).

Initiative Schwarzer Menschen in Deutschland. Dabei: ISD-Bund e. V.; Projekte. Erschienen unter http://isdonline.de/; http://isdonline.de/projekte/ (01.06.2022).

Madubuko, Nkechi (2016): Empowerment als Erziehungsaufgabe. Münster.

Ogette, Tupoka (2017): exit RACISM. Darin: Los geht's; Woher kommst du? Ich meine, wirklich?; Rassismus und Kita. Münster, 2. Auflage.

Wiedenroth-Coulibaly, Eleonore (2004): Schwarze Organisierung in Deutschland. Erschienen unter http://www.bpb.de/gesellschaft/migration/afrikanische-diaspora/59527/schwarze-organisierung?p=all (01.06.2022).

6.5 WAS IST DAS VOLK?

Grundrechte in Deutschland und Zugehörigkeit – Historische Entwicklung und aktuelle Diskurse

I. Allgemeine Infos zur Übung

Titel der Übung: Was ist das Volk?

Fachtitel: Grundrechte in Deutschland und Zugehörigkeit – Historische Entwicklung und aktuelle Diskurse

Zuordnung und Voraussetzung
Grundlagenübung. Die Textarbeit ist verhältnismäßig umfangreich und anspruchsvoll.

Themenbereiche/Schlagworte
Menschenrechte, Bürgerrechte, Grundrechte, Volk, Bevölkerung, Zugehörigkeit, historische Entwicklungen, Bundesrepublik Deutschland, NS, Feudalsystem, Demokratie, völkische Ideologie, Rassismus

Zeit
Gesamtdauer ca. 120 Minuten
Übung I: Basis. Dauer: ca. 75 Minuten
Übung II: Vertiefung. Dauer: ca. 45 Minuten

Übung I (Basis)
1. Phase: Einführung. Dauer: 5 Minuten
2. Phase: Kleingruppenarbeit. Dauer: 10 Minuten
3. Phase: Ergebnispräsentation und Diskussion. Dauer: 20 Minuten
4. Phase: Kleingruppenarbeit. Dauer: 10 Minuten
5. Phase: Ergebnispräsentation und Abschlussbesprechung. Dauer: 30 Minuten

Übung II (Vertiefung)
1. Phase: Überleitung von Basisübung. Dauer: 5 Minuten
2. Phase: Vorbereitung in Kleingruppen. Dauer: 15 Minuten
3. Phase: Diskussionsrunde oder Fishbowl-Diskussion. Dauer: 15 Minuten
4. Phase: Auswertungsrunde. Dauer: 10 Minuten

Anzahl der TN
Übung I: 9–15 (3 Kleingruppen je 3–5 TN), maximal 30 Personen (6 Kleingruppen je 3–5 TN)
Übung II: 6–10 (2 Kleingruppen je 3–5 TN), maximal 20 Personen (4 Kleingruppen je 3–5 TN)

Lernziele
- TN kennen die Grundrechte in Deutschland und die Menschenrechte.
- TN erarbeiten die historische Entwicklung der Grundrechte in Deutschland.
- TN analysieren die Bedeutungen des Begriffs „Volk" zur Zeit des Feudalismus, des NS und in der Bundesrepublik Deutschland.

- TN verstehen den Zusammenhang zwischen „Volks"-Begriff und Grundrechte-Ordnung.
- TN erkennen das Spannungsfeld zwischen Menschen- und Bürgerrechten auf der einen Seite und Ausgrenzungsdiskursen und rassistischen Routinen auf der anderen Seite.
- TN identifizieren das NS-Konzept der „Volksgemeinschaft" in aktuellen Ausgrenzungsdiskursen über „Volkszugehörigkeit".

Räumlichkeiten

Es muss Platz für Kleingruppenarbeit vorhanden sein. Es eignen sich ein großer Raum mit kleinen Raumnischen, Sitzecken oder einem Flur, oder mehrere Räume.

Materialien

Übung I (Basis)

- 3 Arbeitsmappen zur Analysekategorie „Volk" (Arbeitsphase 1):
  (M1) Volksbegriff im 19. Jahrhundert
  (M2) Der Begriff „Volksgemeinschaft" im Nationalsozialismus
  (M3) „Volk" und „Volkssouveränität" nach 1945
- 3 Arbeitsmappen zu „aktuellen Debatten" (Arbeitsphase 2):
  (M4) Wer ist das „Volk"?
  (M5) Brauchen wir den Begriff „Volk"?
  (M6) Gesellschaftliche Wirklichkeit von Menschenrechten
- Stifte
- eventuell Laptop mit Internetanschluss, Beamer

Übung II (Vertiefung)

- Arbeitsblätter (M7) und (M8)
- Moderationskarten
- Stifte

Weiterführende Literatur und Links

Wildt, Michael (2017): Volk, Volksgemeinschaft, AfD. Hamburg.

Retterath, Jörn (2016): „Was ist das Volk?" Volks- und Gemeinschaftskonzepte der politischen Mitte. In Deutschland 1917–1924, Berlin und Boston https://www.netzwerk-menschenrechte.de/ (01.06.2022).

Leisner, Walter (2016): „Nation" und Verfassungsrecht. Das „Integrierte Volk" als demokratischer Souverän in der Migration, in: DER STAAT 55 (200), S. 213–234, Berlin.

Schoch, Bruno (2000): Alle Macht geht vom Volke aus. Doch wer ist das Volk? Frankfurt a. M. https://www.hsfk.de/fileadmin/HSFK/hsfk_downloads/report1200.pdf (01.06.2022).

Kombination mit anderen Übungen

Die Übung ist gut kombinierbar mit den → Vertiefungs-Übungen 8.3 Wo kommst du her? und 8.1 Heimat. Sie kann sowohl davor oder danach stattfinden.

II. Ablauf und konkrete Schritte

Übung I (Basis)

1. Phase: Einführung. Dauer: 5 Minuten

Die SL begrüßt die TN und führt kurz in die Inhalte der Übung ein. Dazu gibt sie eine kurze einleitende Erläuterung darüber, dass der Begriff „Volk" in Deutschland im Laufe der Geschichte Veränderungen erfahren hat, und dass die Entwicklung der Grundrechte eng mit dieser Entwicklung verknüpft ist (→ unten Abschnitt III).

Alternativ oder zusätzlich wird ein kurzer Videoclip mit einem Interview des Musikers und Schauspielers Tyron Ricketts zum Begriff „Volk" vorgespielt und diskutiert: https://www.youtube.comwatch?v=pQFvCMppecQ (01.06.2022).

Anschließend werden unterschiedliche Vorstellungen zum Begriff „Volk" gesammelt. Im Folgenden werden dann unterschiedliche Konzepte in ihrer historischen Entwicklung näher betrachtet.

2. Phase: Kleingruppenarbeit. Dauer: 10 Minuten

Die SL teilt die Gesamtgruppe in drei gleich große Kleingruppen auf (→ Hinweise zur Kleingruppeneinteilung unter → Kapitel 4.3). Die drei Kleingruppen treffen sich in getrennten Räumen (bzw. an unterschiedlichen Tischen im Raum) und bekommen ihr Arbeitsmaterial zugeteilt: Material M1, M2, M3.

Bei den Materialien handelt es sich um (historische) Quellen. Sie umfassen Bilder und Texte. Anhand der Materialien setzen sich die Kleingruppen jeweils mit einer bestimmten Zeitspanne der deutschen Geschichte auseinander. Ziel ist es, die jeweils genutzte

Bedeutung des Begriffes „Volk" und der Grundrechte herauszuarbeiten.

Aufgabenstellung

1. Bestimmten Sie die Zeit Ihrer Materialien.
TIPP: Versuchen Sie bei der weiteren Bearbeitung nicht alleine aus Ihrer gegenwärtigen Perspektive zu beurteilen, sondern sich in die Verhältnisse der betreffenden Zeit hineinzudenken.

2. Betrachten Sie die Fotos und Plakate. Tauschen Sie sich über Ihre Eindrücke und Ihr Wissen dazu aus.

3. Lesen Sie den Text, der als „Primärtext" gekennzeichnet ist. Bei ausreichend Zeit oder Interesse kann/können zur Vertiefung auch der/die „Zusatztexte" gelesen werden.

4. Markieren Sie Ausführungen (a) zur Bedeutung des Begriffs „Volk" und (b) zu mit der Volkszugehörigkeit verbundenen Grundrechten.

5. Diskutieren Sie in der Kleingruppe anschließend **folgende Fragen:**

- *Welche Bedeutung hat der Begriff „Volk"?*
- *Wie wird der Begriff „Volk" verwendet?* Bestimmen Sie Funktion und Ziel.
- *Wer definiert oder benutzt den Begriff „Volk"?*
- *Wer gehört zum „Volk" dazu? Wer wird vom Begriff „Volk" abgegrenzt?*
- *Welche Grundrechte gehen mit der Zugehörigkeit zum „Volk" einher?*

6. Überlegen Sie, wie sie Ihre Ergebnisse in der Gesamtgruppe vorstellen.
TIPP: Geben Sie auch einen kurzen Überblick über den historischen Kontext und ihr Material.

3. Phase: Ergebnispräsentation und Diskussion. Dauer: 20 Minuten

Die Kleingruppen präsentieren in der Gesamtgruppe und unter Moderation der SL (→ Hinweise unten, Abschnitt III.) ihre Ergebnisse. Dabei wird in chronologischer Reihenfolge vorgegangen: Arbeitsgruppe M1 beginnt, Arbeitsgruppe M3 bildet den Schluss.

Die Kernaspekte werden jeweils in Stichpunkten am Whiteboard oder an der Tafel festgehalten (→ Hinweise unter Abschnitt III).

Nach den einzelnen Präsentationen soll es Raum dafür geben, Fragen zu stellen und die Ergebnisse in der offenen Runde zu diskutieren und zu vergleichen. Ziel ist es, die – je nach historischer und politischer Situation – unterschiedlichen Bedeutungen des Begriffs „Volk" und der damit einhergehenden Grundrechte-Ordnungen in Deutschland zu erkennen.

4. Phase: Kleingruppenarbeit. Dauer: 10 Minuten

Die TN kommen nun wieder in den Arbeitsgruppen zusammen und bekommen neues Arbeitsmaterial ausgeteilt: Material M4, M5, M6.

Bei den Materialien handelt es sich um aktuelle Debattenbeiträge zum Begriff „Volk" und zum Thema „Menschenrechte". Ziel dieser Kleingruppenarbeit ist es, aktuelle Debatten zum „Volksbegriff" sowie zu Grundrechten und Menschenrechten kritisch aufzugreifen und zu besprechen. Die Auseinandersetzung bereitet die abschließende Gesprächsrunde vor.

Aufgabenstellung
1. Lesen Sie den/die Texte.
2. Tauschen Sie sich zunächst kurz über Ihre Eindrücke und Ihr Wissen zu diesen Themen aus.
3. Notieren Sie die zentralen Inhalte und Aussagen der Texte.
4. Überlegen Sie gemeinsam, wie Sie Ihre Ergebnisse der Gesamtgruppe vorstellen.

5. Phase: Ergebnispräsentation und Abschlussbesprechung. Dauer: 30 Minuten

Die Kleingruppen präsentieren in der Gesamtgruppe und unter Moderation der Seminarleitung (→ Hinweis unter Abschnitt III.) ihre Ergebnisse. Es bietet sich an, dass die Gruppen nach der Reihe (M4, M5, M6) ihre Ergebnisse vorstellen. Damit wird am Schluss der Bogen zurück zum übergeordneten Thema „Menschenrechte" geschlagen.

Nach den Präsentationen soll es Raum dafür geben, Fragen zu stellen und die Ergebnisse des Workshops zusammenzutragen. Die Abschlussdiskussion sollte in einem geschützten und ruhigen Rahmen stattfinden. Eine Moderation durch die SL ist hierbei von besonderer Wichtigkeit (→ Kapitel 4.3 zur Methode: Offene Gesprächsrunde).

Mögliche Leitfragen für die Abschlussbesprechung sind:
- *In welcher Hinsicht gibt es (historische) Kontinuitäten/Rückgriffe/Anleihen bzgl. des Begriffes „Volk"?*
- *Ist der Begriff „Volk" in der heutigen Zeit notwendig?*
- *Was spricht für – was spricht gegen die Verwendung des Begriffs?*
- *Können Menschenrechte alleine auf gesetzlichem Wege durchgesetzt werden, oder braucht es dazu immer Menschen, die für diese Rechte eintreten?*
- *Was wäre nötig, damit die vom Grundgesetz garantierten Rechte für alle Bürger*innen im Alltag erfahrbar werden?*

Übung II (Vertiefung)

Diese Übung kann aufbauend auf Übung I angeboten werden. Hierbei wird die kontroverse Debatte über die Bedeutung des Begriffs „Volk" näher betrachtet. Als Bespiel dient eine Bundestagsdebatte. Die unterschiedlichen Positionen in dieser Debatte werden identifiziert und von den TN diskutiert.

Die Kleingruppen sollten die Personenanzahl von 5 TN nicht überschreiten. Es sollte mindestens 2 Kleingruppen geben, höchstens 4 (also insgesamt max. 20 TN).

1. Phase: Überleitung von Basisübung. Dauer: 5 Minuten

Die TN werden von der SL in die Debatte um den Schriftzug am Reichstagsgebäude eingeführt:

In der Basis-Übung wurde bereits herausgearbeitet, dass – trotz klarer rechtlicher Reglungen – verschiedene, überkommene Konzepte zum Begriff „Volk" die Wahrnehmungen und Debatten bis heute prägen. Eine Kunstinstallation aus dem Jahr 2000 im Innenhof des Reichstagsgebäudes hat eine neue Begrifflichkeit in die Diskussion eingebracht: Den Begriff „Bevölkerung" (→ unten, Abschnitt III).

Über den Sinn der Installation und deren Verwendung des Begriffs „Bevölkerung" fand im Deutschen Bundestag zuvor eine kontroverse Debatte statt. Nach der Debatte entschied der Bundestag am 05.04.2000 mit knapper Mehrheit für die Errichtung der Installation (pro 260, kontra 258).

2. Phase: Vorbereitung in Kleingruppen. Dauer: 15 Minuten

Die TN werden in zwei bis vier Kleingruppen aufgeteilt und bekommen als Arbeitsmaterial jeweils eine der Debattenbeiträge aus der Bundestagsaussprache über das Kunstwerk: Material M7 oder M8.

Anhand des jeweiligen Textes arbeiten die TN die Argumente für bzw. gegen die Installation mit dem Begriff der „Bevölkerung" heraus und bereiten sich so auf die anschließende Diskussionsrunde vor.

Aufgabenstellung

1. Lesen Sie den Text.
2. Arbeiten Sie die Kernargumente für oder gegen die Installation des Kunstwerkes heraus. Schreiben Sie diese auf Moderationskarten.
3. Bereiten Sie sich auf die Diskussionsrunde in der Gesamtgruppe vor, indem Sie die Kernargumente auf Moderationskarten schreiben. Diskutieren und notieren Sie auch eigene Argumente zusätzlich zu denen im Text.

3. Phase: Fishbowl-Diskussion. Dauer: 15 Minuten

Unter Moderation der SL tauschen die beiden Gruppen in einer Fishbowl-Diskussion (→ zur Methode Kapitel 4.3) die aus den Debattenbeiträgen herausgearbeiteten Argumente für bzw. gegen die Installation des Kunstwerks aus.

4. Phase: Auswertungsrunde. Dauer: 10 Minuten

In einer kurzen Auswertungsrunde werden die Argumente aus der Fishbowl-Runde noch einmal zusammengefasst. Die TN können dabei erklären, welche Argumente sie aus den Texten herausgearbeitet haben und welche sie selbst hinzugefügt haben. Abschließend wird von der SL noch einmal auf die Themen aus der Abschlussrunde von der Basis-Übung I übergeleitet.

Alternativ werden die TN zu ihren Eindrücken aus dem Übungsverlauf befragt und erhalten so die Möglichkeit, ihre Beobachtungen und Gedanken der Gesamtgruppe mitzuteilen. Für diese Abschlussbesprechung eignet sich die Durchführung einer NÜM-Runde (→ zur Methode Kapitel 4.3).

III. Fachliche und methodische Hintergrundinfos für SL

Übung I (Basis)

Allgemeines zum Begriff „Volk" und zu den Grundrechten
Die Grundrechte garantieren den Bürger*innen einen weitreichenden Schutz ihrer Person vor äußerem Zwang und staatlicher Willkür. Der Grundrechtekatalog in der Bundesrepublik Deutschland stellt eine historische Errungenschaft dar, die sich aus einer spezifischen geschichtlichen Erfahrung heraus entwickelt hat. Die Entwicklung der Grund- und Menschenrechte in Deutschland ist eng verknüpft mit der historischen Veränderung der Vorstellung vom Begriff „Volk" als Träger und Adressat dieser Grundrechte. Dabei ist in der jeweiligen historischen Formation immer ein bestimmtes Verständnis vom Begriff „Volk" die Grundlage für die mit diesem Begriff verknüpfte rechtliche Ausgestaltung der Gesellschaft.

Allgemein zum Ursprung des Begriffs „Volk"
Der Begriff „Volk" (aus mittelhochdeutsch volc „die Kriegsschar") geht ursprünglich auf das 8. Jahrhundert zurück und bedeutet „Viele". So bezeichnet der Begriff „Volk" ursprünglich in einfachem Sinne eine „Menschenmenge" also „viele Leute". Eine politische (bzw. kulturelle) Bedeutung des Begriffs bildet sich im Laufe des 19. Jahrhunderts im Zusammenhang mit den aufkommenden bürgerlichen Emanzipationsbewegungen und Nationalbewegungen aus.

Zu Arbeitsgruppe (M1): Volksbegriff im 19. Jahrhundert
So wie im vorliegenden Lexikon-Text ist der Begriff „Volk" im historischen Kontext des 19. Jahrhunderts in Deutschland und Europa unscharf und wird in mehreren Bedeutungen gebraucht:

Zum einen wird mit dem Begriff „Volk" eine kulturelle Komponente verbunden, die eine gemeinsame Sprache, gemeinsame Sitten und eine geteilte Geschichte auf einem Territorium (im Text: „gemeinschaftlicher Aufenthalt") betont. Außerdem ist von „Volksstämmen" die Rede – ein Aspekt der darauf hinweist, dass die Imagination einer gemeinsamen Abstammung als konstituierend für den Begriff „Volk" angesehen wird. Dabei besteht aber bezüglich des Begriffs „Volk" noch keine ausschließliche Fokussierung auf rassistische Vorstellungen.

Denn daneben erfüllt der Begriff „Volk" im 19. Jahrhundert (unter dem Eindruck der National- und Bürgerschaftsbewegungen) eine ganz bestimmte politische Funktion: Der Begriff „Volk" beschreibt denjenigen Bevölkerungsteil, welcher der Herrschaft durch die Adelshäuser gegenübersteht und danach strebt, sich in einer politisch-sozialen Emanzipationsbewegung von dieser Herrschaft zu befreien. In dieser Hinsicht steht das Volk als Menge der Rechtlosen den privilegierten und mit Rechten ausgestatteten Adeligen gegenüber. Diese Vorstellung von „Volk" wird im Verlauf des 19. Jahrhunderts zum wichtigen Sammelbegriff und zur Selbstbeschreibung für die revolutionären Erhebungen in Europa (→ in der Karikatur: Selbstbezeichnung als „das Volk" entgegen der Besitzbezeichnung durch den Adel als „mein Volk").

Zu Arbeitsgruppe (M2): Der Begriff de „Volksgemeinschaft " im Nationalsozialismus
In der Zeit des Nationalsozialismus (und bereits auf dem Weg dazu zu Beginn des 20. Jahrhunderts) erfährt der Begriff „Volk" in Deutschland einen Bedeutungswandel. Bereits im Kaiserreich und in der Weimarer Republik geht es bei dem Begriff „Volk" nun nicht mehr um einen individualistisch-liberal geprägten Sammelbegriff für Individuen in einem Staat, sondern der Begriff der „Volkgemeinschaft" stellt die rassistische

Vorstellung von durch „Blutsgleichheit" verbundenen Menschen (→ Gesetz zum Schutze des deutschen Blutes und der deutschen Ehre aus Arbeitsmaterial M2) in den Vordergrund.

Ging bereits vor dem Nationalsozialismus die Idealvorstellung vom Begriff „Volk" mit erheblichem **Zwang zur Anpassung** und zur Assimilation einher (→ rassistische Komponente des Begriffs „Volk" in Arbeitsmaterial M1), so wandelt sich der Begriff spätestens mit dem aufkommenden Nationalsozialismus hin zu einem **rein rassistisch geprägten**, und explizit auf **Exklusion** ausgelegten Volksbegriff, der zur Grundlage für die **Zuteilung und den Entzug von individuellen und bürgerlichen Rechten** wird (→ Nürnberger Gesetze und Gesetz zum Schutze des deutschen Blutes und der deutschen Ehre aus M2).

Außerdem ist in dieser ideologischen Programmatik einer **„Volksgemeinschaft"** kein Platz für Individualismus vorgesehen (→ Münze „Du bist nichts – dein Volk ist alles" aus Arbeitsmaterial M2). So rückt zusätzlich zur rassistischen Komponente noch eine weitere Voraussetzung für die Zugehörigkeit zur „Volksgemeinschaft" in den Vordergrund: ein klares und offenes Bekenntnis zur Ideologie und zur Politik des Nationalsozialismus.

Somit liegt dem Begriff „Volksgemeinschaft" eine rassistische und totalitäre Vorstellung zu Grunde, welche Menschen ihre Individualität abspricht, sie stattdessen als Mitglieder von konstruierten Gruppen definiert und auf diese Weise gezielt ausgegrenzt und ihrer **Bürger- und Menschenrechte beraubt.**

Zu Arbeitsgruppe (M3): „Volk" und „Volkssouveränität" nach 1945

Das Grundgesetz der Bundesrepublik Deutschland (1949) nimmt Kernaspekte der ersten Deutschen Verfassung von 1849 (sie entfaltete freilich niemals wirkliche Rechtswirksamkeit) und ihres Volksbegriffs wieder auf und stellt eine Abkehr von „völkischen" Selbstverständnissen des Nationalsozialismus dar.

Während Artikel 20 das Prinzip der **„Volkssouveränität"** als Wesenskern einer demokratischen Verfassung fest verankert, definiert Artikel 116 den Begriff **„Volk"**: Deutsch sind alle Personen mit deutscher Staatsangehörigkeit (→ Gesetzesartikel aus Arbeitsmaterial M3). Das **Staatsangehörigkeitsgesetz** regelt die Bedingungen zum Erhalt der deutschen Staatsbürgerschaft. Darüber hinaus besteht die Abkehr von der „völkischen" Rechtsauffassung des Nationalsozialismus darin, dass das Grundgesetz sich in der Vergabe von Grundrechten nicht ausschließlich auf das „Staatsvolk" beschränkt, sondern sich auch der Verteidigung der **universellen** Menschenrechte verschreibt (→ Art.1 GG, Grundrecht auf Asyl, etc.).

Zum Begriff „Volkssouveränität"

Grundlegendes demokratisches Prinzip, nach dem im Staat die oberste Gewalt (= Souveränität) vom Volk ausgeht. Die Volkssouveränität ist im Grundgesetz verankert (Art. 20 GG) und kommt dadurch zum Ausdruck, dass das Volk durch Wahlen direkt oder indirekt seine Regierung, seine Gesetzgeber und seine Richter selbst bestimmt.

Quelle: Thurich, Eckart (2011): pocket politik. Demokratie in Deutschland. Bonn.

Daneben taucht der Begriff „Volk" nach 1945 noch in weiteren Zusammenhängen auf: Während der friedlichen Montagsdemonstrationen 1989/90 in der DDR wird der Sprechchor **„Wir sind das Volk"** zum Symbol für die Hoffnung der Leipziger Demonstrant*innen, gegenüber der rechtlich privilegierten DDR-Führung Forderungen nach Mitbestimmung, rechtlicher Gleichstellung und politischer Teilhabe durchzusetzen. In dieser Hinsicht sind Parallelen zur Nutzung des Begriffs „Volk" während der Aufstände der Bürger*innen von 1948/49 gegen den privilegierten Adel zu erkennen (→ Begriff „Volk" bei Arbeitsgruppe M1). Im Laufe der Zeit wandelt sich dieser Sprechchor dann hin zu **„Wir sind ein Volk".** Die Forderung nach rechtlicher und politischer Teilhabe geht also über in den Ruf nach einer Wiedervereinigung von Ost- und Westdeutschland. Dabei sollte diese historische und emanzipatorische Komponente des Begriffs „Volk" nach 1945 aber nicht einseitig gesehen werden. Denn die Tatsache, dass der Begriff „Volk" in der jungen Bundesrepublik Deutschland auch im Rahmen von zahlreichen Neonazidemonstrationen auftaucht, sowie gewalttätige Übergriffe auf Menschen, die von diesen als nicht-zugehörig angesehen werden (bspw. rassistische Ausschreitungen in Rostock-Lichtenhagen), zeigen deutlich, dass auch nach 1945 **der Begriff „Volk" sowohl im Sprachgebrauch als auch in der öffentlichen Wirksamkeit immer eng verwoben mit rassistisch-völkischen Vorstellungen geblieben ist.**

Vorschlag für die zusammenfassende Darstellung am Whiteboard/Tafel

(M1)	Kontext:	Bürgerliche Revolution 1848/49
	Begriff „Volk":	Mehrdeutig – einerseits definiert in Abgrenzung zum Adel/zur Herrschaft und mit dem Ziel der Durchsetzung von Grundrechten. Andererseits rassistische und kulturalistische Definition des Begriffs „Volk".
	Grundrechte:	Menschen haben Rechte nur als Untertanen, nicht als Bürger
(M2)	Kontext:	Nationalsozialismus
	Begriff „Volk":	Rassistisch-völkisch definiert. Die „Volksgemeinschaft" wird als „Blutsgemeinschaft" konstruiert. Von dieser werden Personen abgegrenzt, die als minderwertige Gruppen konstruiert werden und nicht mehr als Deutsche gelten. Sie werden „ausgebürgert" und verlieren damit ihre Rechte.
	Grundrechte:	Rechte nur für Angehörige der NS-„Volksgemeinschaft" (definiert nach rassistischen Maßstäben und hinsichtlich „Gesinnung")
(M3)	Kontext:	Bundesrepublik Deutschland
	Begriff „Volk":	Zum „Volk" gehören alle Deutschen. Deutsch ist ein Mensch entweder von Geburt an (→ „Abstammungsprinzip" und „Geburtsortprinzip" im Staatsangehörigkeitsgesetz) oder man wird Deutsche*r (→ „Einbürgerung" im Staatsangehörigkeitsgesetz). Deutsch-Sein ist unabhängig von Religion, sexueller Orientierung, politischer Überzeugung etc.
	Grundrechte:	Bürgerrechte für Deutsche, Menschenrechte für alle Menschen

Zu Arbeitsgruppen (M4 / M5 / M6)

Um den Begriff „Volk" drehen sich aktuell zahlreiche öffentliche Debatten. Über den Begriff, seine Bedeutung und sein Nutzen wird kontrovers diskutiert. Diverse Parteien, Politiker*innen oder Bündnisse beanspruchen diesen Begriff für sich oder distanzieren sich von ihm. Letztlich ist das komplette Spektrum der besprochenen Konzepte bis heute in der Diskussion. Einige Akteure halten den Begriff „Volk" durch den Nationalsozialismus und den Holocaust für belastet oder lehnen ihn deshalb grundsätzlich ab. Akteure der radikalen Rechten beziehen sich nach wie vor auf das rassistisch-völkische NS-Konzept.

Jenseits von den in Deutschland gesetzlich verbrieften Grundrechten für Bürger*innen und Nicht-Bürger*innen prägen bis heute auch rassistische „Volks"-Konzepte individuelle Wahrnehmungen, den öffentlichen Diskurs und institutionelle Routinen und Regelungen. Wie der Begriff „Volk" heute und in Zukunft diskutiert wird, hängt in erster Linie von uns selbst ab.

Übung II (Vertiefung)

Zur Kunstinstallation „Der Bevölkerung"

Im Jahr 2000 diskutierte der Bundestag über die Errichtung eines Kunstwerks von Hans Haake mit dem Titel: **„Der Bevölkerung"**. Dieses sollte im Hof des Reichstagsgebäudes errichtet werden und aus einem Kasten mit Erde bestehen, in dem später Pflanzen wachsen sollten und in dessen Mitte der Schriftzug „Der Bevölkerung" zu sehen ist. Die Abgeordneten waren dazu aufgerufen sich an dem Kunstwerk zu beteiligen, indem

sie den Kasten mit Erde aus ihren Wahlkreisen füllen sollten. Mit dieser Installation spielt der Künstler auf den Schriftzug **„Dem deutschen Volke"** an, welcher am Dach des Reichstagsgebäudes angebracht ist. Damit wollte der Künstler den Bedeutungsunterschied zwischen den Begriffen „Volk" und „Bevölkerung" hervorheben. Anders als der grundgesetzliche „Volks"-Begriff schließt der Begriff „Bevölkerung" auch diejenigen Menschen in Deutschland mit ein, die keine deutsche Staatsangehörigkeit besitzen.
Nach der Ansicht des Künstlers ist der Deutsche Bundestag auch diesen Menschen verpflichtet. Quelle und weitere Informationen: http://derbevoelkerung.de/ (01.06.2022).

IV. Material

Arbeitsgruppe M1: Volksbegriff im 19. Jahrhundert

Das komplette Material können Sie herunterladen bei www.den-menschen-im-blick.de. Dort finden Sie unter dem Stichwort „Arbeitsmaterialien“ das komplette Dokument. Exemplarisch finden Sie im folgenden zwei Musterfolien.
https://www.den-menschen-im-blick.de/

https://t1p.de/40890

Aufgabenstellung

1. Bestimmten Sie die Zeit ihrer Materialien.
   TIPP: Versuchen Sie bei der weiteren Bearbeitung nicht alleine aus Ihrer gegenwärtigen Perspektive zu beurteilen, sondern auch sich in die Verhältnisse der betreffenden Zeit hineinzudenken.
2. Betrachten Sie die Fotos und Plakate. Tauschen Sie sich über Ihre Eindrücke und Ihr Wissen dazu aus.
3. Lesen Sie den Text, der als „Primärtext“ gekennzeichnet ist. Bei ausreichend Zeit oder Interesse kann/können zur Vertiefung auch der/die „Zusatztexte“ gelesen werden.
4. Markieren Sie Ausführungen (a) zur Bedeutung des Begriffs „Volk“ und (b) zu mit der Volkszugehörigkeit verbundenen Grundrechten.
5. Diskutieren Sie in der Kleingruppe anschließend **folgende Fragen:**

- *Welche Bedeutung hat der Begriff „Volk“?*
- *Wie wird der Begriff „Volk“ verwendet?* Bestimmen Sie Funktion und Ziel.
- *Wer definiert oder benutzt den Begriff „Volk“?*
- *Wer gehört zum „Volk“ dazu? Wer wird vom Begriff „Volk“ abgegrenzt?*
- *Welche Grundrechte gehen mit der Zugehörigkeit zum „Volk“ einher?*

6. Überlegen Sie, wie sie Ihre Ergebnisse in der Gesamtgruppe vorstellen.

TIPP

Geben Sie auch einen kurzen Überblick über den historischen Kontext und Ihr Material.

Diese Karikatur aus dem Jahr 1848 trägt den Titel „Zwischen mir und mein Volk soll sich kein Blatt Papier drängen", ein Zitat König Friedrich Wilhelms IV. aus seiner Eröffnungsrede zum ersten Vereinigten Landtag in Preußen. Dort hatte er deutlich gemacht, dass er nicht beabsichtigte, seine durch das Gottesgnadentum legitimierte Herrschaft durch ein „Blatt Papier", nämlich eine Verfassung, schmälern zu lassen.

„Die Grundrechte des deutschen Volkes" (Text in allegorischer Rahmung mit Germania zwischen Freiheit und Gleichheit)
(Lithographie, koloriert, 1849, von Adolf Schrödter)

Die Grundrechte des deutschen Volkes sind ein Grundrechtskatalog aus dem Jahr 1848. Zunächst wurde er durch Reichsgesetzgebung am 27. Dezember 1848 in Kraft gesetzt (Frankfurter Grundrechtsgesetz, GRG). Obwohl das Gesetz gemäß der geltenden Reichsgesetzgebung verkündet worden war, lehnten es die größeren deutschen Staaten ab. 1851 erklärte der Bundestag die Frankfurter Grundrechte ausdrücklich für ungültig.
Der Frankfurter Grundrechtskatalog hätte, wenn angewandt, entscheidend zur Freiheit der Deutschen, zur Rechtsstaatlichkeit und zur Vereinheitlichung Deutschlands beigetragen.

Die Frankfurter Nationalversammlung war von Mai 1848 bis Mai 1849 das verfassungsgebende Gremium der Deutschen Revolution sowie das vorläufige Parlament des entstehenden Deutschen Reiches. Die Nationalversammlung tagte in der Paulskirche in Frankfurt.

Sitzung der Nationalversammlung im Juni 1848
(Ludwig von Elliott, 1848)

Schlaglicht H
Auswirkungen von Rassismus und Diskriminierung auf den*die Einzelne*n

Posttraumatische Belastungsstörung

Von traumatischem Stress spricht man, wenn mehrere Bedingungen zusammentreffen: Die Betroffenen müssen als Opfer oder Zeuge eine bedrohliche Situation erleben, der sie nicht entrinnen können. Dabei kann es sich zum Beispiel um einen schweren Unfall, eine Gewalttat oder auch um eine psychische Grausamkeit handeln. Die Reaktion des Opfers oder Zeugens ist von Angst, Panik und/oder Entsetzen geprägt. Wenn es sich um ein einzelnes, umgrenztes Ereignis handelt, spricht man vom Typ I Trauma, bei chronischen oder sich wiederholenden Ereignissen vom Typ II.
Die Folgen traumatischer Stresssituationen sind sehr unterschiedlich und hängen von früheren ähnlichen Erfahrungen und von der Art des Ereignisses ab: Traumafolgestörungen gibt es vergleichsweise selten nach Ereignissen, die nicht durch Menschen verursacht wurden. Die typische Traumafolgestörung ist die Posttraumatische Belastungsstörung (PTBS). Sie kann erst Tage bis Wochen, gelegentlich sogar erst Monate oder Jahre nach dem Ereignis auftreten. Eindringliche, sich aufdrängende Erinnerungen, Nachhallerinnerungen (Flashbacks), Alpträume, Anspannung, Schreckhaftigkeit, Vermeidungsverhalten gegenüber allen potenziell Angst auslösenden Hinweisreizen bis zum völligen sozialen Rückzug, emotionales Betäubtsein (Numbing), manchmal auch emotionale Labilität, Gereiztheit, Wutausbrüche und sogenannte dissoziative Zustände bestimmen das Krankheitsbild gemeinsam mit wiederkehrenden Scham- oder Schuldgefühlen. Neben der PTBS als klassischer Traumafolgestörung treten häufig auch Depressionen, Angst- oder Suchterkrankungen nach dem Erleben traumatischen Stresses auf.

Quelle: Aktionsbündnis Seelische Gesundheit (o.J): Traumafolgestörungen (gekürzt). https://www.seelischegesundheit.net/themen/psychische-erkrankungen/erkrankungen-von-a-z/traumafolgestoerungen (01.06.2022).

Rassismus macht krank

Rassistische Mikroaggressionen treten als „kurze und tägliche Kränkungen, Beleidigungen, Demütigungen und verunglimpfende Nachrichten in der zwischenmenschlichen, medialen und symbolischen Kommunikation auf. Verursacher*innen sind sich ihrer Handlungen häufig nicht bewusst und das Eingestehen kann einen Bruch im eigenen Selbstbild als „guter moralischer Mensch" bedeuten. Betroffene können ihre Verletzung daher kaum artikulieren, ohne befürchten zu müssen, als „übersensibel" bezeichnet und nicht ernst genommen zu werden. Die rassistische Mikroaggression endet also nicht mit ihrer initialen, häufig nicht-bewussten abwertenden Botschaft, sondern geht über in eine zweite Gewaltform, die als „sekundäre Viktimisierung" bezeichnet wird: Sie zielt darauf ab, die Betroffenen zum Schweigen zu bringen.
Dieses Unsichtbarmachen der rassistischen Mikroaggressionen bewirkt bei den Betroffenen häufig, dass sie die psychische Belastung nicht genau benennen können, die sich in verminderten Arbeits- oder Schulleistungen, verminderter Qualität zwischenmenschlicher Beziehungen und Verminderung des Lebensstandards äußern können. Studien zeigen, dass „race-based traumatic stress" zu einer Traumatisierung führen kann und das Ausbilden einer Posttraumatischen Belastungsstörung befördert, sobald es zu einem bedrohlichen Ereignis kommt, welches das sprichwörtliche Fass zum Überlaufen bringt: also zum Beispiel zu einem körperlichen Übergriff, rassistischem Mobbing oder Polizeigewalt.
Die Traumaforschung zeigt auf, dass in Folge traumatischer Erlebnisse eine Selbststärkung entwickelt werden kann, die im Sinne eines „Posttraumatischen Wachstums" über unsere vorher bewussten und aktivierten Handlungs- und Umgangsstrategien hinausgeht.

Quelle: Modalal, Miriam/Response Hessen (2017): Einblick. Das geleugnete Trauma (gekürzt, leicht geändert). https://response-hessen.de/content/einblick-das-geleugnete-trauma (01.06.2022).

Toxischer Stress – Auswirkungen von Rassismus

Unabhängig davon, ob wir uns dessen bewusst sind, reagieren unsere Körper auf Umstände (einschließlich Rassismus) in unserer Umgebung. Oft denken wir, dass Stress ein vager Zustand ist, der uns „passiert". Doch in Wahrheit ist Stress definiert als: „unsere Antwort auf die Bedingungen oder Reize in unserer Umgebung". Diese Reize nennen sich Stressoren. Im *Center of Developing Child* an der Harvard Universität wurden drei Reaktion auf Stressoren identifiziert, welche eingeteilt werden in positiv, erträglich und toxisch.

Wie der Name bereits sagt, ist der toxische Stressfaktor am gefährlichsten. Bei ihm handelt es sich um einen oft und / oder über längere Zeit auftretenden Stressfaktor. Darunter fallen emotionaler und körperlicher Missbrauch, wirtschaftliche Not und Gewalt. Die Studien des Harvard Centres fanden heraus, dass Rassismus Erfahrungen – sowohl offener als auch subtiler Art – ebenfalls zu den toxischen Stressfaktoren zählen. Ist man ihnen über längere Zeit ausgesetzt, kann dies Erkrankungen wie Depressionen, Autoimmunkrankheiten oder andere Erkrankungen begünstigen und/ oder zu physischem und psychischem Unwohlsein führen.

Ein weiterer wichtiger Aspekt ist, dass Mikroaggressionen nicht absehbar sind. Zudem zeigen Studien, dass Mikroaggressionen in allen Bereichen des Lebens auftauchen: auf der Arbeit, in der Schule, im privaten Bereich, auf der Straße. Die Kombination von beidem führt dazu, dass sich Schwarze Menschen und People of Color in einem permanenten Zustand der Vorsicht befinden, der sich *racial stress* nennt und sowohl bewusst wahrgenommen wird als auch unbewusst vorhanden ist. Der unberechenbare Charakter von *racial stress* kann bei Betroffenen sogar zu dem Gefühl führen, bald verrückt zu werden. Studien belegen, dass die Auswirkungen von Mikroaggressionen im Alltag zu den gleichen Symptomen führen können, die auch von posttraumatischen Belastungsstörungen hervorgerufen werden.

Besonders tragisch ist, dass diese Effekte bereits bei Kindern zu beobachten sind. Chronischer Stress, Migräne, Bauchschmerzen und Neurodermitis finden sich bei Schwarzen Kindern und Kindern of Color gehäuft und stehen in einer direkten Relation zum sogenannten *racial stress.*

Quelle: Ogette, Tupoka (2017): exit RACISM. Rassismuskritisch denken lernen. Münster, 2. Auflage, S. 64 f. (gekürzt).

Sekundäre und kollektive Viktimisierung

Ein relevantes Phänomen ist zudem die sekundäre Viktimisierung, das ist die erneute Opferwerdung des*r Betroffenen nach der eigentlichen Tat (Mikroebene). Die Folgen einer sekundären Viktimisierung können teilweise schlimmer sein als die der eigentlichen Tat. Das Wohlbefinden und die Leistungsfähigkeit des*r Betroffene*n können deutlich vermindert sein, was neben psychischen und körperlichen Problemen zu sozialen und materiellen Einschränkungen führen kann.

Wenn die Gewalterfahrung vom sozialen Umfeld, den Instanzen im Strafverfahren oder innerhalb der Medienberichterstattung nicht als solche anerkannt wird oder Schuldzuweisungen in Richtung der Betroffenen erfolgen, kommt es häufig zu einer sekundären Viktimisierung.

Auf der Mesoebene wirkt eine rassistische Tat häufig über die konkret betroffenen Individuen hinaus und betrifft im Sinne einer Botschaftstat weitaus mehr Menschen: alle, die der jeweiligen Betroffenengruppe angehören. Wie von den Täter*innen intendiert, können Angsträume im lokalen und sozialen Nahraum entstehen und es kann eine kollektive Viktimisierung stattfinden.

Die migrantischen Anwohner*innen der Kölner Keupstraße beispielsweise haben nach dem Nagelbombenanschlag der rassistischen Terrorgruppe „Nationalsozialistischer Untergrund" (NSU) das Phänomen der sekundären Viktimisierung als „die Bombe nach der Bombe" bezeichnet. Viele vermuteten Rassisten und Neonazis als Täter, wurden aber von der Polizei und weitgehend auch in der Berichterstattung als Täter und Täter-Gruppe betrachtet.

Quelle: Arbeitsgruppe Qualitätsstandards der Beratungsstellen für Betroffene rechter, rassistischer und antisemitischer Gewalt (Hg.) (2014): Beratung für Betroffene rechter, rassistischer und antisemitischer Gewalt in Deutschland. Qualitätsstandards. Berlin (gekürzt).

7 VORBEREITUNGSÜBUNGEN UND WACHRÜTTLER: FOLLOW-UPS ZUR SELBST-REFLEXION

Dynamische, die (Selbst-)Reflexion anregende Übungen sind dann hilfreich, wenn schon Einiges bekannt ist und das Fachwissen „locker" vertieft werden soll. Die hier angebotenen Übungen eigenen sich als Auflockerung zwischen z. B. eher textschweren Übungen oder als Einstieg in einen zweiten Trainingstag. Zwei Übungen (1 und 2) beginnen mit einer Phase stiller Einzelarbeit und könnten daher auch als Hausarbeit genutzt werden.

Eine goldene Regel des Trainings ist es, dass niemand in die Rollen Anderer schlüpft. Das Training hat das Ziel, (diskriminierende) Zuschreibungen offenzulegen und aufzubrechen. Klassische Rollenspiele eigenen sich für Antidiskriminierungs-Anliegen nicht, da sie Rollen festschreiben. Dieser Grundsatz des Trainings wird nirgends so offenkundig, wie in den hier vorliegenden selbstreflexiven Rollenspielen: Hier ist jede*r authentisch, spielt stets sich selbst und bleibt somit bei sich. Der kritische Blick gilt der eigenen Biografie, den eigenen Kontexten, der Umwelt, in der die TN selbst agieren. So geht es um Fragen, wie: *Wo stehe ich? In welchem Drehbuch bewege ich mich – vielleicht auch unfreiwillig? Wie will ich handeln? Und: Wer will ich sein?* Vier Übungen stehen bereit.

In der Übung **7.1 Kleine archäologische Ausgrabungen** wird das Thema Rassismus autobiographisch erarbeitet.

Mit der Übung **7.2 Den Blick schärfen** werden Eindrücke gesammelt und der eigene Blick geschärft, um Rassismus und Diskriminierung sichtbar und bearbeitbar zu machen.

In der Übung **7.3 Bewegen Sie sich** wird zunächst das eigene Verhältnis zu Rassismus und Diskriminierung ausgelotet. In einem nächsten Schritt werden praxisorientiert eigene Problemfelder formuliert.

Mit der Übung **7.4 Ein Date mit Chris** wird die Wirksamkeit von unterschiedlichen Diskriminierungsdimensionen im eigenen sozialen Kontext geprüft.

Die Schlaglicht-Seiten zwischen den Übungen

Zwischen den Übungen finden sich Schlaglicht-Seiten, die entweder fachliche Hintergrundinfos geben oder einschlägige Erfahrungen porträtieren. Sie stehen im inhaltlichen Zusammenhang mit ihrer jeweiligen Platzierung vor, nach oder zwischen bestimmten Übungen.
Das *Schlaglicht I* ***Kritisches Weißsein und (De-)Thematisierung von Weißsein/Schwarzsein*** vermitteln Grundwissen zu diesen Ansätzen.
Das *Schlaglicht J* bespricht den Begriff der ***Intersektionalität*** und seine Wirkungskraft.
Das *Schlaglicht K* ***Sexualität und Geschlecht*** erklärt relevante Fachbegriffe.
Das *Schlaglicht L* ***Dimensionen von Diskriminierung. Wer wird diskriminiert?*** gibt eine Übersicht über gängige Fachbegriffe.

7.1 KLEINE ARCHÄOLOGISCHE AUSGRABUNGEN

Rassismus: autobiographische Erarbeitung

I. Allgemeine Infos zur Übung

Titel der Übung: Kleine archäologische Ausgrabungen

Fachtitel für die Übung: Rassismus: autobiographische Erarbeitung

Zuordnung und Voraussetzung
Diese sehr persönliche und emotionale Übung unterstützt dabei, sich vergessene und prägende Erfahrungen mit Rassismus zu vergegenwärtigen. Grundkenntnisse zum Thema Rassismus sollten vorhanden sein.

Themenbereiche/Schlagworte
institutioneller und struktureller Rassismus, internalisierter Rassismus (→ jeweils *Schlaglicht F*), Intersektionalität (→ *Schlaglicht J*), Selbstreflexion, *Critical Whiteness* (→ *Schlaglicht I*), Identität

Anzahl der Teilnehmenden
Ca. 8–12, maximal 30 Personen. Kleingruppenarbeiten mit je 2–3 Personen

Lernziele
- TN erkennen die eigene Verstrickung in rassistische Kontexte.
- TN reflektieren die eigene gesellschaftliche Positionierung und die gesellschaftliche Positionierung der Anderen durch Rassismus.
- TN reflektieren Identitätsbildung und ggf. Biografieverläufe in Abhängigkeit von institutionellem und strukturellem Rassismus.
- TN kennen Rassismus als ein Wahrnehmungs- und Denksystem.

Zeit
Gesamtdauer: ca. 70–80 Minuten
1. Phase: Einstieg. Dauer: 5 Minuten
2. Phase: Einzelarbeit. Dauer: 25 Minuten
3. Phase: Kleingruppenarbeit. Dauer: 20–30 Minuten
4. Phase: Plenum. Dauer: 20 Minuten

Materialien
- Papier und Stifte für die autobiographische Arbeit
- Arbeitsblatt
- Ggf. Hintergrundmusik zum Entspannen, Lautsprechboxen und Abspielgerät

Räumlichkeiten
Ein großer Seminarraum, der für Paargespräche geeignet ist bzw. Ausweichmöglichkeiten in andere Räumlichkeiten.

Weiterführende Literatur und Links

Danielzik, Chandra Milena/ Bendix, Daniel (2010): Exotismus. „Get into the mystery ...". In: Exotik_ Die Verpfelchtung von Rassismus und Sexismus. https://www.mangoes-and-bullets.org/wp-content/uploads/2015/06/C.-M.-Danielzik-und-D.-Bendix-2010_Exotimus.-Get-into-the-Mystery...-Die-Verflechtung-von-Rassismus-und-Sexismus.pdf (01.06.2022).

Tupoka, Ogette (2017): *Exit RACISM*. Rassismuskritisch denken lernen. 2. korr. Aufl. Münster.

Sow, Noah (2009): Deutschland Schwarz Weiss. Der alltägliche Rassismus. 4. Aufl. München.

Kombination mit anderen Übungen

Die → Übung Kleine archäologische Ausgrabungen kann als Einstieg in eine zweite Phase des Seminars genutzt werden. Vorher ist die Durchführung der → Übung 6.2 Was ist Rassismus? empfehlenswert. Nachher bietet es sich an, Übungen zur weiteren Vertiefung durchzuführen, etwa die → Übungen 8.2 Gutes Haar oder 8.3 Wo kommst Du her?

II. Ablauf und konkrete Schritte

1. Phase: Einstieg. Dauer: 5 Minuten

Die SL erläutert und beschreibt die Methode der autobiographischen Arbeit. Diese ist zur Reflexion eigener erkenntnisreicher (rassistischer) Situationen hilfreich. Durch das Erkennen von Gemeinsamkeiten/ Unterschieden in den Biografien der TN, werden strukturelle und institutionelle rassistische Diskriminierungen sichtbar, die über das Handeln Einzelner hinausreichen.

2. Phase: Einzelarbeit. Dauer: 25 Minuten

Schritt 1: Die SL beschreibt die konkrete Aufgabe (sie befindet sich auch auf dem Arbeitsblatt, das in 2.2. ausgeteilt wird):
„Zeichnen Sie auf ein Blatt einen Zeitstrahl. Dabei sind die genauen zeitlichen Relationen unerheblich. Lassen Sie den Zeitstrahl in Ihrer Kindheit beginnen und bis zur Gegenwart reichen. Zeichnen Sie all die Momente auf, die Sie zu einer Auseinandersetzung mit Rassismus geführt haben. Alles kann prägend gewesen sein: Kleine Ereignisse, wie ein Erlebnis im Bus, Gespräche, ein Lied, Streitigkeiten in der Familie, im Beruf oder im Freundeskreis, Filme, Texte, Liebesbeziehungen, etc. Nehmen Sie sich Zeit nachzudenken."
Die SL erläutert weiter: „Auch, wenn der Zeitstrahl im gewissen Sinne eine Linearität vermuten lässt, lernen wir nicht linear: Ein Ereignis aus Ihrer Kindheit, welches eher als Schnappschuss oder/und emotional in Ihnen abgespeichert ist, können Sie vermutlich erst später."

Schritt 2: Die SL verteilt die Arbeitsblätter und bittet die TN über vergangene Ereignisse nachzudenken. Die TN visualisieren ihre Eindrücke und Schlüsselmomente anhand folgender Reflexionsfragen (→ Arbeitsblatt):

- *Wann und wie haben Sie das erste Mal gemerkt, dass Sie nicht weiß sind/Sie weiß sind?*
- *Was für Auseinandersetzungen, Begegnungen, Beziehungen zu Menschen, Situationen, Gespräche, Theorien, Veranstaltungen, etc. spielten dabei eine Rolle?*
- *Was sind Ihre ersten Erinnerungen an weiße Menschen/Menschen of Color?*
- *Wie sah Ihre Auseinandersetzung mit Rassismus bisher aus? Was waren einschneidende Erlebnisse zu Rassismus?*

3. Phase: Kleingruppenarbeit. Dauer: 20–30 Minuten

Die TN werden in → Kleingruppen, je 2–3 Personen aufgeteilt (→ Hinweise unter Abschnitt III und unter Kapitel 4.3).
Die TN tauschen sich über die Reflexion ihrer Autobiografie aus. Die SL bereitet **folgende Fragen** auf einem Flipchart oder einer PowerPoint-Folie vor:

- *Wann und wie haben Sie das erste Mal gemerkt, dass Sie nicht weiß sind/Sie weiß sind? Wie hat sich das für Sie angefühlt?*
- *Inwiefern hat Sie das weiterhin begleitet?*
- *Was waren Schlüsselmomente und warum?*
- *Was ist Ihnen beim Erstellen Ihres biographischen Zeitstrahls zum ersten Mal aufgefallen? Womit befassen Sie sich schon länger? Gibt es Gemeinsamkeiten in Ihren jeweiligen Erfahrungen?*

4. Phase: Plenum. Dauer: 20 Minuten

Nach der Kleingruppenarbeit kommen alle in der Gesamtgruppe im Stuhlkreis zusammen, die Erfahrungen werden mit der NÜM-Runde (→ Hinweise zu Methoden in Kapitel 4) zusammengetragen.
Anschließend wird in der Gruppe über einschlägige Erkenntnisse gesprochen. Dafür können **folgende Fragen** anleitend sein:

- *Wie ist es Ihnen ergangen? Fiel es Ihnen schwer oder leicht, Ihre eigenen biographischen Verstrickungen in Rassismus zu bergen?*
- *Was waren für Sie bei der Einzelarbeit bzw. in den Kleingruppen interessante Erkenntnisse/Eindrücke?*
- *Was wird Sie weiter beschäftigen?*

III. Fachliche und methodische Hintergrundinfos für SL

Autobiographische Arbeit/Biografiearbeit
Durch die Betrachtung der eigenen Biografie wird den TN ermöglicht, sich auf eigenem Weg dem Thema Rassismus zu nähern. Diese Annäherung geschieht weniger über die Bewertung des Gesagten, den Meinungsaustausch oder durch eine Unterteilung in Wahres bzw. Falsches, sondern über die Suche nach eigenen Erkenntnissen. Auf diese Art und Weise kann ggf. auch Abwehrmechanismen produktiv entgegengewirkt werden. Für die Durchführung der Übung sollte viel Zeit eingeplant werden, da je nach Gruppendynamik ein großer Bedarf nach Austausch bestehen kann.
Es wird sichtbar, dass das Thema Rassismus viele/alle Teilnehmende bereits seit ihrer Kindheit – auf dem einen oder anderen Weg – begleitet und sie prägt.
Je nach Positionierung lassen sich Gemeinsamkeiten und Strukturen herausarbeiten, welche Subjektivität formen: das Sozio-Kulturelle und Politische ist im Leben der Einzelnen eingelagert.
Es soll mit Hilfe der Rekonstruktion der eigenen Biografie herausgearbeitet werden, wie personale Identität – so individuell sie erscheinen mag – immer auch mit der gesellschaftlichen Ebene verknüpft ist. Es sollte besprochen werden, dass sich hierbei durchaus auch Privilegien widerspiegeln. Insofern wird jede*r TN einen Bezug zur Thematik herstellen können und individuelle Erfahrungen im Rahmen gesellschaftlicher Reflexionen bergen können.

TIPP
Der erste Schritt der Übung, also die autobiographische Einzelarbeit, kann auch gut als vorbereitende Hausarbeit durchgeführt werden. Je nach Kontext und Zeitbudget ist diese Variante vorteilhaft. Nachteil könnte sein, dass möglicherweise nicht alle TN tatsächlich vorbereitet sind, was die weitere Durchführung beeinträchtigen, wenn nicht gar verhindern würde.

Hintergrundwissen zu Kritischem Weißsein
und zur (De-)Konstruktion von Weißsein und Schwarz-Sein ist für die Durchführung der Übung nötig. Das gleichnamige → Schlaglicht I stellt dieses bereit.

Methodische Hinweise
WICHTIG! Haltungs-Fragen der SL und methodische Sensibilität sind bei dieser Übung besonders wichtig. Diesbezügliche Hinweise finden sich in → Kapitel 4.2 und in 4.3. → dazu insbesondere:

1. „TN empathisch im Blick haben und ihnen Freiraum ermöglichen", Aufmerksamkeit gegenüber von Diskriminierung betroffene TN, Schwarze-TN und TN ohne eigene Rassismuserfahrung (→ Kapitel 4.2).
2. → „Empowerment durch Kleingruppe/Einteilung" (→ Kapitel 4.3).

Es eignet sich eine Kleingruppengröße je drei TN. Wird die Kleingruppe zu groß, wird der Austausch womöglich als unpersönlich empfunden und kann dadurch gehemmt sein. Es kann mitunter vertraulicher sein, die Kleingruppenarbeit als Paar-Austausch durchzuführen.

IV. Material. Arbeitsblatt

Arbeitsblatt: Kleine archäologische Ausgrabungen

Aufgabenstellung

Zeichnen Sie auf die Rückseite dieses Arbeitsblattes einen Zeitstrahl.
Lassen Sie ihn in Ihrer Kindheit beginnen und bis zur Gegenwart reichen. Die genauen zeitlichen Relationen sind unerheblich.
Zeichnen Sie all die Momente auf, die Sie zu einer Auseinandersetzung mit Rassismus geführt haben. Alles kann prägend gewesen sein: Kleine Ereignisse, wie ein Erlebnis im Bus, Gespräche, ein Lied, Streitigkeiten in der Familie, im Beruf oder im Freundeskreis, Filme, Texte, Liebesbeziehungen, etc. Nehmen Sie sich Zeit nachzudenken.

Fragen

- *Wann und wie haben Sie das erste Mal gemerkt, dass Sie nicht weiß sind/Sie weiß sind?*
- *Was für Auseinandersetzungen, Begegnungen, Beziehungen zu Menschen, Situationen, Gespräche, Theorien, Veranstaltungen, etc. spielten dabei eine Rolle?*
- *Was sind Ihre ersten Erinnerungen an weiße Menschen/Menschen of Colour (PoC)1?*
- *Wie sah Ihre Auseinandersetzung mit Rassismus bisher aus? Was waren einschneidende Erlebnisse zu Rassismus?*

Anmerkungen zur Übung: Auch, wenn der Zeitstrahl in gewissem Sinne eine Linearität vermuten lässt, lernen wir nicht linear: Ein Ereignis aus unserer Kindheit, welches eher als Schnappschuss oder/ und emotional in uns abgespeichert ist, können wir erst wesentlich später kontextualisieren. Wir lernen im Leben nicht chronologisch im Sinne eines immer weiteren Zuwachses an Wissen. Manchmal kann es sein, dass wir zum Beispiel ein kleines Erlebnis in uns abspeichern, das uns zum damaligen Zeitpunkt positiv oder negativ berührt hat. Oftmals ist es erst wesentlich später, dass wir durch weitergehende bewusste und unbewusste Auseinandersetzung lernen.

1 Menschen of Colour oder „People of Color", kurz "PoC": Das ist eine selbstbestimmte Bezeichnung von und für Menschen, die nicht weiß sind. Das Konzept „People of Color" setzt voraus, dass Menschen, die nicht weiß sind, über einen gemeinsamen Erfahrungshorizont in einer mehrheitlich weißen Gesellschaft verfügen.

Schlaglicht I
Kritisches Weißsein und (De-)Thematisierung von Weißsein/Schwarz-Sein

Kritisches Weißsein (Critical Whiteness)
meint, einen kritischen Blick auf Weißsein als soziale Kategorie (→ *Schlaglicht D* ***Soziale Kategorisierung, Stereotype und Vorurteile***) zu haben. Es werden die Auswirkungen von Rassismus auf die Sozialisation von weißen Menschen in einer weißen Mehrheitsgesellschaft betrachtet. „Rassen" unterstellende Kategorien sind eine soziale Realität, obwohl keine „Rassen" existieren. Während Schwarze Menschen als anders markiert werden, wird das (eigene) Weißsein meist ausgeblendet und mit ihm alle Privilegien und Ungleichheiten, die damit einhergehen. Dabei macht es die Konstruktion des Anderen und die Machtverhältnisse so erst möglich. Weißsein gilt häufig als Norm und Normalität. Ziel des *Critical Whiteness*-Ansatzes ist es, die rassistischen Konstruktionen und Machtstrukturen zu erkennen und zu hinterfragen.

Weißsein: Dethematisierung von Weißsein – Thematisierung von Schwarzsein
Fragt man in Deutschland eine Weiße Person, wie sie sich selbst beschreiben würde, dann werden in der Regel alle möglichen Ein- und Zuordnungen kommen. Da geht es um nationale oder auch regionale Zugehörigkeiten, um Geschlecht, Beruf, Familienstand, Alter, religiöse Bindung, um sexuelle Orientierung oder Behinderung. So könnte sich eine Person präsentieren als ein deutscher 68er Lehrer aus Bayern, verwitwet, Vater von zwei Söhnen, z.Zt. als schwuler bekennender Katholik lebend. Alle diese Beschreibungen werden sicherlich aus dem Grund von dem Mann genannt, weil sie eine Bedeutung für sein Leben haben. Darüber hinaus wird auf der Metaebene noch signalisiert: das ist nicht nur für mich wichtig, sondern ich möchte auch, dass andere diese Beschreibung von mir wichtig nehmen. Weiß-Sein wird mit großer Wahrscheinlichkeit nicht als ein Merkmal auftauchen. Es wird in der Regel als Selbstkonzept nicht bewusst vorhanden sein und kann daher auch nicht so leicht abgerufen werden. Und die Weiße Fragerin wird normalerweise auch nicht weiter fragen, weder nach der Bedeutung von Weiß-Sein in seinem Leben noch danach, ob diese Beschreibungen durch sein Weiß-Sein einen anderen Stellenwert bekommen. Das wird nicht geschehen, weil sowohl der Befragte als auch die Fragerin die beiden Orte des Fragens und Befragens nicht als Weiße Positionen von Bedeutung verstehen.

Nun könnte man hier einwenden, warum sollte Weiß-Sein überhaupt erwähnt werden. Es spielt doch überhaupt keine Rolle! Weiß-Sein sagt doch überhaupt nichts über mein Leben aus! Und überhaupt lehne ich diese ethnisierenden, „rassifizierenden" Zuschreibungen als gefährlich ab. Dieses m a n kann man bei einem Perspektivwechsel leicht als ein Weißes erkennen. Denn für eine Schwarze Person ist Weiß-Sein bedeutungsvoll und sagt etwas über die Position, den sozialen Status und die Beziehungsstrukturen in einer Gesellschaft aus. Und im Unterschied zu Weißen werden Schwarze in der Regel auch ihr Schwarz-Sein thematisieren.

Halten wir an diesem Punkt fest: Für Weiße ist Weiß-Sein in der Regel kein Thema. (...) „Außer für hart gesottene Rassisten bedeutet „Weiß-Sein die Wahl zu haben, sich mit dem eigenen Weiß-Sein auseinander zu setzen, oder es zu ignorieren." Das ist Schwarzen nicht möglich. Für sie ist sowohl Weiß-Sein als auch Schwarz-Sein ein Thema, weil Diskriminierungs- und Rassismuserfahrungen ihr Leben prägen.

Wenn Weiß-Sein kein Thema für Weiße ist, nach dem Motto – „Wir sind doch alle Menschen" – dann dürfte Schwarz-Sein für sie ebenfalls nicht markiert sein. Hier finden wir eine interessante *Inkongruenz*. Von der Weißen Position aus wird Weiß-Sein nicht wahrgenommen, während Schwarz-Sein bedeutungsvoll ist und thematisiert wird – jedoch ohne Bezug zum Weiß-Sein (...) (eine Weiße Person) fühlt und denkt (scheinbar) nicht mehr (als) eine Weiße Person, sondern (als) der Mensch schlechthin. Diese

Art der Transformationskonstruktion ist uns hinlänglich aus feministischen Analysen bekannt: die Mutation des Mannes zum „Menschen" – zum Allgemeinen – zur Norm, an der Frauen gemessen und über die sie bestimmt werden.

Quelle: Wachendorfer, Ursula (2001): Weiß-Sein in Deutschland. Zur Unsichtbarkeit einer herrschenden Normalität. In: Arndt, Susan (Hg.): AfrikaBilder. Studien zu Rassismus in Deutschland. Düsseldorf, S. 87–101, S. 88 f.

Kritisches Weißsein, Praxis und Handlungsfähigkeit

Nicht mehr über andere zu reden, eine Umkehrung des Blicks, die kritische Selbstreflexion des *weissen* Standortes und der Privilegien stellt (…) einen wichtigen Ausgangspunkt für die Auseinandersetzung mit Rassismus dar. Selbstreflexion verstehe ich hier weder als Selbsttherapie noch als theoretische Spielerei; sondern als (gesellschaftstheoretisch fundierte) praktische Analyse der Zusammenhänge und Mechanismen zwischen der individuellen und gesellschaftlichen Ebene, meiner Eingebundenheit in eine durch Herrschaftsverhältnisse strukturierte Realität.

(Rassismus-)Kritische Bildung heisst insofern zunächst das eigene Lernen und die eigene (pädagogischen) Praxen und Umfelder/Interaktionsräume in den Blick zu nehmen und auf Machteffekte zu hinterfragen. Intention/Motivation ist nicht ein Schuldeingeständnis, „political correctness" oder Mitleid, sondern rassistische Unterdrückung zum *eigenen Problem* zu machen und Verantwortung für *Antidiskriminierung* zu übernehmen (…) Die Hoffnung ist also (…) verhaltens- und handlungsleitende Erkenntnisse für rassismuskritische Intervention und Solidarität, und dadurch vielleicht sogar für gesellschaftliche Veränderung zu gewinnen.

(…) das Anhören und Ernstnehmen Schwarzen widerständigen Wissens und Kritik (ist) gefragt. Allerdings birgt dies ein weiteres Risiko: Das rassismuskritische Lernen *weisser* Menschen greift zurück auf das Wissen diskriminierter Menschen und geht damit häufig auf ihre Kosten vonstatten (wenn *People of Color* z. B. dadurch, dass sie Rassismus immer wieder von vorne und damit sich erklären müssen, Diskriminierungserfahrungen (wieder) durchleben). Hier wird deutlich, dass sich Privilegien zwar bewusstmachen, aber nicht wegreflektieren lassen – mensch kann nicht aus der gesellschaftlichen Struktur aussteigen, *Weißsein* nicht verlernen! Und die Gefahren weisen auf eine wichtige Frage hin: Wie kann der widersprüchlichen Anforderung, aus der weissen Dominzanzposition heraus *weisse* Vorherrschaft zu bekämpfen, überhaupt entsprochen werden, wie können *weisse* Personen zu Verbündeten von Schwarzen und werden?

Quelle: Richter, Regina: in Zusammenarbeit mit Caude Preetz (2012): Kritisches Weisssein in der Bildungsarbeit – wie rassismuskritisch umgehen mit der eigenen Rolle als weisse Lehrperson? In: Art Education Research, No. 6, S. 1–8, S. 4.

7.2 DEN BLICK SCHÄRFEN

Rassismus und Diskriminierung sichtbar und bearbeitbar machen

I. Allgemeine Infos zur Übung

Titel der Übung: Den Blick schärfen

Fachtitel: Rassismus und Diskriminierung sichtbar und bearbeitbar machen

Zuordnung und Voraussetzung
Vorbereitende Übung. Erste inhaltliche Auseinandersetzung mit den Themen Rassismus und Diskriminierung sollte bereits erfolgt sein.

Themenbereiche/Schlagworte
Rassismus (→ *Schlaglicht E*), Diskriminierung (→ *Schlaglicht C*), eigene Beobachtungen, berufliche Praxis

Anzahl der Teilnehmenden
Beliebig, da Einzelarbeit, bei Option 2 mind. 6 und max. 30 Personen

Lernziele

- TN schärfen ihre Wahrnehmung und Sensibilität für die Bedeutung der Themen Rassismus und Diskriminierung.
- TN erkennen, dass Rassismus und Diskriminierung sie im Alltag und Beruf begleitet und prägt.
- TN verstehen, dass Rassismus und Diskriminierung nicht immer bewusst wahrgenommen werden.
- TN erkennen rassistische Äußerungen und diskriminierende Verhaltensweisen.

Zeit
Durchführung 10–45 Minuten; Vorbereitung TN 1 Woche, SL 5 Minuten
1. Phase: Auftrag und Aufgabenstellung. Dauer: 5 Minuten
2. Phase: Durchführung. TN beobachten. Dauer: 1 Woche
3. Phase: Auswertung. Dauer: Je nach Wahl Option 1, 2 oder/und 3: 10 bis 45 Minuten

Materialien
Digitaler Notizzettel oder Notizblock und Stift
Arbeitsblatt: „Den Blick schärfen"
Ggf. Internetverbindung/digitale Geräte
Für Option 1: Musik/Handy oder Musikanlage
Für Option 2: SL bereitet Auswahl der TN-Zitate auf ppt /Notizblock vor; ggf. Beamer und Laptop.
Für Option 3: SL erstellt für die → Grundlagenübung 6.3 Diskriminierung?! Material.

Räumlichkeiten
Die Übung kann individuell überall durchgeführt werden. Für Option 2 sollte der Seminarraum oder das Foyer ausreichend Platz für Bewegung bieten.

Weiterführende Literatur und Links

Den Menschen im Blick (2018 ff.): Menschen & Geschichten. Stimmen https://www.den-menschen-im-blick.de/stimmen/ (01.06.2022).

Tupoka Ogette (2017): Als Referentin eingeladen, als Küchenhilfe begrüßt. Aus der Amnesty-International-Reihe: „Alltagsrassismus protokolliert". https://www.youtube.com/watch?v=GjUjyhSSFI8 (01.06.2022).

Gregor Becker und Theresa Krinninger (2018): Alltagsrassismus: „Und was isst Du heute? Hund oder Katze?". Aus zeit-online vom 15. Juni. https://www.zeit.de/gesellschaft/2018-05/alltagsrassismus-diskriminierung-erfahrungen-protokolle/seite-5 (01.06.2022).

Kombination mit anderen Übungen

Bei TN mit Vorkenntnissen wird die Übung zur selbstständigen Vorbereitung auf das Training genutzt; ansonsten dient sie als selbstständige Vorbereitung (Hausarbeit) auf die zweite Sitzung/Trainingseinheit. Sie ist gut kombinierbar mit der → Übung 6.2 Was ist Rassismus? und 6.3 Diskriminierung?! Mit letzterer kann sie interaktiv genutzt werden: Denn die SL kann die Ergebnisse von Den Blick schärfen zum AB „Zitatesammlung" für Diskriminierung ?! zusammenstellen.

II. Ablauf und konkrete Schritte

1. Phase: Auftrag und Aufgabenstellung. Dauer: 5 Minuten

SL erteilt TN einen Auftrag zur Vorbereitung. Dafür schickt die SL den TN das Arbeitsblatt „Den Blick schärfen" (→ Material) digital zu bzw. verteilt es vorab.

Aufgabenstellung

1. Schärfen Sie *eine Woche lang* Ihren Blick auf Rassismus und Diskriminierung und notieren Sie Zitate oder Begebenheiten, die Ihnen auffallen.

- *Was fällt Ihnen im Arbeitskontext auf?*
- *Was fällt Ihnen im Freundes- und Familienkreis auf?*
- *Was nehmen Sie im öffentlichen Raum wahr? Es können auch Zitate aus Medien sein, die auffallen und nachdenklich machen.*

2. Notieren Sie alles, was Sie beobachten, wahrnehmen, lesen und hören – egal, ob handfeste (Vor-)Fälle, merkwürdige Situationen oder Routinen, ausgrenzende Äußerungen oder unterschwellig diskriminierende Bemerkungen.

2. Phase: Durchführung. TN beobachten. Dauer: 1 Woche

TN schärfen ihren Blick, um Rassismus und Diskriminierung in ihrem Alltag und insbesondere im Berufsalltag wahrzunehmen. Sie beobachten rassistische oder diskriminierende Äußerungen und Handlungen und machen sich zu ihren Beobachtungen jeweils Notizen.
Die Notizen können sie vor dem Training digital an die SL schicken.

3. Phase: Auswertung. Dauer: Je nach Wahl Option 1 oder Option 2 entweder 45 Minuten ggf. plus 10 Minuten oder 10 Minuten

SL greift die Vorbereitung im Training auf. Die SL kann zwischen drei Optionen auswählen. Die verschiedenen Optionen können auch alle hintereinander im Training durchgeführt werden.

Option 1: Besprechung und Auswertung der Erfahrungen. Dauer: 35–50 Minuten

Cocktailparty. Dauer: 20 Minuten
SL beginnt das Training mit der Methode Cocktailparty (Hinweis zur Methode → 4.3). Die TN kommen ins Gespräch über ihre Erfahrungen mit der „geschärften Beobachtung".
Die wechselnden Paare besprechen sich. Es gibt drei Durchläufe.
Die SL gibt den Pärchen folgende **Fragen zur Besprechung vor:**

- *Wie haben Sie die Woche mit „geschärfter Beobachtung" erlebt?*
- *Was ist Ihnen konkret aufgefallen?*

Die zweite Fragestellung wird 2x in die Paargespräche gegeben. Für jedes Paargespräch gibt es 3 Minuten Zeit.
Auswertung. Dauer: 15–30 Minuten (je nach Gruppengröße und Gesprächsbedarf)
Nach der Cocktailparty gibt es eine Auswertung in der Gesamtgruppe. Dafür wird eine NÜM-Runde durchgeführt (Hinweise zur Methode → Kapitel 4.3).

Option 2: Präsentation der Ergebnisse. Dauer: 10 Minuten

Option 2 kann im Anschluss der Option 1 durchgeführt werden. Sie kann aber auch alleine zum Einsatz kommen.

Vorbereitung: Die SL verschafft sich einen Überblick über die gesendeten Beobachtungen der TN und stellt eine Auswahl entweder auf einer PowerPoint-Folie oder einem Notizblock zusammen.
SL stellt eine Auswahl der gesammelten Beobachtungen der Gesamtgruppe vor. Die Auswahl wird vorgelesen oder als PowerPoint-Präsentation gezeigt. Nach der Präsentation sollten die TN die Möglichkeit haben, Rückfragen zu stellen.

Option 3: Integration der Ergebnisse in andere Übung. Dauer: 15 Minuten

Vorbereitung: Die SL stellt eine Auswahl der von den TN gesammelten Beobachtungen auf einer DIN A-4-Seite zusammen und nutzt sie als Arbeitsblatt „Zitatesammlung". Das ursprünglich in der → Übung 6.3 Diskriminierung?! vorgesehene Arbeitsblatt wird also durch die Notizen der Trainings-TN ersetzt.
Mit dieser Option bereitet die SL TN-orientiert die → Grundlagenübung Diskriminierung?! vor. SL integriert ausgewählte Beobachtungen der TN als Zitate in die Übung. Ziel: Den TN wird in der Übung Diskriminierung?! klar, dass es sich nicht um eine „abstrakte" Zitatesammlung handelt, sondern dass die Beobachtungen aus der eigenen Gruppe kommen. Durch diese Authentizität wird die Wahrnehmung bezüglich der Bedeutung des Themas gesteigert.

III. Fachliche und methodische Hintergrundinfos für SL

Fachliche Hintergrundinfos

1. Durch die geschärfte Beobachtung in der eigenen Umgebung werden die Sinne für die Bedeutung des Themas „Rassismus" geschärft. Diese Annäherung geschieht nicht über vorgesetzte Beschreibungen oder Erläuterungen, sondern über die Suche nach eigenen Wahrnehmungen, Eindrücken und Erfahrungen in Beruf & Alltag. Welche Vorfälle, Situationen und Äußerungen werden vom einzelnen TN beobachtet? Auf diese Art und Weise möchte diese vorbereitende Übung eine Sensibilisierung für das Thema erreichen, die Abwehrmechanismen aber auch rein kognitive Herangehensweisen hinter sich lässt.

2. Wir nehmen nicht immer unmittelbar das wahr, was an uns herangetragen wird, vielleicht, weil wir es nur lapidar hören oder weil wir gerade unseren nächsten Schritt in unserem (oft hektischen) Alltag gehen. Manchmal kann es aber auch sein, dass wir etwas bemerken oder ein **kleines Erlebnis** in uns abspeichern, das uns positiv oder negativ berührt hat. Oftmals taucht es erst wesentlich später wieder auf – ob es für uns „bleibt" hängt auch davon ab, ob wir es in unser **Wahrnehmungssystem einordnen** können und ob es Verbindungspunkte mit einer weitergehenden bewussten oder unbewussten Auseinandersetzung gibt.

3. Es wird deutlich, dass **Rassismus und Diskriminierung im Leben und Erleben der Einzelnen eingelagert** sind, selbst wenn das nicht jederzeit bewusst wahrgenommen wird. Dies gilt es wahrzunehmen und sichtbar zu machen. Das Sammeln von Zitaten und Begebenheiten soll Menschenverachtung nicht reproduzieren oder festschreiben, sondern **sichtbar und bearbeitbar machen.**

Methodische Hinweise

1. Beschränken Sie die Aufgabe nicht auf einen kürzeren Zeitraum als eine Woche, denn es ist ertragreicher, wenn sich die persönlichen Beobachtungen über einen längeren Zeitraum erstrecken. **Die Wahrnehmung schärft sich oft im Laufe der Beobachtungs-Tage.** Es ist empfehlenswert die Woche direkt vor dem (ersten oder zweiten) gemeinsamen Training zu nutzen.

2. Es ist möglich, dass einzelnen TN sehr viele rassistische und diskriminierende Situationen auffallen. Gleichwohl kann es sein, dass andere TN gar keine rassistische und diskriminierende Situation oder Äußerung in ihrer Umgebung wahrgenommen haben. Die Erfahrung aus den Trainings zeigt, dass die **unterschiedlichen Wahrnehmungen vor allem mit der eigenen Sensibilität gegenüber Rassismus und Diskriminierung** zu tun haben können. Bei entsprechend unterschiedlichen Wahrnehmungen ist die Durchführung der Cocktail-Party und die Besprechung in der NÜM-Runde zu empfehlen (Option 1), um den Austausch innerhalb der Gruppe anzuleiten. Ziel der Übung ist es, sichtbar zu machen, dass das Thema „Rassismus" uns im Alltag und Beruf – auf dem einen oder anderen Weg – begleitet und prägt.

IV. Material

Arbeitsblatt: Den Blick schärfen

Aufgabenstellung

1. Schärfen Sie *eine Woche lang* Ihren Blick auf Rassismus und Diskriminierung und notieren Sie Zitate oder Begebenheiten, die Ihnen auffallen.
- *Was fällt Ihnen im Arbeitskontext auf?*
- *Was fällt Ihnen im Freundes- und Familienkreis auf?*
- *Was nehmen Sie im öffentlichen Raum wahr? Es können auch Zitate aus Medien sein, die auffallen und nachdenklich machen.*

2. Notieren Sie alles, was Sie beobachten, wahrnehmen, lesen und hören – egal, ob handfeste (Vor-) Fälle, merkwürdige Situationen oder Routinen, ausgrenzende Äußerungen oder unterschwellig diskriminierende Bemerkungen.

Beispiele

- „Eine Kollegin sagt in der Pause, man solle die Ratsuchenden (weil Roma und Sinti) nie alleine im Raum lassen." (aus Zitatesammlung „Den Menschen im Blick", LMU, Workshop November 2018)
- Ein Mitarbeiter hetzt in den sozialen Medien gegen Flüchtlinge. (aus Zitatesammlung „Den Menschen im Blick" LMU, Workshop November 2018)
- „Das ist ein Mann, der spielt bestimmt mit Euch Fußball." (aus Zitatesammlung „Den Menschen im Blick" LMU, Workshop November 2018)
- Die Eltern eines Kleinkindes, das in einer Kinderklinik behandelt wird, bestanden darauf, dass sie ein „ausländerfreies Krankenzimmer" bekommen. (Der Stern, 06.09.2018)

TIPPS

Erinnern Sie sich gezielt daran, dass Sie Ihre Wahrnehmung diese Woche „scharf" halten. Ein Zettel auf dem Frühstückstisch, am Badspiegel oder an einer Türklinke kann hilfreich sein.

Wenn Sie etwas bemerkt haben, das Sie für relevant halten, notieren Sie sich das ruhig schriftlich oder machen ein Foto.

Nehmen Sie sich am Ende des Tages etwas Zeit, um über Ihre Beobachtungen und Wahrnehmungen nachzudenken. Stellen Sie sich die Frage, ob oder wann und wo Sie Rassismus bzw. Diskriminierung wahrgenommen haben.

Es kann auch sein, dass Sie sich an *frühere Erlebnisse und Beobachtung erinnern*, die Ihnen in dieser Woche wieder gegenwärtig werden. Bitte notieren Sie diese auch.

Warum diese Vorbereitung?

Diese vorbereitende Übung dient grundsätzlich dazu, sich auf das gemeinsame Training einzustimmen. Die Ergebnisse werden besprochen und können in konkrete Übungen während des Trainings einfließen.

Bitte senden Sie uns Ihre Notizen vorab zu. Falls Sie Ihre Notizen lieber für sich behalten bzw. ausgewählte Eindrücke beim Training direkt schildern wollen, können Sie das selbstverständlich auch tun.

Schlaglicht J
Intersektionalität

„In Behinderten-Zusammenhängen muss ich immer mein Schwarzsein ausblenden und in Schwarzen Zusammenhängen meine Behinderung. Ich kann nie die sein, die ich wirklich bin." (Gummich 2015, 144)

Intersektionalität ist ein soziologisches Konzept, das auf Schwarze Frauenbewegungen zurückgeht. Hierbei wird Identität als vielschichtiges Konstrukt verstanden, durch das unterschiedliche Diskriminierungsdimensionen und ihre Verschränkung miteinander betrachtet werden können. Zu den Dimensionen können beispielsweise Geschlecht, Beruf, Familienkonstellation, (vermeintliche) Herkunft, Staatsangehörigkeit, Aufenthaltsstatus oder Behinderung zählen.

Durch intersektionale Analysen dieser Verwobenheiten sollen strukturelle Ursachen von Ungleichheit und deren zugrundeliegenden Machtverhältnisse sichtbar gemacht werden. Die betreffenden Diskriminierungsdimensionen, wie zum Beispiel Geschlecht, Klasse und Herkunft werden nicht nur gesondert nebeneinander betrachtet (im Sinne einer „mehrfachen" Diskriminierung), sondern es wird deren gegenseitige Verstärkung und Verwobenheit als dynamische Einheit analysiert und in Bezug zu verschiedenen gesellschaftlichen Ebenen *(institutionell, strukturell, diskursiv,* → *Schlaglicht)* gesetzt.

Ein aktuelles Beispiel kann die Bedeutung intersektionaler Analysen veranschaulichen: Die polizeilichen Ermittlungen zu den „NSU"-Morden zeigen, wie diskursive und institutionelle *Frames* (→ *Schlaglicht O* ***Framing*** und Vorwort) die Wahrnehmung der Wirklichkeit beeinflussen und intersektionale Diskriminierung befördern können. Die Todesopfer des „NSU" waren männlich, arbeiteten in Kleingewerben (Dönerladen, Gemüseladen, Blumenladen etc.) und ihnen wurde – ob Deutsche oder Ausländer (Grieche, Türke, Kurde) – eine türkische Herkunft zugeschrieben. Bis zur Selbst-Enttarnung des „NSU" wurde gegen die Opfer, ihre Familien und ihr Umfeld ermittelt. Die Polizeien sahen organisierte Kriminalität und „lokalisierten [...] Motive in türkischen Milieu[s]"; die Sonderkommission wurde *Soko Bosporus* und die Morde „Döner-Morde" genannt (zit.: Schellenberg, 2014, S. 8). Der Spiegel schrieb im Jahr 2011: „Düstere Parallelwelten – [...] Es gibt Hinweise, dass eine Allianz türkischer Nationalisten, Gangster und Geheimdienstler dahinter stehen könnte." (Spiegel 2011).

Das Wirken der gesellschaftlich verbreiteten Diskriminierungsdimensionen Geschlecht, (vermeintliche) Herkunft und Klasse führte dazu, dass Sicherheitsbehörden und Journalist*innen die Opfer als Täter verdächtigten und zielführende Ermittlungen und Diskurse ausblieben.

Die Juristin und Professorin Kimberlé Crenshaw (1989), die das Konzept der Intersektionalität stark mitgeprägt hat, analysiert u. a. negative Auswirkungen von sexistischen und rassistischen Zuschreibungen auf Individuen und ihr Zusammenspiel. Dabei stellt sie fest, dass die jeweiligen Zuschreibungen zu sich verstärkenden Stigmatisierungs- und Ausgrenzungseffekten führen. Eine mögliche Folge ist, dass Schwarze Frau selten höhere Position im Unternehmen angeboten bekommen. Hier wirken sexistische und gleichzeitig rassistische Zuschreibungen gemeinsam und sorgen für ihre Benachteiligung, da die Bezugsnormen dieser Diskriminierungsdimensionen entweder weiße Frauen oder Schwarze Männer sind. Eindimensionale Strategien, wie „Genderquoten" reichen nicht aus, um Diskriminierung effektiv zu entgegnen, sie können sogar die Diskriminierung von manchen Personen befördern (etwa, wenn von Rassismus oder Ableismus betroffene Personen ausgeschlossen bleiben). Denn neben dem Geschlecht können u. a. auch (vermeintliche) Herkunft, Arm- oder Kranksein, Übergewicht und Homosexualität zusammenwirken. Die Antidiskriminierungsstelle des Bundes (2011) betont, dass in Deutschland noch Handlungsbedarf bezüglich der Berücksichtigung der Intersektionalität von Diskriminierung besteht.

Literatur

Antidiskriminierungsstelle des Bundes (Hg.) (2011): Expertise „Mehrdimensionale Diskriminierung – Begriffe, Theorien und juristische Analyse". Abrufbar unter: https://www.antidiskriminierungsstelle.de/SharedDocs/Downloads/DE/publikationen/Expertisen/Expertise_Mehrdimensionale_Diskriminierung_jur_Analyse.pdf?__blob=publicationFile&v=3 (01.06.2022).

Crenshaw, Kimberlé (1989): Demarginalizing the intersection of race and sex: A Black feminist critique of antidiscrimination doctrine, feminist theory and antiracist politics. *University of Chicago Legal Forum, 1,* Chicago, 139–167.

Gummich, Judy (2015): Verflechtungen von Rassismus und Ableism. Anmerkungen zu einem vernachlässigten Diskurs. In: Attia, Iman, Köbsell, Swantje & Nivedita Prasad (Hg.): Dominanzkultur reloaded. Neue Texte zu gesellschaftlichen Machtverhältnissen und ihren Wechselwirkungen. Bielefeld, S. 143–154.

Prasad, Nivedita (2015): Entweder Schwarz oder weiblich? Zum Umgang mit Intersektionalität in UN-Fachauschüssen. In: Attia, Iman, Köbsell, Swantje & Nivedita Prasad (Hg.): Dominanzkultur reloaded. Neue Texte zu gesellschaftlichen Machtverhältnissen und ihren Wechselwirkungen. Bielefeld, S. 129–142.

Schellenberg, Britta (2014): Rassismus, extrem rechte Morde und Terrorismus in Deutschland am Beispiel der Mordserien des »Nationalsozialistischen Untergrunds« (NSU). Expertisen für Demokratie, 3/2014, S. 1–20. http://library.fes.de/pdf-files/dialog/10959.pdf (01.06.2022).

Spiegel (2011): Verbrechen. Düstere Parallelwelten. Heft 8. Abrufbar unter: https://www.spiegel.de/spiegel/print/d-77108510.html (01.06.2022).

7.3 BEWEGEN SIE SICH

Das eigene Verhältnis zu Rassismus und Diskriminierung erkennen

I. Allgemeine Infos zur Übung

Titel der Übung: Bewegen Sie sich

Fachtitel: Das eigene Verhältnis zu Rassismus und Diskriminierung erkennen

Zuordnung und Voraussetzungen
Die Übung dient dem Einstieg nach ersten Vorkenntnissen. Erste inhaltliche Auseinandersetzung mit den Themen Rassismus und Diskriminierung, zum Beispiel durch Grundlagenübungen, sollte bereits erfolgt sein, ansonsten keine Voraussetzungen.

Themenbereiche/Schlagworte
Diskriminierung (→ *Schlaglicht C*), strukturelle und institutionelle Formen (→ *Schlaglicht F*), Sensibilisierung zu Machtverhältnissen, Privilegien, Benachteiligung

Anzahl der Teilnehmenden
8–16, maximal 30 Personen, Kleingruppe je 3–4 TN

Lernziele
- TN reflektieren über verschieden Arten von Diskriminierung in Bezug auf ihre eigene Biografie.
- TN erkennen, dass zugeschriebene Gruppenzugehörigkeiten Privilegien oder Benachteiligungen mit sich bringen.
- TN kennen unterschiedliche Perspektiven auf das Thema Diskriminierung.
- TN erkennen, dass sie selbst andere Erfahrungen haben als andere TN.

Zeit
Gesamtdauer ca. 60 Minuten (mit Phase 4 = 90–105 Minuten)
1. Phase: Allgemeine Sensibilisierung. Einstieg und Durchführung der Übung. Dauer: 20 Minuten
2. Phase: Kleingruppenarbeit zum persönlichen Austausch. Dauer: 15 Minuten
3. Phase: Reflexion in der Gesamtgruppe. Dauer: 20 Minuten
Berufspraktische Vertiefung, optional:
4. Phase: Kleingruppenarbeit zur Formulierung eigene „Bewegen-Sie-sich"-Aussagen.
Dauer: 30–45 Minuten

Materialien
- Klemmbrett mit Papier und Stift
- Liste mit Aussagen (zielgruppenspezifische Auswahl durch SL → Material)

oder AB 1: Die Aussagen (15 ausgewählte Aussagen)
→ Methode NÜM: Fragen werden vorbereitend auf Flipchart geschrieben → siehe Kapitel 4.3.
- AB 2: Berufspraktische Vertiefung

Räumlichkeiten
Vorraum/Flur vor Seminarraum oder ein Seminarraum sollte zur Verfügung stehen, in dem Tische zur Seite geschoben sind, damit ausreichend Platz vorhanden ist. Außerdem sollte genügend Platz, wie Sitzecken oder andere Möglichkeiten für den Austausch mehrerer Kleingruppen sein.

Weiterführende Literatur und Links

Ogette, Tupoka (2018): exit RACISM: rassismuskritisch denken lernen. Münster.

Sow, Noah (2018): Deutschland Schwarz weiß: der alltägliche Rassismus (überarbeitete und ergänzte Fassung). Norderstedt.

Yilmaz-Günay, Koray (2017): Mehr als ein Vorurteil – Rassismus als gesellschaftliches Verhältnis, in: WissenSchaft Demokratie. Schriftenreihe des Instituts für Demokratie und Zivilgesellschaft, Heft 02, 126–137.

Kombination mit anderen Übungen
Diese dynamische Übung eignet sich gut zum Wiedereinstig nach Grundlagenübungen, einer Pause oder am Beginn eines Folgetages.

II. Ablauf und konkrete Schritte

Vorbereitung

Die SL setzt sich mit der Zielgruppe, den Vorkenntnissen und Bedarfen der TN auseinander und wählt 12–20 passende Aussagen aus dem Aussagen-Katalog aus. Alternativ greift sie auf AB 1 zurück.
Hinweis zur selbstständigen Auswahl von Aussagen: Besonders zielführend ist es, wenn Aussagen ausgewählt werden, die sowohl (a) allgemein sensibilisieren als auch (b) berufspraktisch sensibilisieren. Zudem sollten sie (c) verschiedene Perspektiven umfassen (Sicht von Personen mit Diskriminierungs-Erfahrung und von Personen ohne Diskriminierungs-Erfahrung bzw. mit privilegierter Perspektive) als auch (d) verschiedene Dimensionen von Diskriminierung berücksichtigen (z. B. Rassismus, Ableismus, Sexismus. Diese und weitere Dimensionen von Diskriminierung werden im *Schlaglicht L* ***Dimensionen von Diskriminierung*** erläutert).

1. Phase: Allgemeine Sensibilisierung. Einstieg und Durchführung der Übung.

Dauer: 20 Minuten

Schritt 1: Die SL stellt Titel und Thema der Übung vor und betont, dass es sich um eine dynamische und partizipative Übung handelt.
TN bekommen jeweils ein **Klemmbrett mit Papier und Stift.** Dann verteilen sie sich **frei im Raum**.
Den TN wird erklärt, dass Ihnen Aussagen vorgelesen werden, die eine „Bewegung" bei ihnen auslösen kann. **Stimmt die*der TN der Aussage zu, bewegt sie*er sich.** Die*der TN wählt jeweils eine Bewegung für sich: die Bewegung kann rein innerlich sein oder eine physische Bewegung darstellen, so kann die*der TN einen Schritt gehen, durch den Raum rennen, eine Bewegung mit der Hand machen etc.

Hinweis
Niemand muss sich äußerlich bewegen und dadurch ggf. exponieren. Die Bewegung kann auch innerlich stattfinden – und für andere von außen nicht sichtbar sein. Denn: Ziel der Übung ist es jede*n Einzelne*n zum Nachdenken anzuregen und für eine tiefergehende Auseinandersetzung mit der Thematik „Rassismus und Diskriminierung" sowie für die Wahrnehmung von Privilegien und Benachteiligungen zu sensibilisieren.
Die SL fordert die TN dazu auf, falls sie eine Aussage irritiert, für sie unverständlich ist oder sie nachdenklich stimmt, die Nummer zur Aussage zu notieren. Es gäbe später die Gelegenheit darauf zurück zu kommen.

Zunächst dürfen keine Fragen gestellt werden. Die TN sollen sich für sich alleine zu den Aussagen positionieren (ohne Austausch und Diskussion).

Schritt 2: Die **SL liest die Aussagen (eigene Auswahl bzw. AB 1)** vor. Es wird jeweils die Nummer der Aussage sowie die Aussage vorgelesen.
Die SL zählt nach jeder Aussage im Kopf 10 sec, damit die TN genügend Zeit haben, die Aussage zu verstehen und eventuell die Nummer zu notieren. Die Nummer hilft später im Kleingruppengespräch (Phase 2) auf irritierende Aussagen zurückzukommen.

TIPP
Die jeweils vorgelesene Aussage kann unterstützend an die Wand projiziert werden. So können die TN die Aussage jeweils auch mitlesen. Es wird jeweils nur die Aussage eingeblendet, die gerade vorgelesen wird.

2. Phase: Kleingruppenarbeit zum persönlichen Austausch. Dauer: 15 Minuten

Die TN bekommen AB 1 bzw. die durch die SL vorbereitete Aussagen-Variante mit den nummerierten Aussagen ausgeteilt. Die SL teilt die TN in Kleingruppen (3–4 TN) auf (Hinweise zur Einteilung von Kleingruppen unter → Kapitel 4.3).
Die TN erzählen sich, wie es ihnen mit einzelnen Aussagen gegangen ist.

3. Phase: Reflexion in der Gesamtgruppe. Dauer: 20 Minuten

Zum Abschluss nehmen alle wieder ihre gewohnten Plätze im Seminarraum ein.
Die SL führt eine Auswertungsrunde als NÜM-Runde durch (Erläuterungen zur Methode → Kapitel 4.3).
Anmerkung: Die SL weist darauf hin, dass nichts geteilt werden muss, was die*der Einzelne nicht teilen möchte.

Optional: 4. Phase: Kleingruppenarbeit zur Formulierung eigener „Bewegen-Sie-sich"-Aussagen. Dauer: 30–45 Minuten

Die TN werden gebeten, sich wieder in ihren Kleingruppen zusammenzufinden, um eigene berufspraktische Erfahrungen auszutauschen, zu sammeln und, davon ausgehend, passende Aussagen zu formulieren. Dazu erhalten sie das Arbeitsblatt 2 (→ Material).

Aufgabenstellung

1. Überlegen Sie, gemeinsam mit Ihren Partner*innen, welche Diskriminierungen in Ihrem Berufsalltag vorkommen könnten.

TIPPS:
- Machen Sie sich Stichpunkte zu den Situationen, die Ihnen einfallen.
- Überlegen Sie dabei, welche Arten von Diskriminierungen (z. B. Rassismus, Klassismus, Ageismus, Ableismus), Sie ansprechen wollen.
- Bedenken Sie auch die andere Seite: *Fallen Ihnen Privilegien auf (z. B. aufgrund von Position, Alter, Geschlecht, Herkunft)?*

2. Überlegen Sie 3–5 Aussagen zu Ihrem beruflichen Kontext.
Nutzen Sie das bereits bekannte Muster, um Ihre Aussagen zu formulieren: „Bewegen Sie sich, wenn … *AUSSAGE*."

3. Abschließend präsentieren Sie Ihre Aussagen in der Gesamtgruppe.

III. Fachliche und methodische Hintergrundinfos für SL

Fachliche Hintergrundinfos

Hintergrundinformationen und Hinweise für SL

Die SL sollte Begrifflichkeiten und Konzepte, die in den Aussagen vorkommen und vermutlich nicht allen TN bekannt sind, vorab erklären. Erläuterungen zu den Begriffen und Konzepten des *Kritischen Weißseins* und der (De-)Thematisierung von Weißsein und Schwarz-Sein finden sich im gleichnamigen *Schlaglicht I*.

Methodische Hinweise

Die Übung ist sehr gut dazu geeignet, individuelle Reflexionsprozesse in Gang zu bringen und auf mögliche institutionelle und strukturelle Benachteiligungen aufmerksam zu machen. Ziel der Übung ist es, diverse Diskriminierungs- und Privilegiertheitserfahrungen zum Thema zu machen. Je nach Bildungsaffinität der TN sollten mehr oder weniger Aussagen vorgelesen werden, wir empfehlen mindestens 12 bis höchstens 20 Aussagen. Einige Aussagen lassen bewusst Interpretationsspielräume bezügliche der eingenommenen Perspektive offen – dies soll zu produktiven Irritationen führen.

Phase 4 – die berufspraktische Vertiefung – eignet sich zur tiefergehenden Auseinandersetzung mit Privilegien/Benachteiligungen. Die TN setzen sich zum einen (auto-)biographisch mit dem Thema auseinander und reflektieren zum anderen Erfahrungen in ihrem Beruf und Alltag. Sie erinnern sich an eigene oder beobachtete Erfahrungen der Ungleichbehandlung oder Pivilegiertheit. Die Vertiefung soll zu einer intensiven inner-institutionellen Auseinandersetzung anregen. Durch die Sammlung und Präsentation selbst entwickelter Aussagen werden die Erfahrungen, Sorgen und Bedarfe der TN bezüglich Diskriminierung und Privilegiertheit in ihrer beruflichen Praxis sichtbar.

Vorausgehende problemorientierte Reflexionen

Die Übung ist hoch emotional und regt zur Auseinandersetzung an. Durch die direkte Ansprache und den vielschichtigen Perspektiven-Wechsel der vorgelesenen Aussagen wühlt sie viele TN auf. *Die Übung muss kompetent und sensibel durchgeführt werden, damit sie nicht problematisch wirkt.*

Es kann eine große Kluft zwischen selbst von Diskriminierung betroffenen Personen und weniger oder nicht selbst betroffenen Personen entstehen. Sollte es wenige oder sogar nur eine Person mit starker Diskriminierungserfahrung geben, könnten sich diese Personen exponiert fühlen. Wenn sich die Gruppenkonstellation als ungeeignet erweist, sollte die Übung nicht durchgeführt werden oder sorgfältig auf Möglichkeiten des *Empowerments* (→ *Schlaglicht G*) oder mindestens der Verhinderung re-traumatisierender Effekte geachtet werden. Es ist zu empfehlen:

1. Eingangs sollte klargestellt werden, dass „Bewegung" als „innerliche" Bewegung verstanden wird. Nur wer möchte, kann die eigene innerliche Bewegung auch durch eine äußere, also körperliche Bewegung umsetzen.
   Die SL kann später im Gruppengespräch ggf. nachfragen, ob TN zu ihrer Art der Bewegung (innerlich/äußerlich) etwas sagen wollen.
2. Die SL reflektiert vorbereitend die Gruppenzusammensetzung und das Gruppensetting. Es kann sinnvoll sein, die Übung emotional abzuschwächen, indem

a) gesagt wird, dass die TN „sich bewegen sollen, wenn Sie eine Person kennen, die …" (Aussagen vorlesen).

b) die Methode: Empowerment durch Kleingruppeneinteilung (→ Kapitel 4.3) dazu genutzt wird, Personen mit ähnlichen Erfahrungen im Sinne des *Empowerment* zusammenzubringen, statt in der Kleingruppenverteilung auf eine möglichst starke Erfahrungsvielfalt zu setzen.

3. Zudem kann die SL die TN auffordern, individuelle oder anonymisierte Feedbacks zu geben. Hierfür kann ein Feedback-Briefkasten im Seminarraum angebracht werden (→ Kapitel 4.2). So kann eventueller Gesprächsbedarf im Nachgang aufgegriffen werden.

IV. Material

Bewegen Sie sich, wenn …

Liste mit Aussagen (Die SL wählt 12–20 Aussagen selbständig – je nach TN-Gruppe – aus.)

A. Allgemeine Sensibilisierung

1. Sie über Rassismus mit Menschen, die keinen Rassismus erleben, besser reden können, als mit Menschen, die Rassismus erleben.
2. Sie schon einmal wegen Ihrer Religion, sexuellen Orientierung oder vermeintlichen Herkunft beleidigt oder beschimpft wurden.
3. Sie schon einmal davor gewarnt worden sind, mit einer *Person of Color* eine Beziehung einzugehen.
4. Sie sich wegen Ihres Geschlechts benachteiligt gefühlt haben.
5. Sie schon einmal so getan haben, als würden Sie die „Hautfarbe", die „Religion" oder die „Herkunft" eines Menschen „gar nicht bemerken".
6. Sie als Kind hungrig sein mussten, weil Ihre Familie nicht genügend Geld für Essen hatte.
7. Sie schon einmal gedacht haben, dass ein Kollege oder eine Klientin zu empfindlich sei oder überreagieren würde, als sie bzw. er von einem rassistischen Erlebnis erzählt hat.
8. Sie sich schon einmal gewünscht haben, „weiß" zu sein.
9. Sie in einer Situation schon einmal Angst hatten, sich aus Versehen oder unbewusst rassistisch zu verhalten.
10. Sie sich schon einmal dachten, so wären Sie als Mann oder als Frau aber nicht behandelt worden.
11. Sie schon einmal über die „Hautfarbe", „Herkunft" oder „Religion" einer Person gesprochen haben, obwohl das für Ihre Erzählung gar keine Rolle gespielt hat.
12. Sie sich schon einmal gewünscht haben, „Schwarz" zu sein.
13. Sie sich schon einmal vorgestellt haben, dass ihr Gegenüber „weiß" ist, obwohl er bzw. sie es nicht war.
14. Sie manchmal genervt oder verärgert sind, wenn jemand bei Ihrer Arbeit schlecht Deutsch redet.
15. Sie mit Ihren Kindern über Rassismus sprechen müssen, damit diese im Leben zurechtkommen.
16. Sie sich daran erinnern können, wann Sie das erste Mal bewusst bemerkt haben, dass Sie „weiße Deutsche" bzw. „weißer Deutscher" sind und als Teil der Mehrheitsgesellschaft wahrgenommen werden.
17. Sie körperlich angegriffen wurden wegen Ihres Geschlechts, Ihrer „Hautfarbe", „Herkunft", körperlichen oder geistigen Verfasstheit oder Ihrer sexuellen Orientierung.
18. Sie schon mal Freundschaften mit „weißen" Menschen verlassen haben, weil Sie den Rassismus nicht mehr ausgehalten haben.
19. Sie schon mal Freundschaften mit „weißen" Menschen verlassen haben, weil Sie sich ausgegrenzt oder unverstanden gefühlt haben.
20. Sie sich verunsichert fühlen, wenn Sie die Polizei oder andere Sicherheitskräfte sehen.
21. Sie schon einmal bemerkt haben, dass Sie wegen Ihres Aussehens anders behandelt wurden.
22. Sie sich damit auseinandersetzen müssen, dass Sie nicht „weiß" oder „klassisch" deutsch aussehen.
23. Sie oder jemand, den Sie kennen, sexuell belästigt oder Opfer sexueller Gewalt wurden.
24. Sie manchmal das Gefühl haben, dass Sie von Musliminnen oder Juden als potentielle Bedrohung wahrgenommen werden.
25. Sie manchmal das Bedürfnis haben, einer *Person of Color* helfen zu wollen.
26. Sie sich manchmal von *People of Color* Lob, Bestätigung, Dankbarkeit oder Anerkennung für Ihre rassismussensible Haltung wünschen.
27. Sie mitbekommen haben, dass Personen aufgrund von körperlicher Hygiene diskriminiert wurden.
28. Sie miterlebt haben, dass eine Autoritätsperson ihre Machtstellung ausgenutzt hat.
29. Sie keine Schwarzen Freund*innen (oder Freund*innen *of Color*) haben.

30. Sie wegen des Einkommens ihrer Eltern anders behandelt wurden.
31. Sie schon einmal für etwas verantwortlich gemacht wurden, was Sie nicht gemacht haben.
32. Sie nicht wissen, wie Sie mit Diskriminierung umgehen sollen.
33. Sie bemerkt haben, dass Sie wegen Ihrer Körpererscheinung diskriminiert wurden.
34. das Geschlecht Ihrer Partnerin bzw. Ihres Partners für Irritationen sorgte.

B. Berufspraktische Sensibilisierung

1. Sie eine Bewerbung schon einmal wegen des Namens nicht gelesen haben.
2. Sie aufgrund bestimmter Zuschreibungen von Behörden benachteiligt wurden.
3. Menschen zu Ihnen kamen, auf deren „Probleme" Sie „keinen Bock" hatten.
4. Ihre ausländischen Schul- oder Berufsabschlüsse hier nicht anerkannt wurden.
5. Sie schlechter bezahlt werden, weil Ihre ausländischen Schul-oder Berufsabschlüsse hier nicht anerkannt wurden.
6. Sie besser bewertet / bezahlt werden als jemand mit der gleichen Qualifikation oder Position.
7. eine Klientin bzw. ein Klient nicht von Ihnen gepflegt/betreut/beraten werden wollte, weil sie oder er Sie als minderwertig oder gefährlich angesehen hat.
8. Ihre Kompetenz in einer hierarchischen Struktur schon einmal in Frage gestellt wurde.
9. Menschen zu Ihnen kommen, die eine individuelle Diskriminierungsgeschichte haben.
10. Sie eine Situation erlebt haben, in der gegen die Werte Ihrer eigenen Institution (z. B. der AWO oder der Kirche) gehandelt wurde.
11. Sie aufgrund Ihres Alters anders behandelt wurden.
12. Sie gemerkt haben, dass Sie aufgrund Ihres Namens benachteiligt wurden.
13. Sie sich schon einmal wegen Ihrer Familienkonstellation rechtfertigen mussten.
14. Sie wegen Ihrer Sprachkenntnisse keinen Zugang zu Wissen/ Information/ Prozessen oder Dienstleistungen hatten.
15. Sie wegen Ihres Geschlechts, Ihrer angeblichen Herkunft, Ihrer Religion, Ihrer körperlichen oder geistigen Verfasstheit oder Ihrer sexuellen Orientierung nicht ernst genommen wurden.
16. Ihnen fehlende Fähigkeiten unterstellt wurden und sie deshalb anders behandelt wurden.
17. Sie schon einmal eine Situation erlebt haben, in der eine Autoritätsperson nicht auf Diskriminierung reagiert hat.
18. Sie schon einmal eine schlechtere Note oder Bewertung aufgrund ihrer Herkunft erhalten haben.

Arbeitsblatt (AB 1): „Bewegen Sie sich, wenn …" (15 ausgewählte Aussagen)

1. Sie in einer Situation schon einmal Angst hatten, sich unabsichtlich oder unbewusst rassistisch zu verhalten.
2. Sie keine Schwarzen Freund*innen (oder Freund*innen of Color) haben.
3. Sie schon einmal über die „Hautfarbe", „Herkunft" oder „Religion" einer Person gesprochen haben, obwohl das für Ihre Erzählung gar keine Rolle gespielt hat.
4. Sie schon einmal mit Bezeichnungen oder „Namen" belästigt worden sind, die Ihnen aufgrund Ihrer Religion, geschlechtlichen Identität, einer Behinderung oder ihrer vermeintlichen Herkunft gegeben wurden.
5. Sie sich schon einmal dachten, so wären Sie, hätten Sie ein anderes Geschlecht, nicht behandelt worden.
6. Sie Ihr Kind über Rassismus aufklären müssen, damit es Rassismus besser begegnen kann.
7. Sie manchmal genervt oder verärgert sind, wenn jemand bei Ihrer Arbeit schlecht Deutsch redet.
8. Sie schon einmal gedacht haben, dass ein Kollege oder eine Klientin zu empfindlich sei oder überreagieren würde, als sie bzw. er von einem rassistischen Erlebnis erzählt hat.
9. Sie schon mal Freundschaften mit „weißen" Menschen verlassen haben, weil Sie sich ausgegrenzt oder unverstanden gefühlt haben.
10. Sie sich verunsichert fühlen, wenn Sie die Polizei oder andere Sicherheitskräfte sehen.
11. Sie sich daran erinnern können, wann Sie das erste Mal bewusst bemerkt haben, dass Sie „weiße Deutsche" bzw. „weißer Deutscher" sind und als Teil der Mehrheitsgesellschaft wahrgenommen werden.
12. Sie manchmal das Bedürfnis haben, einer *Person of Color* helfen zu wollen.
13. das Geschlecht Ihrer Partnerin oder Ihres Partners für Irritationen sorgte.
14. Sie wegen Ihrer Sprachkenntnisse keinen Zugang zu Wissen/ Information/ Prozessen oder Dienstleistungen hatten.
15. Sie als Kind hungrig sein mussten, weil Ihre Familie nicht genügend Geld für Essen hatte.

Arbeitsblatt (AB 2): Berufspraktische Vertiefung

Aufgabenstellung

1. **Überlegen Sie, gemeinsam mit Ihren Partner*innen, welche Diskriminierungen in Ihrem Berufsalltag vorkommen könnten.**

TIPPS:

- Machen Sie sich Stichpunkte zu den Situationen, die Ihnen einfallen.
- Überlegen Sie dabei, welche Arten von Diskriminierungen (z. B. Rassismus, Klassismus, Ageismus, Behindertenfeindlichkeit), Sie ansprechen wollen.
- Bedenken Sie auch die andere Seite: Fallen Ihnen Privilegien auf (z. B. aufgrund von Position, Alter, Geschlecht, Herkunft)?

2. **Überlegen Sie 3–5 Aussagen zu Ihrem beruflichen Kontext.**

Nutzen Sie das bereits bekannte Muster, um Ihre Aussagen zu formulieren: „Bewegen Sie sich, wenn … *AUSSAGE.*"

3. **Abschließend präsentieren Sie Ihre Aussagen in der Gesamtgruppe.**

Schlaglicht K
Sexualität und Geschlecht

Bisexuell
Bisexuelle Menschen fühlen sich romantisch und/oder sexuell zu Menschen zweier oder mehrerer Geschlechter hingezogen.

Gender
Geschlechtsidentität des Menschen als soziale Kategorie (→ *Schlaglicht D* ***Soziale Kategorisierung, Stereotype und Vorurteile***). Diese schlägt sich in der eigenen Selbstwahrnehmung, dem eigenen Selbstwertgefühl oder/und dem eigenen Rollenverhalten nieder.

Heterosexuell
Heterosexuell sind Menschen, die sich sexuell zu Menschen des/eines anderen Geschlechts hingezogen fühlen. Diese sexuelle Orientierung wird oft als gesellschaftliche Norm betrachtet.

Homosexuell
Homosexualität bezeichnet die sexuelle Orientierung, bei der Menschen sich zu dem/einem eigenen oder einem ähnlichen Geschlecht hingezogen fühlen. Homosexuelle Männer werden als schwul bezeichnet, homosexuelle Frauen als lesbisch.

Intergeschlechtlich
Bei inter*Menschen kann ihr körperliches Geschlecht der medizinischen Norm von „eindeutig" männlichen oder weiblichen Körpern nicht zugeordnet werden. Bis heute kommt es vor, dass Inter*Kinder nach der Diagnose zu einem „eindeutigen" Geschlecht umoperiert werden. Sie können dadurch unter erheblichen gesundheitlichen Einschränkungen und psychischen Problemen leiden.

Polyamorös
Polyamouröse Menschen verlieben sich in mehr als nur eine Person auf einmal und können romantische und/oder sexuelle Beziehungen mit mehr als einer Person haben.

Queer
Queere Menschen passen nicht in die als Norm verstandenen romantischen, sexuellen und/oder geschlechtlichen Kategorisierungen der Gesellschaft . Sie begreifen ihre Identität als „außerhalb der gesellschaftlichen Norm" stehend.

Trans*/transgender
Trans*/transgender Menschen lassen sich nicht oder nicht nur mit dem Geschlecht identifizieren, dem sie bei Geburt zugewiesen wurden. Neben Menschen, die sich gegengeschlechtlich identifizieren – Trans-Männer (Frau-zu-Mann) oder Trans-Frauen (Mann-zu-Frau) – können Trans*-Menschen sich auch nicht geschlechtlich verorten.

Literatur

Queer Lexikon (o.J.): Online-Anlaufstelle für LSBAATIPQQ + Jugendliche. queer-lexikon.net (01.06.2022).

7.4 EIN DATE MIT CHRIS

Dimensionen von Diskriminierung und ihre Wirksamkeit im eigenen sozialen Kontext

I. Allgemeine Infos zur Übung

Titel: Ein Date mit Chris

Fachtitel: Dimensionen von Diskriminierung und ihre Wirksamkeit im eigenen sozialen Kontext

Zuordnung und Voraussetzung
Dynamische Übung, die zur Selbst-Reflexion anregt, sowohl auf der kognitiven als auch emotionalen Ebene. Vorher sollten Grundkenntnisse zu den Themen Diskriminierung und Rassismus vorhanden sein.

Themenbereiche/Schlagworte
individuelle Diskriminierung, Rassismus, Antisemitismus, antimuslimischer Rassismus, Klassismus, Sexismus, Ageismus, Ableismus, Homofeindlichkeit, Trans*feindlichkeit (→ jeweils *Schlaglicht L* ***Dimensionen von Diskriminierung***) Intersektionalität (→ *Schlaglicht J*); Selbst-Reflexion: eigene Verwobenheit, Verwobenheit des eigenen sozialen Umfelds, Identität, Empowerment (→ *Schlaglicht G*), Lebensentwürfe in der pluralen Gesellschaft (→ Vorwort und Einführung)

Anzahl der Teilnehmenden
8–16, maximal 30 Personen

Lernziele
- TN benennen verschiedene Ungleichheitskategorien bzw. Dimensionen der Diskriminierung (Ableismus, Rassismus, Klassismus etc.).
- TN erkennen die Verschränkung verschiedener Identitätsmerkmale oder Zuschreibungen und daraus resultierende Ungleichbehandlungen.
- TN lernen die Vielfalt von möglichen Lebensentwürfen kennen.
- TN erkennen und reflektieren ihre eigenen Vorurteile.
- TN erkennen und reflektieren Vorurteile des eigenen sozialen Umfelds, die zu Diskriminierung führen können.
- TN erkennen die Wirkungsmacht von Vorurteilen auf eigene Beziehungen.
- TN führen kompetente Gespräche über Diskriminierung und Ausgrenzung, auch in Bezug auf eigene Vorurteilsstrukturen.

Zeit
Gesamtdauer ca. 60 Minuten
1. Phase: Einführung, Rollenzuweisung, Durchführung. Dauer: 30 Minuten
2. Phase: Auswertung. Dauer: 45 Minuten

Materialien
Rollenkarten „Ein Date mit Chris" (15 Stück): je nach Gruppengröße mehrfach ausdrucken (bei 30 TN zweimal)

Räumlichkeiten
Der Raum muss adäquat für die Anzahl der TN sein.

Weiterführende Literatur und Links
Connell, Raewyn (2015): Der gemachte Mann. Wiesbaden.

Böhnisch, Lothar (2004): Männliche Sozialisation. Eine Einführung. München.

BauSteineMänner (Hg.) (2001): Kritische Männerforschung. Neue Ansätze in der Geschlechtertheorie. Hamburg.

Fragen und Antworten vom Lesben- und Schwulenverband Deutschlands (LSVD): www.lsvd.de/nc/homosexualitaet/fragen-und-antworten.html (01.06.2022).

Publikation der Friedrich-Ebert-Stiftung zu Klassismus: http://library.fes.de/pdf-files/bueros/erfurt/12716.pdf (01.06.2022).

Kombination mit anderen Übungen
Nach ersten → Einstiegsübungen und → Grundlagenübungen wie 6.3 Diskriminierung oder 6.1 Alles beginnt mit der Kategorie, dient die vorliegende Übung zur dynamischen Reflexion. Sie ist gut nach der Mittagspause durchführbar oder nach einer Übung mit viel Textarbeit.

II. Ablauf und konkrete Schritte

1. Phase: Einführung, Rollenzuweisung, Durchführung. Dauer: 30 Minuten

Die SL sorgt vorab dafür, dass für jede*n TN eine Rollenkarte vorhanden ist. Es liegen 15 unterschiedliche Karten vor, die Karten können – je nach TN-Zahl – mehrfach verwendet werden. Bei weniger TN nimmt die SL eine Auswahl vor.
Die SL findet im Material eigene Rollenkarten zu Orientierung und Hintergrundwissen.
Alle TN erhalten eine Rollenkarte und die Information, dass sie mit der Person, die auf der Rollenkarte beschrieben wird, im Sinne eines „Dates"[1] verabredet sind. Die TN behalten ihre eigene Identität. Eine Gemeinsamkeit gibt es: Die Person, mit der die TN das Date haben, heißt immer Chris.

Die Übung läuft folgendermaßen ab: Nacheinander liest die SL Statements vor. Wenn die TN sie mit „Ja!" beantworten können, dann machen sie einen Strich auf ihrer Rollenkarte. Wenn sie sich unsicher sind, dann können sie gerne ihre Fantasie ein bisschen spielen lassen. Die Zahl der Fragen kann natürlich auch reduziert oder erweitert werden, es empfiehlt sich aber eine Anzahl von mind. 10 und höchstens 20 **Fragen**.

1. *Kannst Du mit Chris in der Öffentlichkeit Händchen halten?*
2. *Kannst Du Chris deinen Eltern bzw. deiner Familie vorstellen?*
3. *Kannst Du Chris Eltern bzw. Familie kennenlernen?*
4. *Kannst Du Chris überall treffen, also auch in einer Stadt, in der niemand von Euch lebt?*
5. *Kannst Du mit Chris ins Kino gehen?*
6. *Kann Chris dich ins Kino einladen?*
7. *Kannst Du Chris irgendwann heiraten?*
8. *Kannst Du mit Chris Kinder adoptieren?*
9. *Kannst Du mit Chris nach Hause gehen?*
10. *Kannst Du mit Chris bedenkenlos Sex haben?*

---

1 Der Begriff „Date" kann an dieser Stelle eventuell Diskussionen auslösen. Es empfiehlt sich diese zurückzustellen mit dem Vermerk, dass jede*r sich das darunter vorstellen soll, was ihr/ihm in den Sinn kommt.

11. *Kannst Du mit Chris zu einer Party gehen, zu der dein bester Freund eingeladen hat?*
12. *Kannst Du mit Chris in den Urlaub fahren?*
13. *Wenn Du krank wirst und ins Krankenhaus musst, wird Chris dann an dein Bett gelassen?*
14. *Ist Chris so ähnlich wie deine anderen Freund*innen und Bekannte?*
15. *Kannst Du Dir mit Chris eine Zukunft vorstellen?* (Empfiehlt sich als letzte Frage.)

Anmerkung: Je nachdem, ob die TN mit „Du" oder „Sie" angesprochen werden möchten, sollte die SL die Fragen umformulieren.

Als Nächstes werden die TN gebeten die Striche auf ihrer Rollenkarte zusammenzuzählen und dann aufzustehen. Die SL zählt langsam hoch: von 1 bis 15 (ggf. weniger bzw. mehr, wenn weniger bzw. mehr Fragen genutzt wurden). Wenn die Zahl genannt wird, die mit der Zahl der Striche auf der Rollenkarte übereinstimmt, setzt sich die*der TN, bis am Ende niemand oder nur noch sehr wenige TN stehen.

2. Phase: Auswertung. Dauer: 45 Minuten

Die SL führt die letzte Arbeitsphase mit folgenden Fragen ein:
- *Welche Erfahrungen haben Sie gemacht?*
- *Welche Rollenkarten hatten Sie und welche Auswirkungen hatte das?*
- *Was hat das bei Ihnen ausgelöst?*
- *Ist Ihnen etwas besonders aufgefallen?*

Die Fragen werden in der Gesamtgruppe besprochen. Die SL weist darauf hin, dass sich niemand äußern muss. Für eine intensive, abschließende (Selbst-)Reflexion führt die SL eine NÜM-Runde durch (→ Hinweise zur Methode Kapitel 4.3).

TIPP
Die SL kann jetzt die kursiv gesetzten Teile der Rollenkarten nutzen und den TN die möglichen Dimensionen der Diskriminierung (→ *Schlaglicht L*) bei Chris vorlesen.
Die SL kann abschließend folgendes Fazit ziehen:
Vielleicht sind wir selber von Diskriminierung betroffen, vielleicht die Menschen um uns herum. In jedem Fall lohnt es sich empathisch zu sein, weil eine Gesellschaft, in der Diskriminierung stattfindet für alle weniger lebenswert ist.

III. Fachliche und methodische Hintergrundinfos für SL

Fachliche Hintergrundinfos

1. Dimensionen von Diskriminierung: Die Übung verdeutlicht diverse Dimensionen von Diskriminierung (z. B. Ableismus, Klassismus, antimuslimischer Rassismus, Antisemitismus). Begriffsbestimmungen → *Schlaglicht L* ***Dimensionen von Diskriminierung.*** Sie ist sehr gut dazu geeignet, die Verschränkung verschiedener Identitätsmerkmale oder Zuschreibungen und daraus resultierende Ungleichbehandlungen sichtbar zu machen. Damit markiert sie auch Intersektionalität (→ *Schlaglicht J*). Es ist nötig, dass die SL mit den unterschiedlichen Dimensionen von Diskriminierung vertraut ist und die Fachbegriffe kennt, damit diese in der Gruppendiskussion kompetent besprochen werden können.

2. Verschiedene Lebensentwürfe: Die Übung eignet sich außerdem dafür, die Vielfalt möglicher Beziehungskonstellationen und Lebensentwürfe in unserer Gesellschaft sichtbar und im Raum wahrnehmbar zu machen. Die TN hören und erleben, dass diese Vielfalt existiert (→ Einführung Kapitel 1).
Die TN beobachten an sich selbst und an den anderen Gruppenteilnehmenden, dass individuell unterschied-

liche Positionierungen (theoretisch oder auch ganz praktisch) möglich sind. Sie sehen eine Vielfalt an Beziehungskonstellationen. Und es zeigt sich: Die Möglichkeiten hängen von jeder*m Einzelner*n selbst, aber auch von seinem/ihrem sozialen Umfeld und seinem/ihrem Umgang mit diesem ab. So macht die Übung „Selbst bewusst" und „selbstbewusst" für eine eigene, reflektierte Position.

3. Das etwas andere Rollenspiel: Die Übung kommt wie ein Rollenspiel daher. Aber sie kehrt klassische Rollenspiele um, um den Blick der TN auf sich selbst zu lenken. Statt TN in festgelegte Rollen mit mitunter stigmatisierenden Vorannahmen zu schicken, bleibt jede*r TN sie/er selbst. Es ist das Date mit Chris, das eine „Rolle" spielt. Chris ist mit bestimmten Merkmalen (sozialen Kategorien wie Alter, Geschlecht, Religion etc.) ausgestattet (es gibt 15 variierende Chris-Rollenkarten). In der Übung erlebt der/die TN ihre/seine eigene Deutung und Bewertung dieser Merkmale und ihre/seine eigene Deutung und Bewertung eines Dates mit dieser Person durch das eigene, authentische Umfeld. So ist „ein Date mit Chris" das eigene Spiegelbild, das den TN vorgehalten wird. Die eigenen Deutungen und Entscheidungen werden sichtbar.

Hintergrundinformationen und Hinweise für SL

SL sollte Begrifflichkeiten und Konzepte, die in den Aussagen vorkommen und vermutlich nicht allen TN bekannt sind, in der Gruppendiskussion erklären. Es bietet sich an die *Schlaglichter K* ***Sexualität und Geschlecht*** sowie *L* ***Dimensionen von Diskriminierung*** für alle sichtbar an ein/e Whiteboard/Tafel/Pinnboard zu schreiben bzw. aufzuhängen. Hier werden die wesentlichen Begriffe erklärt.

Weitere Fachbegriffe, die für diese Übung relevant sind:

1. Agnostizismus

ist eine Weltanschauung, die die Existenz eines Gottes oder einer höheren Macht weder bejaht noch verneint.

2. Plurale Gesellschaft

bedeutet eine vielfältige Gesellschaft, in der verschiedene Meinungen, Einstellungen, Glaubensrichtungen offen geäußert und vertreten und unterschiedliche Lebensentwürfe gelebt werden können.

IV. Material

Rollenkarten für TN: Ein Date mit Chris

Hinweis zum Material: Die Rollenkarten „Ein Date mit Chris" werden Stück für Stück an die TN ausgeteilt. Sie müssen ausgeschnitten werden und können dann als Schnipsel verteilt werden, alternativ können sie auf Pappe geklebt oder laminiert werden, das sorgt für mehr Stabilität. Die kursiv gesetzten Teile sind nicht für die TN, sondern zur Orientierung für die SL.

Chris ist …

1. ein geflüchteter Mann, christlichen Glaubens, aus Afghanistan. Er hat einen Duldungsstatus, derzeit sucht er einen Ausbildungsplatz in einem handwerklichen Betrieb. Er ist ungefähr in deinem Alter.

Chris ist …

2. eine deutsche Frau, weiß, atheistisch. Sie ist Oberärztin im städtischen Klinikum. Sie ist ca. 20 Jahre älter/jünger als Du.

Chris ist …

3. Studentin der Politikwissenschaft, 25 Jahre, US-Amerikanerin, Jüdin, seit 5 Jahren in Deutschland. Sie lebt polyamourös.

Chris ist …

4. Deutscher, Schwarz, Muslim, 31 Jahre alt. Arbeitet als Teamleiter in einem Call-Center und trainiert ehrenamtlich die C-Jugend im lokalen Hockeyverein.

Chris ist …

5. ein Trans*-Mann, 35 Jahre alt, Franzose, promoviert an der LMU München in Germanistik.

Chris ist …

6. eine 61-jährige deutsche, weiße Fernsehmoderatorin. Sie ist sehr christlich erzogen worden, geht heute aber nicht mehr in die Kirche. Vor ein paar Jahren hatte sie mit einem Ratgeber einen Bestseller und damit viel Geld verdient. Geschieden.

Chris ist …

7. eine junge Juraabsolventin, deutsch, weiß, die gerade ihr Referendariat bei der Polizei macht. Sie ist alleinerziehende Mutter eines 5-jährigen Sohns. Sie ist bisexuell und engagiert sich in einem Netzwerk für queere Eltern.

Chris ist …
8. Hochschulabsolventin, gerade in ihren ersten Job in einer Unternehmensberatung eingestiegen. Sie besitzt die deutsche und die türkische Staatsbürger*innenschaft, ihre Eltern kamen als sog. Gastarbeiter*innen 1975 nach Deutschland. Agnostikerin, interessiert sich aber für Buddhismus.

Chris ist …
9. Hausfrau, katholisch, heterosexuell verheiratet. Ihr Mann weiß nichts davon, dass ihr euch trefft.

Chris ist …
10. 18 Jahre alt, männlich, deutsch, Eltern Vietnames*innen, Schüler, macht Abitur und möchte dann Kunst studieren.

Chris ist …
11. Mitarbeiter im Jobcenter, von Geburt an querschnittsgelähmt und sitzt im Rollstuhl. Ungefähr in deinem Alter. Spielt in seiner Freizeit Basketball.

Chris ist …
12. 31 Jahre alt, intergeschlechtlich. Arbeitet am Empfang eines teuren Hotels.

Chris ist …
13. Iranischer Mann, Atheist, studierte Bauingenieurwesen im Iran, in Deutschland arbeitet er als Taxifahrer, dt. Staatsbürgerschaft, 62 Jahre alt, geschieden.

Chris ist …
14. 49 Jahre alt, Deutsche, Mitarbeiterin in städtischer Verwaltung, Muslima, trägt Kopftuch, unverheiratet.

Chris ist …
15. 43 Jahre, Mann, alleinerziehender Vater von zwei Kindern, geschieden, arbeitslos, sucht aktuell eine Wohnung.

Rollenkarten für SL: Ein Date mit Chris

1. *Mögliche Dimensionen der Diskriminierung: Feindlichkeit gegen Geflüchtete, Klassismus, Rassismus, antimuslimischer Rassismus, Homofeindlichkeit (kommt darauf an, wer die Karte zieht)*
2. *Mögliche Dimensionen der Diskriminierung: Ageismus (Altersdifferenz), Sexismus (Frau in gehobener Position), Homofeindlichkeit (kommt jeweils darauf an, wer die Karte zieht)*
3. *Mögliche Dimensionen der Diskriminierung: Rassismus, Antisemitismus, Ablehnung von Poly, (Hetero-) Sexismus, Homofeindlichkeit (kommt darauf an, wer die Karte zieht)*
4. *Mögliche Dimensionen der Diskriminierung: Rassismus, antimuslimischer Rassismus, Klassismus, Homofeindlichkeit (kommt darauf an, wer die Karte zieht)*
5. *Mögliche Dimensionen der Diskriminierung: Trans*feindlichkeit, Rassismus, Klassismus, Homofeindlichkeit (kommt darauf an, wer die Karte zieht)*
6. *Mögliche Dimensionen der Diskriminierung: Sexismus, Homofeindlichkeit (kommt darauf an, wer die Karte zieht). Besonders zu beachten: Berühmtheit*
7. *Mögliche Dimensionen der Diskriminierung: Alleinerziehend, Sexismus (eigenständige, kraftvolle Frau), Bifeindlichkeit, Homofeindlichkeit (kommt darauf an, wer die Karte zieht)*
8. *Mögliche Dimensionen der Diskriminierung: Rassismus, antimuslimischer Rassismus, Klassismus, Homofeindlichkeit (kommt darauf an, wer die Karte zieht)*
9. *Mögliche Dimensionen der Diskriminierung: Homofeindlichkeit (kommt darauf an, wer die Karte zieht). Besonders zu beachten: Emotionalität von „Fremdgehen"*
10. *Mögliche Dimensionen der Diskriminierung: Rassismus, Ageismus, Klassismus, Homofeindlichkeit (kommt darauf an, wer die Karte zieht)*
11. *Mögliche Dimensionen der Diskriminierung: Ableismus, Klassismus, Homofeindlichkeit (kommt darauf an, wer die Karte zieht)*
12. *Mögliche Dimensionen der Diskriminierung: Inter*feindlichkeit, Klassismus, Homofeindlichkeit (kommt darauf an, wer die Karte zieht)*
13. *Mögliche Dimensionen der Diskriminierung: Rassismus, struktureller Rassismus (nicht Anerkennung von ausländischen Hochschulabschlüssen), Klassismus, antimuslimischer Rassismus, Homofeindlichkeit (kommt darauf an, wer die Karte zieht), Ageismus (kommt darauf an, wer die Karte zieht)*
14. *Mögliche Dimensionen der Diskriminierung: antimuslimischer Rassismus, Sexismus, Homofeindlichkeit (kommt darauf an, wer die Karte zieht), Ageismus*
15. *Mögliche Dimensionen der Diskriminierung: Alleinerziehend, Klassismus, Homofeindlichkeit (kommt darauf an, wer die Karte zieht)*

Schlaglicht L
Dimensionen von Diskriminierung. Wer wird diskriminiert?

Übersicht über gängige Fachbegriffe

Ableismus
Diskriminierung gegen Menschen mit Behinderung oder denen eine solche zugeschrieben wird.

Ageismus
Diskriminierung aufgrund des zugeschriebenen Lebensalters (Altersdiskriminierung).

Antimuslimischer Rassismus
→ *Schlaglicht P* ***Kolonialismus, antimuslimischer Rassismus und aktuelle Diskurse.*** Hier findet sich eine ausführliche Definition.

Antisemitismus
Diskriminierung gegen Juden*innen oder Menschen, denen ein Jüdischsein zugeschrieben wird.

Antiziganismus
Diskriminierung gegen Roma*nja und Sinti*ze oder Menschen, die dafür gehalten werden.

Homofeindlichkeit
Diskriminierung gegen Homosexuelle und Menschen, die nicht heterosexuell sind (→ *Schlaglicht K* ***Sexualität und Geschlecht***), oder solche, die jemand dafür hält.

Klassismus
Diskriminierung wegen des tatsächlichen oder zugeschriebenen ökonomischen, sozialen oder Bildungs-Status bzw. Herkunft.

Looksimus
Diskriminierung wegen des körperlichen Aussehens, der äußerlichen Erscheinung oder des Kleidungsstils.

Rassismus
→ *Schlaglicht E* ***Arbeitsdefinition Rassismus.*** Hier findet sich eine ausführliche Definition.

Sexismus
Diskriminierung wegen des (meist weiblichen) Geschlechts oder der Zuschreibung dessen.

Trans*feindlichkeit
Diskriminierung aufgrund der sexuellen Identität eines Menschen, der sich selbst als Trans*Person bzw. trans* (→ *Schlaglicht K* ***Sexualität und Geschlecht***) wahrnimmt bzw. so wahrgenommen wird.

Diese Auflistung versucht gängige Diskriminierungs-Dimensionen zu bestimmen. Hier können Sie Ihre eigenen Ergänzungen notieren:
...

Auf welchen Ebenen kann Diskriminierung stattfinden?
Diskriminierung kann auf individueller, institutioneller, diskursiver und struktureller Ebene stattfinden. → hierzu das *Schlaglicht F* ***Matrix. Formen (rassistischer) Diskriminierung.*** Tatsächlich ermöglicht die Matrix, Beispiele zu allen hier aufgelisteten Diskriminierungs-Dimensionen auf den unterschiedlichen Ebenen zu finden. Für die Dimension „Rassismus" sind im *Schlaglicht E* bereits Beispiele bereitgestellt.

8 VERTIEFUNGSÜBUNGEN: SCHWERPUNKT RASSISMUS

Sind die Grundlagen des Antidiskriminierungs-Trainings bereits gelegt, können ausgewählte Aspekte des Themenspektrums hervorgehoben, beleuchtet und vertieft werden. Zudem sind Perspektiven und Elemente des Empowerments eine wichtige Zutat für Antidiskriminierungs-Trainings in unserer pluralen Gesellschaft, die hier zum Tragen kommen. Fünf thematische Vertiefungs-Übungen stärken in diesem Sinne:

Die Übung **8.1 Heimat** thematisiert Zugehörigkeit in Deutschland und Ausgrenzungserfahrungen von rassistisch markierten Personen, insbesondere Muslim*innen. Vor dem Hintergrund einer Diskussion des „Heimat"-Begriffs werden verbale Hass-Attacken besprochen ebenso wie Möglichkeiten der künstlerischen „Gegenwehr".

Mit der Übung **8.2 Gutes Haar** werden Bilder von Schwarzem Haar im Öffentlichen Raum erkundet und mit ihnen inszenierte rassistische Aussagen. Sichtbar werden die unterschiedlichen Formen von rassistischer Diskriminierung und intersektionale Bezüge, aber auch Ansätze des Gegenengagements.

Die Übung **8.3 Wo kommst Du her?** beleuchtet das Thema Othering und damit wie Anderssein (de-)konstruiert wird. Die Aussagekraft und Wirkung der Fragstellung wird kontrovers besprochen. Die Übung mündet in einer Podiums- bzw. Fishbowl-Diskussion.

Die Übung **8.4 Der Blick des Herrschers** untersucht Machdiskurse über Frauen und Rassismus und ihre intersektionale Verwobenheit. Beleuchtet werden Kontinuitäten vom Kolonialismus bis hin zu öffentlichen Debatten und politischen Akteuren heute. Dabei zeigt sie Widerstandsformen und Perspektiven der Solidarität auf.

Die Übung **8.5 Lass mich sein wie ICH es will, nicht so, wie DU es für richtig hälst!** ermöglicht eine kritische Auseinandersetzung mit Machtdiskursen zu Sexismus und Rassismus. Diskriminierungssensibel prüft sie stereotype Darstellungen, feministische Wirklichkeiten und aktuelle Verhältnisse in der Arbeitswelt wie sie mit der #MeTwo Debatte in die Öffentlichkeit rückten.

Die Schlaglicht-Seiten zwischen den Übungen

Zwischen den Übungen finden sich Schlaglicht-Seiten, die entweder fachliche Hintergrundinfos geben oder einschlägige Erfahrungen porträtieren. Sie stehen im inhaltlichen Zusammenhang mit ihrer jeweiligen Platzierung vor, nach oder zwischen bestimmten Übungen.
Das *Schlaglicht M* ***Empowerment. Slammen und Rappen gegen Rassismus und Hate Speech*** setzt sich kritisch und stärkend mit Rassismus und Hate Speech auseinander.
Im *Schlaglicht N* ***Othering*** wird die Bedeutung des Konzepts beschrieben.
Das *Schlaglicht O* gibt hilfreiche Hintergrundinfos zum Konzept des ***Framings.***
Das *Schlaglicht P* klärt über Begrifflichkeit und Konzepte des ***Antimuslimischen Rassismus, Kolonialismus und Postkolonialismus*** auf.
Schlaglicht Q ist ein ***Erfahrungsbericht von Pfarrer Ndjimbi-Tshiende.*** Er berichtet über seine Erfahrungen mit Rassismus und seinen persönlichen Umgang damit.

8.1 HEIMAT

Zugehörigkeit in Deutschland und Ausgrenzungserfahrungen von Muslim*innen

I. Allgemeine Infos zur Übung

Titel der Übung: Heimat

Fachtitel: Zugehörigkeit in Deutschland und Ausgrenzungserfahrungen von Muslim*innen

Zuordnung und Voraussetzung
Emotional-affektive Vertiefungsübung. Vorher sollten Grundkenntnisse zu Rassismus und Diskriminierung vorhanden sein.

Themenbereiche/Schlagworte
Antimuslimischer Rassismus (→ *Schlaglicht P*), Ausgrenzungserfahrungen, Plurale Gesellschaft (→ Kapitel 2 Einleitung und 9 FAQ), Religionsfreiheit

Anzahl der Teilnehmenden
8–20 Personen, Kleingruppen mit je 2–3 Personen

Lernziele
- TN versetzen sich in die Perspektive der Opfer von Rassismus.
- TN setzen sich mit Ausgrenzungs-Erfahrungen von rassistisch markierten Menschen auseinander.
- TN kennen Bedeutung des Kopftuchs für einzelne Muslim*innen.
- TN wissen über Formen antimuslimischen Rassismus.
- TN kennen Möglichkeit des Empowerment (→ *Schlaglicht G*).

Zeit
Gesamtdauer ca. 140 Minuten
1. **Phase:** Einstieg mit „Deutscher 2.0 – Heimat" Videoclip und Gruppendiskussion. Dauer: 25 Minuten
2. **Phase:** „Tragen eines Kopftuches. Standpunkte" Videoclip und Gruppendiskussion. Dauer: 25 Minuten
3. **Phase**: Thema „Hate Speech – und Umgang damit" Kolumne → Kleingruppenarbeit und Auswertung in Gesamtgruppe. Dauer: 45 Minuten
4. **Phase:** Vertiefende Aufgabe, ggf. Hausaufgabe (optional). Dauer: 45 Minuten

Materialien
- Technische Ausstattung: Laptop, Beamer, Lautsprecher, Internet-Verbindung
- Flipcharts, Stifte, Pinnnadeln, Pinnboard
- Videoclip von „GERMANIA" | Younes Al-Amayra: „Deutscher 2.0".
  Zu finden unter: https://www.den-menschen-im-blick.de/stimmen/
- Videoclip von „die Frage" | Farah Bouamar: „Warum ich das Kopftuch trage!"
  Zu finden unter: https://www.den-menschen-im-blick.de/stimmen/
- Arbeitsblatt: Kolumne von Kübra Gümüşay: „Schweigen werde ich ganz sicher nicht"

Räumlichkeiten
Der Seminarraum sollte groß genug für Besprechungen in der Gesamtgruppe und Filmvorführungen sein, sowie die Möglichkeit zu Kleingruppenarbeiten bieten.

Weiterführende Literatur und Links

Kuhn, Inva (2015): Antimuslimischer Rassismus. Auf Kreuzzug für das Abendland. Köln.

Ruf, Werner (2014): Der Islam – Schrecken des Abendlands. Köln (2. Auflage).

Sirri, Lana (2017): Einführung in islamische Feminismen. Berlin.

Kermani, Navid (2016): Wer ist Wir? Deutschland und seine Muslime. München (8. Auflage).

Fehér, Christine (2016): Anders frei als du. München.

Kombination mit anderen Übungen
Vor der Durchführung dieser Übung sollte im ersten Teil des Trainings eine theoretische Grundlagenübung durchgeführt werden, wie zum Beispiel die → Übung 6.2 Was ist Rassismus? Im Anschluss eignet sich eine emotionale Übung zu Privilegien/ Benachteiligungen wie die → Übung 7.3 Bewegen Sie sich oder eine → Vertiefungs-Übung zum antimuslimischen Rassismus wie 8.4 Der Blick des Herrschers.

II. Ablauf und konkrete Schritte

1. Phase: Einstieg mit Videoclip zum Thema „Deutscher 2.0 – Heimat" und Gruppendiskussion. Dauer: 25 Minuten

Der Videoclip „GERMANIA | Younes Al-Amayra" wird abgespielt. Younes Al-Amayra berichtet über seine Heimat Deutschland und Berlin sowie über seine Erfahrungen mit Rassismus. Anschließend wendet sich die SL mit folgenden Fragen an die TN:

1. *Wie definiert der Protagonist Heimat für sich?*
2. *Was bedeutet Heimat für Sie?*

https://t1p.de/germania

TIPP
Es kann hilfreich sein, die Fragen für alle sichtbar auf einer Flipchart oder PowerPoint-Folie festzuhalten und den TN vorzustellen.

Mögliche vertiefende Fragen

3. *In welchen Diskursen wird aktuell über „die Muslime" gesprochen?*
4. *Was ist das Ziel der Satiregruppe „Datteltäter"?*

2. Phase: „Tragen eines Kopftuches. Standpunkte". Videoclip und Gruppendiskussion. Dauer: 25 Minuten

Der Videoclip „Warum ich das Kopftuch trage!" von „Die Frage" wird gezeigt.
Es wird ein Einblick in die Überlegungen von Menschen gegeben, die sich selbstbewusst für oder gegen das Tragen eines Kopftuchs entscheiden.

Anschließend wendet sich die SL an die Gruppe, um folgende Fragen zu diskutieren:

- *Warum hat sich die Person (Farah von den Datteltätern) im Videoclip für das Kopftuchtragen entschieden?*
- *Wieso ist es für jemanden, der sich nicht zum Islam bekennt, wichtig zu wissen, warum sich eine Frau für das Tragen eines Kopftuches entscheidet?*
- *Fällt ihnen noch ein wichtiger Punkt zum Thema ein?*

3. Phase: Thema „Hate Speech – und Umgang damit" Kolumne, Kleingruppenarbeit und Auswertung in Gesamtgruppe. Dauer: 45 Minuten

Die TN setzen sich in Kleingruppen mit einer als Poetry Slam geschriebenen Kolumne von der Feministin Kübra Gümüşay auseinander. Dafür haben sie insgesamt 25 Minuten Zeit.
Gümüşay thematisiert in ihrer Kolumne Anfeindungen wegen ihrer religiösen Orientierung, wegen ihres Kopftuch-Tragens und setzt sich damit auseinander, dass ihr immer wieder unterstellt wird, nicht-deutscher Herkunft zu sein. Es wird deutlich, dass Frauen, die aufgrund des Kopftuchtragens als Muslima identifiziert werden, aktuell häufig von antimuslimischem Rassismus (→ *Schlaglicht P*) betroffen sind.

Die TN finden sich in Kleingruppen zusammen (Hinweise zur Kleingruppeneinteilung → Kapitel 4.3). Die SL benennt die Aufgabenstellung und verteilt das Arbeitsblatt.

Aufgabenstellung

1. Lesen Sie die Kolumne von Kübra Gümüşay.
2. Diskutieren Sie dazu die folgenden Fragen in der Kleingruppe:

- *Warum ist es der Autorin wichtig, nicht mehr zu schweigen?*
- *Was könnten weitere Gründe dafür gewesen sein, diesen Text zu verfassen?*
- *Macht sich die Autorin zum Opfer, wie ihr von Einigen vorgeworfen wurde?*
- *Was hat dieser Text mit dem Thema „Heimat" zu tun?*

Abschließend erfolgt die gemeinsame Besprechung des Textes in der Gesamtgruppe (15 Minuten). Dazu begeben sich die TN wieder in die Gesamtgruppe.
Die SL informiert über das Genre des *Poetry Slam und der Hate Slams* (→ unten Abschnitt III. und *Schlaglicht M*), das Gümüşay genutzt hat.

Mögliche **vertiefende Fragen**

- *Was ist Heimat? Für wen?*
- *Was bedeutet „Deutsch-Sein" im 21. Jahrhundert?*

4. Phase: Vertiefende Aufgabe, optional Hausaufgabe. Dauer: 45 Minuten

Die TN bekommen die Aufgabe, selbst einen Poetry-Slam über Hate Speech zu entwerfen. Sie können dafür weitere Beispiele des Hasspost-Slammens recherchieren oder respektlose Äußerungen nutzen, die sie

- *aus dem Alltag,*
- *ihrem beruflichen Kontext oder*
- *den Medien kennen.*

Alternativ: Anstatt sich mit negativen Äußerungen auseinanderzusetzen wird an dieser Stelle der Spieß umgedreht. Die TN sammeln und verwerten wertschätzende und respektvolle Äußerung im Umgang mit Menschen und aus ihrem beruflichen Kontext.

III. Fachliche und methodische Hintergrundinfos für SL

Diese Übung dient der vertiefenden Auseinandersetzung mit Diskriminierungserfahrungen von Personen, die als muslimisch markiert werden. Durch den Perspektivwechsel sollen Dilemmata, denen sich muslimisierte Personen in ihrem Alltag stellen, beispielhaft nachgezeichnet werden. Gerade in der ersten Phase der Übung wird die Diskrepanz zwischen der Selbstwahrnehmung und der (medialen) Fremdzuschreibung von rassistisch markierten Personen deutlich.

Am Ende der Übung soll das Slammen eine eher positive Stimmung vermitteln, indem aufgezeigt wird, dass diskriminierte Personen sich durchaus Räume des kreativen Widerstands und des empowernden Umgangs mit Hass bereits erschlossen haben und weiterhin erschließen.
Vertiefung: Das Kreieren eines eigenen Poetry-Slams kann für die TN sehr empowernd sein, gerade, wenn sie selbst oder ihre Organisation von Hasspost und/oder -Kommentaren betroffen sind. Die TN erlernen ein konstruktives Tool zum Umgang mit Hass und Diffamierung und werden gestärkt.

Fachliche Hintergrundinfos

Das muslimische Kopftuch

1 Unter Muslim*innen ist es kontrovers, ob das Kopftuchtragen ein religiöses Gebot darstellt oder nicht. Dabei berufen sich verschiedene Koranexegeten auf den Koran Vers 31 in Kapitel 24. Das Kopftuchtragen hat dennoch für viele Musliminnen einen religiös-spirituellen Stellenwert in ihrem Leben. Sie sollten in ihrem – wie auch immer ausfallenden – Selbstbild, ihrer Emanzipation gestärkt werden und ihre Entscheidungen individuell für sich treffen. So ist die Entscheidung und Bewertung des Kopftuch-Tragens eine persönliche. Die Bewertung ist für Nicht-Muslim*innen dahingehend unbedeutend, dass es für den gesellschaftlichen Zusammenhalt und die Einhaltung von Menschenrechten irrelevant ist. Die Bewertung kann außerdem als übergriffig empfunden werden. Vergessen werden darf dabei nicht, dass Rassist*innen „Kopftuchdebatten" für ihre Agenda missbrauchen und zur Unterdrückung von Muslim*innen beitragen, insbesondere von muslimischen und muslimisierten Frauen (→ *Schlaglicht J* ***Intersektionalität*** und zu antimuslimischem Rassismus *Schlaglicht P*).
2 Problematisch ist es, wenn der weibliche Körper zum Kampffeld unterschiedlicher Interessen wird und die subjektive Entscheidung der Frau keine Rolle spielt. Sowohl das Kopftuch-Tragen als auch das Nicht-Kopftuch-Tragen ist eine persönliche Entscheidung. Das In-Frage-Stellen schränkt die persönliche Freiheit ein. Relevant ist vielmehr die Reflexion auf der Meta-Ebene zur Aufdeckung von Vorurteilen und Stigmatisierung. Hierzu ist es erforderlich darüber zu reflektieren, weshalb die Frage nach dem Kopftuch-Tragen nicht-muslimische Menschen stark interessieren kann, welchen Einfluss öffentliche Debatten auf unsere Denkweisen haben und was sie mit uns machen. Gefragt werden kann: Geht es um ein Kleidungsstück? Was wird ausgehandelt (z. B. *wer dazu gehört, wer unterdrückt ist, wer minderwertig ist, wer emanzipiert ist, wer anders ist)? Wer sind die Akteure der Debatte? Gib es Profiteure?* (→ hierzu die Diskriminierungskritischen Analysefragen Kapitel 4.3).
3 Da die Frage nach dem Kopftuch-Tragen eine öffentlich präsente ist, wird das Thema für viele interessant oder zumindest bekannt sein. Selbst wenn entsprechende Debatten oft rassistisch sind, muss die Neugier der TN bezüglich des Themas nicht rassistisch sein und kann zu weiteren Fragen führen. Die können und müssen mit dieser Übung nicht abschließend geklärt werden. Trotzdem sollte der Raum für Reflexion offen stehen.
4 Beachtet werden sollte: Die Gesprächsrunde über das Kopftuch darf den Schutzraum, insbesondere für rassistisch markierte Personen nicht relativieren. Anwesende, die von antimuslimischen Rassismus betroffen sind, können von den Fragen und Diskussionen getriggert werden. Außerdem besteht die Gefahr, sie zu „Expert*innen" zu machen und ihre Stigmatisierung zu befördern. Wenngleich klar sein muss, dass individuelle Statements keine Allgemeingültigkeit haben, gilt gleichzeitig, dass persönliche Erfahrungen nicht abgesprochen oder relativiert werden sollten.

Methodische Hinweise

Infos zur Methode: Poetry Slam und Hate Slamming

Ein Beispiel für eine Hate Slam Performance lässt sich im digitalen Kompetenz-Portal „Den Menschen im Blick" unter der Rubrik *Stimmen*, „Menschen und Geschichten": „Wie hasst man richtig?" finden. Die SL sollte darauf achten, dass die TN sich nicht zu sehr an einer Diskussion über die raue Ausdrucksweise der Slammerin Kübra Gümüşay aufhalten, damit die inhaltliche Diskussion nicht zu kurz kommt.

https://t1p.de/40890

IV. Material

Arbeitsblatt

Aufgabenstellung

1. Lesen Sie die Kolumne von Kübra Gümüşay.
2. Diskutieren Sie dazu die folgenden Fragen in der Kleingruppe:

- *Warum ist es der Autorin wichtig, nicht mehr zu schweigen?*
- *Was könnten weitere Gründe dafür gewesen sein, diesen Text zu verfassen?*
- *Macht sich die Autorin zum Opfer, wie ihr von Einigen vorgeworfen wurde?*
- *Was hat dieser Text mit dem Thema „Heimat" zu tun?*

Anschließend werden in der Gesamtgruppe die Ergebnisse besprochen.

Das Tuch.
Schweigen werde ich ganz sicher nicht
Kolumne von Kübra Gümüşay in der taz vom 16. Juli 2012

Immer wieder habe ich deine Kotze aufgewischt. Jetzt reicht es mir. Hier hast du den Eimer, voll mit deinem Dreck, zurück. Sollen doch alle sehen, wie krank du bist.
Das ist für dich. Du hast gekotzt. Immer wieder, am liebsten auf meinem Blog. Lass es raus, habe ich gedacht. Sollen doch alle sehen, wie krank du bist. Und trotzdem habe ich deine Kotze aufgewischt, weil ich den Gestank nicht mehr ausgehalten habe. Lange stand der Kotzeimer bei mir herum, jetzt kriegst du ihn wieder. Bitte schön, deine Kotze.
Advent, Advent, ein Moslem explodiert, hast du in weihnachtlicher Stimmung geschrieben. Und dich gefreut. Häufig hast du dir richtig Mühe mit mir gemacht. Sorgfältig hast du Artikel rausgesucht und mir die Links zugeschickt. Du hast über mein Privatleben fantasiert, dir Bettgeschichten ausgedacht.
Und wolltest mir gute Manieren beibringen, mit Hinweisen wie diesem:
Es ist unhöflich, wenn Gäste nicht von alleine merken, wenn sie nicht mehr erwünscht sind. Ja, ganz genau, du bist ein unerwünschter Gast. Du gehörst nicht dazu.
Du hast mir nette Ratschläge gegeben:
Vielleicht wäre das ja jetzt der Zeitpunkt, den Absprung aus diesem, Ihnen so verhassten Land zu wagen.
Manchmal warst du auch ganz klar, direkt und höflich:

Seien Sie nicht unhöflich, gehen Sie einfach.
Du rechnetest mir meine Lebenskosten vor:
Wenn Sie weiterhin auf ihrer Kultur beharren, dürfen sie sich nicht überrascht zeigen darüber, dass Sie oder Ihre Nachkommen den Preis dafür bezahlen.
Wie nett von dir, mich vorzuwarnen. Es könnte ja gefährlich werden, nicht wahr?
Mit welchen Mitteln die Endlösung geschieht, hängt ganz entscheidend von den Muslimen ab. Assimilieren sie sich rechtzeitig in die vorherrschende Kultur, haben sie und vor allem auch ihre Nachfahren gute Karten, einer Gegenbewegung den Wind aus den Segeln zu nehmen und diese heil zu überstehen.
Du gabst mir auch Wahlfreiheit:
Entweder Kopftuch ab oder aus Deutschland RAUS!!!
Wobei ich finde, das Ausfallende passt ja eigentlich nicht so richtig zu dir:
Steck Dir Deinen blöden Allah doch in den Arsch, Du Moslemtrottel.
Richtig süß fand ich übrigens deine kreativen Sprüche. Der hier zum Beispiel:
Klebt der Terrorheini an der Wand, hat jede kluge Hausfrau Atta zur Hand!

Du hattest auch großartige Kosenamen für mich. „Kleingangsterin" zum Beispiel, „Islamistin im Schafspelz", „Schleiereule" oder – mein Favorit – „Kübel Gemüse".
Einmal hast du mir davon erzählt, mit welchem Vergnügen du mir die Kehle durchschneiden würdest, wenn es so weit sei. Wenn die Deutschen aufhören würden zu buckeln.
Vor ein paar Wochen hast du mir schließlich „Erstick!" ins Gesicht geschrieben. Dazu hattest du dich vor mit aufgebaut, während ich im Zug meinen Salat aß. „Hau ab!", hast du gerufen und: „Geh zurück nach Hause! Scheiße!" Dann hast du das Abteil verlassen.
Die anderen Fahrgäste haben dir erschrocken hinterhergeschaut. Aber ich kenne dich mittlerweile.
Mich schockierst du schon lange nicht mehr. Warum ich das schreibe? Sollen doch alle sehen, wie krank du bist. Ich weiß es ja schon.
Und schweigen werde ich ganz sicher nicht.

Schlaglicht M
Empowernment durch die Kunst der Worte – Bloggen, Slammen und Rappen

Worte sind mächtig. Sie können als Instrumente der Diskriminierung und Herabsetzung dienen und Stereotype und Schubladendenken reproduzieren. Künstler*innen haben den Spieß umgedreht. In Texten verarbeiten sie ihre Erfahrungen mit Rassismus und stehen gegen Diskriminierung auf. Texte auf Blogs, in Poetry Slams, in Musik, im Rap werden so zum Mittel des Empowerments.

Hate Speech
Hate Speech (dt.: Hasssprache) meint abwertende Äußerungen, die sich gezielt gegen bestimmte Personen oder Personengruppen richten. In menschenfeindlichen Äußerungen, werden Menschen beleidigt oder bedroht. Dieser Hass kann sich unter anderem in Rede- und Schriftbeiträgen, auch in Sozialen Medien, widerspiegeln. Hate Speech manifestiert sich durch Reproduktion diskriminierender und rassistischer Äußerungen. Häufig handelt es sich nicht um „eigenständiges politisches Denken", sondern um die Wiederholung von Althergebrachtem, das sich auf überlieferte rassistische Aussagen bezieht. Die Bedeutungsketten und der Bezug zu Bekanntem verleihen der Hassrede Autorität. Dadurch können die Inhalte von Hate Speech als akzeptabel erscheinen und sich weiter etablieren und verbreiten (vgl. Judith Butler 2006).

Kübra Gümüşay – Bloggen gegen antimuslimischen Rassismus
„Frauen mit Kopftuch sind (Anm. B. S.: heute in Deutschland) nicht mehr nur die Putzfrauen, sondern sitzen mit dir in der Uni und werden Dozentinnen. Der gesellschaftliche Wandel wird immer mehr sichtbar. Und deswegen diskutieren wir darüber", sagt die Bloggerin Kübra Gümüşay in Deutschlandfunk Nova (o.J.). Als kopftuchtragende Frau wird sie immer wieder auf „das Kopftuch" reduziert. Gümüşay ist aber noch viel mehr. Sie arbeitet als Aktivistin, Journalistin und Referentin und beschäftigt sich auf ihrem Blog „Ein Fremdwörterbuch" mit den Themen Muslimischsein, Feminismus und Rassismus. Bereits 2010 gründete sie mit anderen das Netzwerk „Zahnräder", das aktive und engagierte Muslim*innen zusammenbringen will. Gümüşay hält Vorträge auf Konferenzen, redet auf Podiumsdiskussionen und gibt Impulse in Universitäten. 2013 initiierte sie gemeinsam mit anderen Aktivist*innen den Hashtag #schauhin, um auf Alltagsrassismus aufmerksam zu machen. 2016 hielt sie auf der Konferenz „re:publica" die Rede „Organisierte Liebe" (→ unten). Als Reporterin schrieb sie unter anderem für Die Zeit und hatte die Kolumne „Das Tuch" in der Tageszeitung. Die Aktivistin wird immer wieder zum Ziel von Rassist*innen. Im Text ihrer Kolumne „Schweigen werde ich ganz sicher nicht" (→ Übung 7.1 Heimat) berichtet sie von rassistischen Anfeindungen, Drohungen und Beleidigungen gegen sie. Das „feministische" Magazin Emma unterstellte ihr in einem Artikel unter anderem über Vorwürfe gegen einen muslimischen Wissenschaftler zu schweigen und versuchte, der Aktivistin Aussagen über Salafismus zuzuschreiben. Trotz Hate Speech ließ Kübra Gümüşay sich nicht unterkriegen. Das Wirtschaftsmagazin Forbes setzte sie im Jahr 2018 auf die „30 under 30 – Europe – Media and Marketing" Liste. Aktuell arbeitet Gümüşay an einem Buch.

Kübra Gümüşay: Organisierte Liebe
Der Appell der Aktivistin ruft dazu auf, das Positive im Internet zu zelebrieren. Rassist*innen organisieren sich über Internetforen und verbreiten so ihren Hass. Sie warnt davor, dass die Diskussion um Existenzberechtigung von Muslim*innen in Deutschland und rassistische Standpunkte salonfähig gemacht werden. Im Internet fällt es laut der Rednerin leicht, Menschen zu enthumanisieren. Ihr Appell lautet: Liebe im Netz organisieren, Danke sagen und sich gegenseitig unterstützen.

I'Slam – Slammen gegen Vorurteile

I'Slam begann als eine muslimische Version des Poetry Slam. Künstler*innen wurde die Möglichkeit geboten, auf der Bühne über relevante Themen zu sprechen und in Workshops die eigenen Schreib- und Bühnenperformance-Kompetenzen zu verbessern. Heute werden auch Kurse zu musikalischer und visueller Kunst angeboten. Das Ziel von I'Slam ist es, junge Muslim*innen zu empowern und sie in ihrer Identität zu stärken. Mit öffentlichen Auftritten sollen Teilnehmende darin unterstützt werden, rassistische Stereotype zu bekämpfen und Alltagsrassismus selbstbewusst zu begegnen. Die Worte junger Muslim*innen sollen so Gehör finden.

Poetry Slam

Bei Poetry Slam-Veranstaltungen treten die Teilnehmenden mit selbstverfassten Texten im Wettstreit vor Publikum gegeneinander an.

Eko Fresh: Aber – Rap vermittelt

Rapper Ekrem Bora alias „Eko Fresh" präsentiert in dem Video zu seinem Song „Aber" ein Rollenspiel zwischen drei Personen: Er selbst vermittelt zwischen den beiden von Klischees und extremen Gegensätzen geprägten gegenseitigen Beschuldigungen eines völkisch denkenden deutschen Rassisten und eines völkisch denkenden türkisch-muslimischen Rassisten. Er fordert, trotz unterschiedlicher „Lebenswelten" nicht auf Klischees zu beharren, sondern miteinander reden und leben zu lernen: „Meine Ansicht, Bro, ob Religion, ob Tradition, zusammen in ‚nem Land zu wohnen, ist schwer, aber ihr macht das schon".

Datteltäter – Mit Satire gegen Vorurteile

Die Datteltäter „planen ein neues Satire-Kalifat im Herzen der YouTube Szene". Mit viel Witz erklären sie Stereotypen und Vorurteile, denen Muslim*innen in Deutschland ausgesetzt sind. Das muslimische Satire-Kollektiv möchte mitbestimmen, auf welche Weise über Themen geredet wird, die das alltägliche Leben von Muslim*innen betreffen. Muslim*innen sollen in alle Diskurse eingebunden und nicht auf aus- oder abgrenzende Themen reduziert werden. Datteltäter Younes Al-Amayra kommt ebenso wie Kübra Gümüşay in der → Übung 8.1 Heimat zu Wort.

Literatur

Datteltäter (2016): Kanalinfo. Erschienen unter https://www.youtube.com/watch?v=A_AHu0FB (01.06.2022).
Deutschlandfunk Nova (o.J.): Kübra Gümüsay – Teil deine Geschichte. Erschienen unter https://www.deutschlandfunknova.de/beitrag/k%C3%BCbra-g%C3%BCm%C3%BCsay-storys-netz-und-feminismus (01.06.2022).
Forbes (2018): Kübra Gümüsay. Erschienen unter https://www.forbes.com/profile/kubra-gumusay/#687b62812fef (01.06.2022).
Fresh, Eko (2018): Aber. Erschienen unter https://www.youtube.com/watch?time_continue=3&v=1A7Qw88As64 (01.06.2022).
Germania (2017): GERMANIA I Younes Al-Amayra. Erschienen unter https://www.youtube.com/watch?v=A_AHu0FB0GI (01.06.2022).
Gümüsay, Kübra (2018): Mein Herz tanzt. Dankeschön. Erschienen unter http://ein-fremdwoerterbuch.com/ (01.06.2022).
Gümüsay, Kübra (2016): Organisierte Liebe. Erschienen unter https://re-publica.com/de/session/organisierte-liebe (01.06.2022).
Gümüsay, Kübra (2014): Ein Semi-Abschied: Zahnräder. Erschienen unter http://ein-fremdwoerterbuch.com/2014/01/abschied-zahnrader/ (01.06.2022).
I'Slam (o.J.): Wer wir sind. Erschienen unter https://www.i-slam.de/ueber-uns/ (01.06.2022).
kampnagel.de (2016): Internationales Sommerfestival. Kübra Gümüşay: Organisierte Liebe. Erschienen unter https://www.kampnagel.de/de/programm/organisierte-liebe/ (01.06.2022).
Landsberg, Torsten (2018): Rassismus-Debatte: Rapper Eko Fresh ruft mit „Aber" zur Verständigung auf. Erschienen unter https://www.dw.com/de/rassismus-debatte-rapper-eko-fresh-ruft-mit-aber-zur-verst%C3%A4ndigung-auf/a-44830650 (01.06.2022).
Jens-Christian Rabe (2018): Rapper der Stunde. Erschienen unter https://www.sueddeutsche.de/kultur/aber-von-eko-fresh-rapper-der-stunde-1.4067403 (01.06.2022).

8.2 GUTES HAAR

Schwarzes Haar im Kontext von intersektionaler Diskriminierung

I. Allgemeine Infos zur Übung

Titel: Gutes Haar

Fachtitel: Schwarzes Haar im Kontext von intersektionaler Diskriminierung

Zuordnung und Voraussetzung:
Vertiefungs-Übung. Vorher sollten erste Kenntnisse zu Rassismus und Diskriminierung vorhanden sein.

Themenbereiche/Schlagworte
Bildanalyse, Rassismus, internalisierter Rassismus, Diskriminierung, unterschiedliche Diskriminierungsebenen (→ *Schlaglicht F*), Sexismus, Intersektionalität (→ *Schlaglicht J*), Empowerment (→ *Schlaglicht M* und *G*), historische Zusammenhänge; Haare

Lernziele
- Die TN arbeiten die Bedeutung von rassistischer Diskriminierung auf verschiedenen Ebenen heraus.
- Die TN analysieren die Verschränkung von Rassismus und Sexismus.
- Die TN erfassen strukturelle Kontinuitäten des Kolonialismus und historische Zusammenhänge.
- Die TN untersuchen Rassismus und Sexismus am spezifischen Merkmal Haar.

Anzahl der Teilnehmenden
6–16, maximal 30 Personen, 3–5 TN pro Kleingruppe

Zeit
Gesamtdauer: ca. 120 Minuten
1. Phase: Analyse von Bildmaterial. Dauer: 20 Minuten; Option zweiter Teil: + Dauer: 30 Minuten
2. Phase: Untersuchung der Auswirkung von Diskriminierung. Dauer: 70 Minuten
3. Phase: Auswertung. Dauer: 30 Minuten

Materialen
- Flipchart, Eddings
- eventuell Moderationskarten
- Hintergrundmaterial für die Kleingruppen, z. B. Bilder aus Werbung, Zeitschriften oder zu politischen Debatten/Bewegungen
- Eventuell PC/Laptop mit Internetzugang

Räumlichkeiten
Der Seminarraum sollte groß genug für Besprechungen in der Gesamtgruppe sein, sowie die Möglichkeit zu Kleingruppenarbeiten bieten.

Weiterführende Literatur und Links
Perception Institute (2014): „The Good Hair Study", abrufbar unter https://perception.org/goodhair/ (01.06.2022).

Johnson, T., Bankhead, T. (2013): Hair It Is: Examining the Experiences of Black Women with Natural Hair, Open Journal of Social Sciences, 2014 (2), S. 86–100.

Kimbell, R. (2008): My Nappy Roots: A Journey Through Black Hair-itage.

Kinshasa, I. (o. J.): „Warum Haare ein politisches Statement sind", in: https://www.vice.com/de/article/nepxvz/warum-haare-ein-politisches-statement-sind (01.06.2022).

Stilson, J. (2010): Good Hair. Santa Monica, CA.

Kombination mit anderen Übungen

Die Übung baut auf → Grundlagenübungen wie 6.1 Alles beginnt mit der Kategorie, 6.3 Diskriminierung?! und 6.2 Was ist Rassismus? auf. Sie vertieft die unterschiedlichen Ebenen von Diskriminierung und verdeutlicht die Auswirkungen von internalisiertem Rassismus (→ *Schlaglicht F*).

II. Ablauf und konkrete Schritte

1. Phase: Analyse von Bildmaterial. Dauer: 20 Minuten

Zum Einstieg werden verschiedene Bilder mit thematischem Bezug auf einem Tisch ausgelegt oder an einer Wand/ Pinnboard befestigt. Die TN betrachten zunächst die Bilder. Dauer: 5 Minuten

Beim anschließenden, gemeinsamen Brainstorming bringt die SL folgende Fragestellungen ein und sammelt die Antworten auf einer Flipchart:

- *Welche* Vorstellungen *von Haaren sehen Sie auf den Bildern?*
- *Welche Rolle spielen Schönheitsideale von weiß-Sein bei der Darstellung Schwarzer Frauen und Männer?*
- *Welchen Einfluss haben idealtypische Vorstellungen über verschiedene Haarstrukturen auf die Identität(-skonstruktion) von Schwarzen Menschen?*
- *Haben sich Vorstellungen über Haare in den letzten 50 Jahren geändert oder sind sie gleich geblieben? Was beobachten Sie?*
- *Kennen Sie positiven Beispiele im Kontext von Empowerment und Selbstbestimmtheit?*

TIPP: Hintergründe und Geschichten zum Thema Empowerment finden sich in *Schlaglicht G* und in *Schlaglicht M*.

Vorschlag für Diskussion

Schwarzes Haar wird in weißen Mehrheitsgesellschaften exotisiert und als etwas dargestellt, das fremd und wild ist und gebändigt werden muss, zum Beispiel durch chemische Relaxer oder durch Abschneiden der Haare.

Gesellschaftlich vorherrschende Schönheitsideale stellen durch die → Intersektion von rassistischer Diskriminierung und Geschlecht eine besondere Belastung für Schwarze Frauen dar.

Aber auch: Das Tragen bestimmter Schwarzer Frisuren, wie des Afro, wird in bestimmtem Kontexten von Personen aus der Afrodiaspora als Akt politischer Selbstbestimmung, eingesetzt (z. B. in der Bürgerrechtsbewegung in den USA und der Black Lives Matter-Bewegung).

Optional Phase 1: Selbstreflexion zu unbewussten Vorurteilen. Dauer: 30 Minuten

Wenn ausreichend geeignete Geräte (PC, Tablett, Handy) und ein Internetanschluss zur Verfügung stehen, können die TN vorbereitend den sogenannten „Hair – Implicit Association Test" durchführen (→ Abschnitt III unten, fachliche Hintergründe): https://perception.org/goodhair/hairiat/

Die SL erklärt den TN, wie sie den „Implicit Association Test" durchführen, ohne auf dessen Ziele einzugehen. Jede*r TN führt den Test individuell durch.

Danach kommt die Gruppe in der Gesamtgruppe zur gemeinsamen Reflexion zusammen. Die SL stellt ***folgende Diskussionsfragen***:

- *Wie kommt es dazu, dass wir unbewusste Vorurteile haben?*
- *Was bedeutet es für jedeN EinzelneN, unbewusste Vorurteile zu haben?*
- *Wie können sich Vorurteile auf unsere Normalitätsvorstellungen und andere gesellschaftliche Strukturen auswirken?*

Alternative oder zusätzlich zur Gruppendiskussion: Die SL fürht eine Auswertung mit der Methode NÜM-Runde durch (Erläuterungen hierzu → Kapitel 4.3).

TIPP: Die SL weist die TN darauf hin, dass das Offenlegen eigener Ergebnisse nicht notwendig ist. Sie betont, dass es nicht geht, TN zu bewerten oder zu exponieren. Ziel ist es vielmehr, eigene Stereotype und unbewusste Vorurteile reflektieren zu können.

2. Phase: Untersuchung der Auswirkung von Diskriminierung. Dauer: 70 Minuten

Eingeleitet wird Phase 2 durch ein kurzes Brainstorming. Anleitend ist folgende Frage:
Auf welchen Ebenen in der Gesellschaft kommt Diskriminierung vor?

Anschließend zeichnet die SL ein Modell an das Whiteboard/Flipchart, das die verschiedenen Ebenen aufführt (→ unten). Die SL gibt ein paar Beispiele zu den verschiedenen Ebenen (→ *Schlaglicht F* ***Matrix. Formen rassistischer Diskriminierung).*** Die SL betont, dass die Ebenen nicht klar voneinander zu trennen sind und Diskriminierung sich oftmals über mehrere Ebenen erstreckt. Gleichwohl beeinflussen sich die unterschiedlichen Ebenen.

Lösungsvorschlag → Zeichnung verschiedene Ebenen der Diskriminierung:

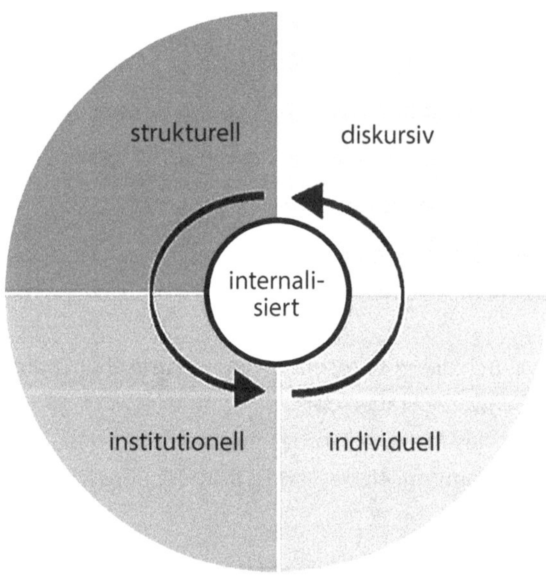

Anmerkung: Es sollten ca. 5 Minuten für Rück – und Verständnisfragen zur Verfügung stehen.
Die SL führt die TN in die Aufgabenstellung ein und teilt sie in Kleingruppen ein (Hinweise zur Kleingruppeneinteilung → Kapitel 4.3). Die SL kündigt an, dass für die Bearbeitung in den Kleingruppen 30 Minuten zur Verfügung stehen, danach erfolgt die Präsentation in der Gesamtgruppe. Die SL teilt das Arbeitsblatt für die Kleingruppenarbeit aus.

Aufgabenstellung
1. Finden Sie Beispiele für die Auswirkung von rassistischen Zuschreibungen in Bezug auf Haare auf der strukturellen, institutionellen, diskursiven und individuellen Ebene.
2. Diskutieren Sie die Auswirkungen von internalisiertem Rassismus in Bezug auf Haare. Finden Sie Beispiele für Gegenbewegungen, die das Thema „Haare" konkret aufgreifen, etwa beim Engagement für Schwarze Selbstbestimmung.
3. Halten Sie Ihre Ergebnisse auf der Flipchart fest.

Anmerkung: Entweder kann jede Gruppe alle Ebenen bearbeiten oder – bei weniger verfügbarer Zeit – sich nur einer Ebene widmen. Damit alle Ebenen abgedeckt sind, sollten die Kleingruppen unterschiedliche Ebenen bearbeiten.

3. Phase: Auswertung. Dauer: 30 Minuten

Danach werden die Kleingruppen zurück ins **Plenum** gebeten. Sie stellen nacheinander ihre Ergebnisse anhand ihrer Plakate vor. Die SL moderiert und ergänzt gegebenenfalls.
Anschließend werden die Arbeitsergebnisse in der Gesamtgruppe besprochen. Dazu können **folgende Fragen** leitend sein:
- *Inwieweit sind heute bestehende Vorurteile auf historische Gegebenheiten zurückzuführen (wie z. B. den europäischen Kolonialismus und den Sklavenhandel)?*
- *Zeigen sich Wechselwirkungen zwischen sexistischer und rassistischer Diskriminierung?*
- *In welchen Bereichen sind insbesondere Frauen* aufgrund ihrer Haare/Frisuren von rassistischer Diskriminierung betroffen?*
- *Was kann getan werden, um positive Veränderung zu bewirken? Auf welchen Ebenen müsste dazu angesetzt werden und wie?*

III. Fachliche und methodische Hintergrundinfos für SL

Fachliche Hintergrundinfos

1. Hair – Implicit Association Test
Der Internettest dient dazu, die Assoziationen in Bezug auf zwei Dimensionen (zum Beispiel alt/jung und gut/schlecht) zu messen. Dazu werden den TN in Test-Blöcken Wörter und/oder Bilder vorgelegt, welche die TN per Tastendruck einer der beiden Kategorien zuordnen sollen. Anhand der Reaktionszeiten lassen sich im Anschluss die Stärke und Richtung der Assoziation messen, also ob jemand bestimmte Begriffe oder Bilder als zusammengehörig empfindet oder nicht.
Der Test findet sich auf der offiziellen Seite des *Perception Instituts:* https://perception.org/goodhair/hairiat/ (01.06.2022).

2. Schwarzes Haar und Rassismus auf unterschiedlichen Ebenen
Im Kontext des Sklavenhandels und des Kolonialismus wurde neben der Hautfarbe krauses Haar als Merkmal für Primitivität und Unterlegenheit herangezogen. Gleichzeitig wurden versklavten Menschen die Haare abgeschnitten um ihnen ihre Identität zu nehmen und sie zu erniedrigen. Frauen wurde zum Teil verboten, ihre Haare zu pflegen oder in der Öffentlichkeit zu zeigen. Obwohl das Konzept von unterschiedlichen menschlichen Rassen von der Wissenschaft längst aufgegeben wurde, ist die Struktur von schwarzem Haar immer noch signifikant für die Herleitung von ethnischen Gruppenzugehörigkeiten.
Diese historisch gewachsenen Vorurteile und Zuschreibungen wirken sich auf **allen Ebenen** (→ *Schlaglicht F*) benachteiligend oder auch privilegierend aus:

Individuell: (Unbewusste) Vorurteile und Ressentiments gegenüber Schwarzem Haar beeinflussen zwischenmenschliche Interaktionen. Beispielsweise, wenn ein Kind von einem Mitschüler wegen seiner Haare ausgelacht wird, das Kind von der Lehrerin als „wild“ wahrgenommen wird oder wenn eine Person „aus Neugier“ einer anderen Person ungefragt in die Haare fasst.

Diskursiv: In öffentlichen und medialen Diskursen wird Schwarzes Haar exotisiert und als etwas dargestellt, das „unnormal“, „fremd“ und „wild“ ist und gebändigt werden muss. Dagegen wird glattes oder welliges Haar als „normal“ und „schön“ dargestellt. Natürliche Schwarze Haare werden in Medien, wie Zeitschriften, Filmen und Werbungen mit entsprechenden Zuschreibungen verbunden – oder sie sind gar nicht präsent. Immer wieder ist zu beobachten: Je krauser das Haar, also desto weiter weg vom normativen, weißen Schönheitsideal es wahrgenommen wird, desto häufiger wird es als „wild“, „exotisch“, „unnormal“ oder „negativ“ dargestellt.

Institutionell: Aufgrund des weit verbreiteten Vorurteils, Schwarze Frisuren wie Cornrows oder Dreadlocks seien „ungepflegt“ und nicht für den (beruflichen) Alltag geeignet, wirkt sich Rassismus auf institutioneller Ebene benachteiligend auf Personen mit krausem Haar aus. Ein Beispiel institutioneller Diskriminierung ist die Praxis des *Racial Profilings* (→ Kapitel 10 FAQ). In Bezug auf Haare ist ein Beispiel, wenn Mitarbeitende von Behörden, Schwarzen Menschen, die ihre Haare natürlich tragen, bei Grenzkontrollen in die Haare fassen. Ein weiteres institutionelles Beispiel ist, wenn eine Schule ihren Schwarzen Schülerinnen vorschreibt, ihre Haare zu glätten, um „ordentlicher“ auszusehen oder Dresscodes das Tragen bestimmter Schwarzer Frisuren am Arbeitsplatz verbieten.
Lange Zeit gab es gar keine Produkte für Afrohaare in konventionellen Drogerien zu kaufen. Auch heute ist das Angebot sehr klein und beschränkt auf eine kleine Auswahl an Produkten. Es gibt zudem wenige bis keine (zum Beispiel in ländlichen Gegenden) spezialisierte Friseursalons, die sich mit der Struktur von Afrohaar auskennen.

Strukturell: Die verschiedenen Haarstrukturen entwickelten sich zu einem signifikanten Merkmal zur Bestimmung von „Rassen“ und zur Bestimmung der Wertigkeit der einzelnen rassifizierten Menschen. Die zugrundeliegenden Vorstellungen und Vorurteile wurden in gesetzliche Strukturen gegossen. So wurde zur Zeit des südafrikanischen Apartheidregimes der sogenannte Bleistift-Test durchgeführt. Dabei wurde eine Person, je nachdem ob ein ihr ins Haar gesteckter Bleistift darin stecken blieb oder herausfiel, als Schwarz oder *weiß* klassifiziert und hatte dementsprechende Privilegien oder Nachteile.

Internalisiert: *Rassistische Stereotype, dass* bestimmte Frisuren und Haarstile, wie *Rastas oder Afro,* weniger schön, ungepflegter, wilder und weniger professionell seien als glattes oder welliges Haar, *werden internalisiert (verinnerlicht). Damit bekommen sie großen Einfluss auf die (Eigen)wahrnehmung von Menschen, also* wie Personen von anderen behandelt werden und wie sie wiederum von sich selbst denken. Negative Erfahrungen wirken sich auf das Selbstwertgefühl und die eigene Identität aus und können dazu führen, dass die eigenen Haare als hässlich angesehen werden.
Selbst- und Fremdbilder: Insbesondere Schwarze Frauen standen und stehen unter Druck, ihre Haare chemisch zu glätten oder Perücken zu tragen, um negative Konsequenzen zu vermeiden, *weißen* weiblichen Schönheitsstandards zu entsprechen und gesellschaftliche Beachtung zu erfahren. Eine dazu im Jahr 2013 vom *Perception Institute* durchgeführte Studie mit dem Titel „The Good Hair Study“ kam zu dem Ergebnis, dass die Mehrheit der befragten Schwarzen und weißen Frauen unbewusste Vorurteile gegenüber Frauen mit naturkrausen Haaren hatte.
Erläuterungen zum Begriff *Intersektionalität* finden sich im gleichnamigen → *Schlaglicht J*.
Die intersektionale Perspektive auf Rassismus und Sexismus lässt deutlich werden, dass Schwarze Frauen spezifische Diskriminierungserfahrungen machen, die sich sowohl von den Erfahrungen Schwarzer Männer als auch von denen *weißer* Frauen unterscheiden.

3. Gegenbewegungen und Schwarze Selbstbestimmung
Mit Entstehung der Schwarzen Bürgerrechtsbewegung und des Black Power Movements in den USA kam nicht nur die bewusste Ablehnung weißer Schönheitsnormen durch Schwarze Menschen einher, sondern auch die Aneignung von Schwarzen Haaren als Symbol des Widerstands gegen Rassismus. Inzwischen gibt es einige globale Social Media-Bewegungen, in denen sich vor allem Schwarze Frauen auf Medien wie YouTube, Instagram und Twitter gegenseitig bestärken und unterstützen, ihre Haare natürlich zu tragen, in denen sie ihre eigenen Geschichten erzählen sowie Ratschläge und Styling Tipps austauschen → hierzu auch *Schlaglicht G* und *M*.

Methodische Hinweise

1. TN empathisch im Blick haben und ihnen Freiraum ermöglichen (→ Kapitel 4.2).
2. Sprachgebrauch beachten (→ Kapitel 4.2).

III. Material

Arbeitsblatt: Gutes Haar

Aufgabenstellung

1. Finden Sie Beispiele für die Auswirkung von rassistischen Zuschreibungen in Bezug auf Haare auf der strukturellen, institutionellen, diskursiven und individuellen Ebene.
2. Diskutieren Sie die Auswirkungen von internalisiertem Rassismus in Bezug auf Haare. Finden Sie Beispiele für Gegenbewegungen, die das Thema „Haare“ konkret aufgreifen, etwa beim Engagement für Schwarze Selbstbestimmung.
3. Halten Sie Ihre Ergebnisse auf der Flipchart fest.

Hintergrundinfo. Die verschiedenen Ebenen von Diskriminierung

Individuell: Zwischenmenschliche Begegnungen finden immer in einem Rahmen von strukturellen Machtverhältnissen statt. So haben Vorurteile und Zuschreibungen gegenüber Personen oder Gruppen Einfluss auf zwischenmenschliche Interaktionen.
Institutionell: Die institutionelle Ebene umfasst alle internen Regeln, Praxen und (Verfahrens-)Abläufe einer Organisation, Verwaltung oder eines Unternehmens. Durch die Institutionalisierung von diskriminierenden Diskursen und Praxen werden Stereotype reproduziert und Machtstrukturen gefestigt.
Diskursiv: Die diskursive Ebene bezieht sich auf gesellschaftlich dominante Ideologien und Darstellungen von Normalität, Schönheit und Wertvorstellungen. Diese finden sich in medialen und politischen Diskursen, aber auch in unserer Sprache und werden beeinflusst von internalisierten Rollenvorstellungen, (ungeschriebenen) Normen und Weltbildern der Mehrheitsbevölkerung.
Strukturell: Die strukturelle Ebene umfasst (normativ geregelte) Rechtsgrundlagen einer Gesellschaft, diese können Ungleichbehandlung bestimmen oder begünstigen.
Internalisiert: In Abhängigkeit des Umfelds und der Sozialisierung werden Erfahrungen, Normvorstellungen und positive wie auch negative Zuschreibungen verinnerlicht und wirken sich auf das Selbstwertgefühl und die Identität von Personen aus. Das hat großen Einfluss auf die (Eigen-) wahrnehmung, also wie Personen andere behandeln und wie sie wiederum von sich selbst denken. Gleichzeitig beeinflussen internalisierte Verhaltensweisen, Normen und Muster öffentlicher (medialer und politischer) Diskurse und auch das Handeln von Personen in Institutionen, wie Schule, Jobcenter und Verwaltung.

Bildmaterialen

„Glätte dein Haar und lass es frei“
(1) Diese Werbung für chemische Glättemittel aus dem US-amerikanischem Raum (1971) suggeriert mit dem Text „Glätte dein Haar und lass es frei“, dass Schwarzes Haar nur dann „frei“ ist, wenn es geglättet wurde.
Abrufbar unter: https://t1p.de/relaxyourhair (01.06.2022).

(2) Diese Nivea-Werbung zeigt einen gepflegt aussehenden Schwarzen Mann, der einen abgetrennten Kopf wie einen Diskus in der Hand hält. Dieser scheint sein altes, ungepflegtes Aussehen zu repräsentieren: unrasiert und mit einem Afro. Darüber steht geschrieben: „Re-Civilize Yourself", also „Re-zivilisiere dich". Nachdem die Werbung im Internet stark kritisiert wurde, erklärte Nivea, sie nicht mehr einsetzen zu wollen.
Abrufbar unter: https://t1p.de/nivea (01.06.2022).

(3) Die Zeitung „Hörzu" hat in einer Ausgabe aus dem Jahr 2006 mit dem Bild einer Schwarzen Frau auf dem Schoß eines *weißen* Mannes geworben. Der Text darunter ‚Irgendwann nimmt man nicht mehr irgendwas' suggeriert, dass Schwarze Frauen von *weißen* Männern „genommen" werden können und weckt Assoziationen zum transatlantischen Menschenhandel.
Abrufbar unter: https://www.kaiwulff.de/diskriminierende-werbung/ (01.06.2022).

(4) Das Bild zeigt Mitglieder der 1966 in den USA gegründeten Organisation der „Black Panther Party for Defense“ (BPP). Die BPP verfolge von Beginn an eine Politik der Gleichstellung von Frauen und Männern, im Gegensatz zu den meisten anderen politischen Gruppierungen dieser Zeit. Die Mitglieder des BPP setzten den Afro als ein Symbol des Widerstandes gegen den andauernden Rassismus ein.
Abrufbar unter: https://t1p.de/vice-bpp (01.06.2022).

„Tauche ein in das Geheimnis von Afrika – Lass deine Zunge auf Reisen gehen“
(5) Die Eiscreme-Marke Häagen Dazs warb in einer Werbekampagne aus dem Jahr 2003 mit der Aufforderung, sich in „das Geheimnis Westafrikas zu begeben“ und „die Zunge auf Reisen gehen zu lassen“. Die abgebildete Frau wird dadurch zum Objekt rassistischer Zuschreibungen (exotisch, mysteriös) gemacht und gleichzeitig als Konsumgut dargestellt.
Abrufbar unter: https://t1p.de/haeagen-dazs (01.06.2022).

„Fäuste hoch und Afros raus“

(6) Schülerinnen der *Pretoria High School* für Mädchen in Südafrika wurde im August 2016 von der Schulleitung verboten, ihr Haar natürlich zu tragen. Sie wurden aufgefordert, ihre krausen Haare zu glätten, damit es „ordentlich“ aussehe. Die Schülerinnen protestierten gegen das Verbot, bis es schließlich gekippt wurde. Abrufbar unter: https://t1p.de/PretoriaHighSchool (01.06.2022).

Schlaglicht N
Othering

„Othering" bedeutet wörtlich übersetzt „Ver-Andern" oder „Anders-Machen".

Mit diesem Begriff wird ein Prozess beschrieben, in dem Menschen zu „Anderen" gemacht und von einem „Wir" unterschieden werden. Durch eine solche Konstruktion „des Anderen" wird die Welt in jene, die dazugehören, und jene, die nicht dazugehören, unterteilt. „Das ist keine simple Beschreibung von natürlichen Tatbeständen, sondern hier geht es um die Produktion von Wissen selbst", so der Soziologie Stuart Hall, der die Konstruktion von Differenz in rassistischen Diskursen untersuchte. „Dieses System der Spaltung der Welt in (...) binären Gegensätze ist das fundamentale Charakteristikum des Rassismus, wo immer man ihn findet."

Otheringprozesse können auf Rassismus fußen. Sie können aber auch auf anderen Diskriminierungsdimensionen basieren, so etwa auf Sexismus, Ageismus, Ableismus, Klassismus, Trans*feindlichkeit (→ *Schlaglicht L* ***Dimensionen von Diskriminierung. Wer wird diskriminiert?***).

Das Konzept des Othering wurde in philosophischen Auseinandersetzungen entwickelt. So prägte die Philosophin und Feministin Simone de Beauvoir bereits im Jahr 1976 das Konzept der „Alterität". Sie beschreibt damit die gesellschaftliche Stellung „der Frau", die stets in Bezug auf „den Mann" gedacht wird und nur als Gegenbild zum Mann vorstellbar scheint. Der Begriff des „Othering" wurde von der Literaturwissenschaftlerin Gayatri Chakravorty Spivak 1985 geprägt. Sie beschrieb damit den Prozess, mit dem der imperiale Diskurs die „Anderen" bzw. „das im Machtdiskurs ausgeschlossene Andere" schuf. Seither ist das Konzept Bestandteil verschiedener Theorien und zahlreicher Studien geworden, so etwa der postkolonialen Theorie (→ *Schlaglicht P* ***Kolonialismus, antimuslimischer Rassismus und aktuelle Diskurse***), die Spivak selbst mitbegründete, und der kritischen Diskursanalyse, etwa einer Ruth Wodak.

Literatur

de Beauvoir, Simone (1976): Le deuxième sexe. Paris.

Hall, Stuart (2000): Rassismus als ideologischer Diskurs, in: Räthzel, Nora (Hg.): Theorien über Rassismus, Hamburg.

Spivak, Gayatari Chakravorty (1985): The Rani of Sirmur: An Essay in Reading the Archives, in History and Theory, 24(3), S. 247–272.

Wodak, Ruth & Martin Reisigl (2001): Discourse and Discrimination. Rhetorics of Racism and Antisemitism. London.

8.3 WO KOMMST DU HER?

Othering – Konstruktion von „Anderen"

I. Allgemeine Infos zur Übung

Titel der Übung: Wo kommst Du her?

Fachtitel für die Übung: Othering – Konstruktion von „Anderen"

Zuordnung und Voraussetzung
Vertiefungs-Übung und sensibilisierend, ist die mit der Methode Podiumsdiskussion bzw. Fishbowl (→ Kapitel 4.3) dynamisch und aktiv gestaltet. Es sollten bereits Grundkenntnisse zu Rassismus und Diskriminierung vorhanden sein.

Themenbereiche/Schlagworte
Othering (→ *Schlaglicht N*), Ausgrenzung, Unterstellung von Nicht-Zugehörigkeit nach rassistischen Kriterien, Exterritorialisierung von People of Color (→ Kapitel 10 FAQ)

Anzahl der Teilnehmenden
8–16, maximal 30 Personen, 2–8 TN pro Kleingruppe

Lernziele
- TN erarbeiten anhand von Erfahrungsberichten den Herstellungsprozess von Othering und seinen Kontext.
- TN erkennen die Bedeutung von Sprachhandlungen für Otheringprozesse und internalisiertem Rassismus.
- TN erkennen, dass das Absprechen von Zugehörigkeit mit unterstellten phänotypischen Merkmalen verknüpft sein kann.

Zeit
Gesamtdauer: 60 bis 80 Minuten
1. Phase: Einstieg mit Videoclip und Cartoon. Dauer: 10 Minuten
2. Phase: Position und Argumente erarbeiten. Kleingruppenarbeit. Dauer: 20 Minuten
3. Phase: Podiumsdiskussion, ggf. als Fishbowl. Dauer: 20 Minuten
4. Phase: Auswertungsrunde. Dauer: 10–30 Minuten

Materialien
- Internet-Verbindung, Video, Laptop, Beamer
- Zwei Kurz-Filme /Links:
  1. Some shit white Germans say to Black Germans.
  2. Almanya Schulszene:
- Cartoon von TOM (→ Material)
- Drei Arbeitsblätter:
  AB1: Argumentation: „Kein Problem".
  AB2: Argumentation: „Übergriffig".

AB3: Argumentation: „Übergriffig“.
AB4: Argumentation: „Es kommt darauf an“.
- Flipcharts, Stifte
- Podest bzw. Stühle für Podiums- oder Fishbowldiskussion

Räumlichkeiten
Für die Übung sollte ein Raum vorhanden sein, in dem eine Filmvorführung stattfinden kann und der genug Platz für einen Stuhlkreis bietet. Zudem sollten Räumlichkeiten für vier Kleingruppenarbeiten zur Verfügung stehen.

Weiterführende Literatur und Links

Çiçek, Arzu/ Heinemann, Alisha / Mecheril, Paul (2014): Warum Rede, die direkt oder indirekt rassistische Unterscheidungen aufruft, verletzen kann. In: Hentges, Gudrun/ Nottbohm, Kristina; Jansen, Mechtild M.; Adamou, Jamila (Hg.): Sprache-Macht-Rassismus. Berlin, S. 309–326.

Franzke/Amna, Vu/Vanessa und Kasper/Thilo (2019): „Diese Frage tut weh“. Was macht die Frage „Woher kommst du?“ mit Menschen, die sie ständig hören? Im Video geben fünf Betroffene eine Antwort. Videoclip. In: Zeit.de vom 4. März. https://www.zeit.de/video/2019-03/6009938444001/vonhier-diese-frage-tut-weh (01.06.2022).

Kilomba, Grada (2016): Wo kommst du her? In: Migrationspolitisches Portal der Heinrich-Böll-Stiftung, Berlin. Online verfügbar unter: http://heimatkunde.boell.de/2006/05/01/wo-kommst-Du-her (01.06.2022).

Ergün-Hamaz, Mutlu (2009): »Kara Günlük -Die geheimen Tagebücher des SESPERADO«. Unrast Verlag. Videoclip-Lesung, Auszug, veröffentlicht am 13.09.2009: https://www.youtube.com/watch?v=rFYIu4WYJ7A (01.06.2022).

Interview mit Mutlu Ergün-Hamaz (2014): „Nachbohren geht in Richtung Rassismus“ von Oliver Klasen in Süddeutsche 17. November. https://www.sueddeutsche.de/leben/wo-kommst-du-her-nachbohren-geht-in-richtung-rassismus-1.2217486 (01.06.2022).

Kombination mit anderen Übungen
Die Übung ist als Vertiefung nach den → Grundlagenübungen gut einsetzbar, etwa nach der → Übung Alles beginnt mit der Kategorie. Sie ist dynamisch und kann zum aktiven Austausch über Haltungsfragen beitragen.

II. Ablauf und konkrete Schritte

1. Phase: Einstieg mit Videoclip und Cartoon. Dauer: 10 Minuten

TN sehen als Einstieg gemeinsam den Kurzfilm (1). „Some shit white Germans say to Black Germans“: https://www.youtube.com/watch?v=63h0vwUT-vYoder ggf. auch (2) „Almanya Schulszene“: https://www.youtube.com/watch?v=TzUSofNPwgQ
Anschließend betrachten sie den Cartoon von TOM (→ Material).
Es findet keine Besprechung der Filme und des Bildes statt. Die TN nehmen ggf. aufkommende Fragen in die darauffolgende Phase der Kleingruppenarbeit (Hinweise zur Kleingruppeneinteilung → Kapitel 4.3) mit.

2. Phase: Position und Argumente erarbeiten: Kleingruppenarbeit. Dauer: 20 Minuten

Die TN arbeiten in vier unterschiedlichen Kleingruppen. Die TN jeder Gruppe bekommen jeweils gruppenspezifische Arbeitsblätter (AB 1–4). Sie erarbeiten unterschiedliche Positionierungen zu der Frage „Wo kommst Du her?"

Aufgabenstellung

1. Lesen Sie die vorliegenden Texte.
2. Wie wird die Frage „Wo kommst Du her?" beurteilt? Arbeiten Sie in der Kleingruppe die Kernargumente für diese Position heraus.
3. Finden Sie weitere Argumente, die diese Position stützen.
4. Notieren Sie sich passende Argumente für diese Position.
5. Wählen Sie eine Person aus, die als erste die Gruppen-Position in einer Podiumsdiskussion vorträgt.

Option: Die anderen TN können sich später ebenfalls an der Diskussion beteiligen.

Folgende Positionierungen werden durch die drei Kleingruppen erarbeitet:
- Pro- Argumentation: Frage wird klar als nicht rassistisch gesehen.

Vertretene Position ist: Diese Frage kann bedenkenlos gestellt werden, sie wird als Ausdruck von Interesse und Neugier an der befragten Person gewertet.

- Contra-Argumentation: Frage wird klar als rassistisch gesehen.

Vertretene Position ist: Die Frage hinterfragt Zugehörigkeiten und führt zu Ausschluss von Menschen, die ggf. in Deutschland geboren und aufgewachsen sind.

- Mittelweg: Keine klare Positionierung.

Vertretene Position ist: Es kommt bei der Frage an, wer sie wem, wann, in welchem Kontext stellt. Die Frage kann nicht per se als rassistisch deklariert werden.

3. Phase: Podiumsdiskussion, ggf. als Fishbowl. Dauer: 20 Minuten

Die von der jeweiligen Kleingruppe ausgewählte Person setzt sich auf das Podium bzw. in die Diskussionsrunde, um die erarbeitete Position mit passender Argumentation vorzutragen.

Ablauf: Die Podiumsdiskussion kann wie im öffentlich-rechtlichen Fernsehen gestaltet werden: Die SL moderiert die Diskussion, die TN stellen ihre Position kurz durch ein prägnantes Statement vor, wenn alle Positionen im Raum sind, kann die kontroverse Diskussion starten. SL moderiert die Diskussion (Hinweise zur Methode → Kapitel 3.3).

Die SL hebt die unterschiedlichen Positionen hervor und bringt weitere Fragestellung ein.
Die unterschiedlichen Positionen: „Die Frage ‚Wo kommst Du her?' wird von den Diskutant*innen unterschiedlich bewertet: als (a) ‚Kein Problem', (b) ‚Übergriffig' oder (c) ‚Es kommt drauf an' in welcher Situation und von wem sie gestellt wird."

Mögliche weitere Fragestellungen:
- *Wem wird die Frage „Wo kommst Du her" i. d. R. gestellt? Wem nicht? Warum wird diese Frage gestellt?*
- *Was ist die Intention der Frage?*
- *Welche Wirkung hat die Frage auf den oder die Befragte?*
- *Was meinen Sie, in welchen Situationen die Frage „Wo kommst Du her?" für die/den Befragte/n problematisch oder unproblematisch ist?* (Ggf. Beispiele nennen: *eine alltägliche Situation, oder eine Begegnung im Urlaub,*

*bei einem internationalen Austausch? Spielt die Vertrautheit der Gesprächspartner*innen aus ihrer Sicht eine Rolle? Was, wenn ein/e Fremde/r die Frage unvermittelt an der Kasse beim Einkaufen stellt?)*

- *Werden die befragten Menschen durch die Frage zu „Anderen" gemacht?*
- *Welches Selbstbild haben die Fragenden? Wozu fühlen sie sich zugehörig?*
- *Wird vielleicht Nicht-Zugehörigkeit zum „Deutschsein" assoziiert?*
- *Ist die Frage rassistisch?*
- *Ist die Frage immer rassistisch gemeint?*

TIPP

Bei kleinen Gruppen können sich alle TN an der Podiumsdiskussion beteiligen, entweder als Diskutant*-in oder mit Beiträgen aus dem Publikum. Bei großen Gruppen eignet sich die Methode Fishbowl (→ Kapitel 4.3).

4. Phase: Auswertungsrunde. Dauer: 10–30 Minuten (je nach TN-Zahl)
Nach der Podiumsdiskussion bzw. Fishbowldiskussion kehren die TN an ihre Plätze zurück.
Die Auswertung wird mit der NÜM-Runde durchgeführt (Hinweise zur Methode → Kapitel 4.3).
Bei Bedarf können die TN bei der Auswertung auch kommentieren, welche Argumente aus ihrer Sicht überzeugend waren. Allerdings sollte die persönliche – durch die NÜM-Fragen angeleitete – Reflexion im Vordergrund stehen.

III. Methodische und fachliche Hintergrundinfos für SL

Fachliche Hintergrundinfos

1. Othering (→ *Schlaglicht N* *Othering*).

2. Zugehörigkeit

Deutschsein kann in unserer globalen und bunten Gesellschaft im 21. Jahrhundert nicht mehr von überholten Bildern des *Ius sanguinis* definiert werden. Deutschland ist ein Einwanderungsland, wo eben nicht mehr das Abstammungsprinzip (ebenfalls zu hinterfragen, da die Menschheitsgeschichte stets von Migrationsbewegungen geprägt war), sondern das Geburtsortsprinzip gilt. Das gilt aber nicht nur für die aktuelle deutsche Gesellschaft: Insgesamt zeichnet sich die Menschheitsgeschichte stets durch Migrationsbewegungen aus. Ein weiterer Punkt, der hier aufgegriffen werden kann, ist die Bezeichnung „Migrationshintergrund". Ab welchem Zeitpunkt wird nicht mehr von einem Migrationshintergrund gesprochen? (→ hierzu auch Vorwort). Tatsächlich werden auch die Enkel*innen und Urenkel*innen von Einwanderern oder andere rassistisch markierte Deutsche wie etwa Schwarze Deutsche immer wieder mit der Frage nach Ihrer Herkunft in verschiedenen Alltagssituationen konfrontiert. Sie können auf ihre Reduzierung als „Andere" verunsichert oder frustriert sein oder auch mit provokanten Antworten reagieren. Warum kann die Frage nach ihrer Herkunft gerade für diese Personen verletzend sein? Und: Was bedeutet es, wenn Menschen, die in Deutschland geboren und aufgewachsen sind, als „Migranten" oder „Menschen mit Migrationshintergrund" bezeichnet werden? (→ auch Einführungskapitel 1 und Kapitel 2).

3. Die Frage „Wo kommst Du her?" – eine Urlaubserfahrung?

Ggf. berichten „weiße" TN, dass sie im Urlaub oder während beruflicher Aufenthalte in „afrikanischen" Ländern mit der Frage „Wo kommst Du her?" konfrontiert wurden. Sie meinen intuitiv, diese Situation wäre den in der Übung aufgeworfenen ähnlich. In diesen Fällen ist es wichtig, die unterschiedlichen gesellschaftlichen Kontexte und Machtverhältnisse zu diskutieren. Der Unterschied beider Kontexte ist, dass in Deutschland nicht selten Menschen, die in Deutschland geboren und nie woanders gelebt haben mit dieser Frage konfrontiert werden. Es handelt sich also nicht um einen Urlaub oder Besuch eines anderen Landes, nicht um die Erfahrung eines*r Ausländer*in in einem fremden Land. (Auch wird der*die reisende, „weiße" Europäer*innen im Ausland oft als privilegiert wahrgenommen und behandelt.) Hinzu kommt, dass die Kolonialgeschichte und der Rassismus die Wahrnehmungen auf das Schwarzsein und Weißwein sehr unterschiedlich geprägt haben. So werden in vielen afrikanischen Ländern weißen Menschen eher positive Eigenschaften zugeschrieben, wiederum werden in überwiegend weiß-europäischen Gesellschaften Schwarzen oder People of Color (PoC) (→ Kapitel 10 FAQ) eher negative Eigenschaften zugeschrieben.

Die Frage „Wo kommst Du her?" – einfach Interesse?
Es kann Situationen geben, in denen die Frage „Wo kommst Du her?" gegenseitig und einfach nur aus Neugier gestellt wird, z. B. bei internationalen Begegnungen wie etwa mit Erasmusstudierenden o. ä. Es geht mit der Übung nicht darum, die Frage gänzlich zu verurteilen, sondern auszuloten, in welchen Kontexten sie angebracht ist und wann sie unsensibel oder „übergriffig" ist und ausgrenzt.

4. „Wo kommst Du her?" Analyse eines Frageverlaufs
„Woher kommst du?" „Aus Essen."
Was denken Sie in welchen Situationen und wo diese Frage gestellt wird? Wie gut kennen sich die beiden Personen? Kennen sie sich gut? Oder ist es eher eine flüchtige, zufällige Begegnung (z. B. im Bus, in Alltagssituationen), in denen es zu einem unvorhergesehenen Austausch gekommen ist?
Wie könnte das Gespräch an dieser Stelle nach dem ersten Satz alternativ noch weitergehen? Wie könnte auf die Antwort „Aus Essen" geantwortet werden, wenn davon auszugehen ist, dass die fragende Person ein Interesse an der Person der Befragten und ein Interesse an einem wahrhaften Kennenlernen der Person hat? Wäre es beispielsweise denkbar, dass die Personen sich über Essen und das Leben in Essen unterhalten?

Welche Richtung würde dann das Gespräch nehmen?
„Nein, ich meine, ursprünglich?" – „Ich bin in Essen geboren."

Was passiert hier? Warum wird die Antwort der befragten Person „Aus Essen" mit einem „Nein" abgelehnt?

Was ist mit „ursprünglich" gemeint? Welcher Ursprung wird hier abgefragt? Worin liegt das Interesse der fragenden Person?

Was bedeutet die wiederholte Antwort der befragten Person „Ich bin in Essen geboren"? Was könnte in ihr vorgehen? Welche Gefühle könnten in ihr hochkommen? Welche Vorstellungen über die Intention der fragenden Person könnten in ihr aufkommen?

„Woher kommen deine Eltern?" – „Meine Mutter kommt auch aus Essen."
Was bedeutet die Frage nach den Eltern? Werden viele Menschen nach dem Ort gefragt, aus dem die Eltern gekommen sind? Welche Personen werden eher mit dieser Frage konfrontiert? Welche nicht? Welche Zuschreibungsprozesse liegen dem zugrunde und woran (an welchen Äußerlichkeiten) werden diese Zuschreibungen festgemacht?

„Aber dein Vater?" – „Mein Vater ist Italiener."
Warum wird die Antwort „Meine Mutter kommt auch aus Essen" nicht angenommen und warum wird hier nach dem Vater gefragt?
„Aha …"

Was bedeutet „Aha"? Dem Ausruf „Aha" geht oft eine Erkenntnis bzw. eine Bestätigung einer Vorannahme voraus. Was für eine Erkenntnis, welches Bild, welche Zuschreibung hat sich hier bestätigt? Wie wahrscheinlich ist es, dass der Dialog hier weitergeht bzw. endet? Wenn davon auszugehen ist, dass der Dialog hier endet; womit könnte das zu tun haben? Warum endet der Dialog hier an dieser Stelle und nicht vorher?

Was könnte die fragende Person antworten, wenn er/sie nach dem Grund gefragt wird, warum er/sie die Frage „Wo kommst Du her?" gestellt hat?

Quelle: Castro Varela, M. d. M., Paul Mecheril (Hg.) (2016): Die Dämonisierung der Anderen. Rassismuskritik der Gegenwart. Bielefeld, S. 41.

5. Für die Vertiefung empfehlenswert ist zudem: „Diese Frage tut weh". Was macht die Frage „Woher kommst du?" mit Menschen, die sie ständig hören? Im Video geben fünf Betroffene eine Antwort. Videoclip von Amna Franzke, Vanessa Vu und Thilo Kasper. In: Zeit.de vom 4. März 2019. https://www.zeit.de/video/201903/6009938444001/vonhier-diese-frage-tut-weh (01.06.2022).

Methodische Hinweise

Erläuterungen zur Methode Fishbowl finden sich im → Kapitel 4.3.

IV. Material

Cartoon von TOM

Quelle: http://www.bpb.de/lernen/grafstat/rechtsextremismus/176217/m-01-09-karikaturen?type=galerie&show=image&k=0 (01.06.2022).

Arbeitsgruppe 1

Aufgabenstellung

1. Lesen Sie die vorliegenden Texte.
2. Wie wird die Frage „Wo kommst Du her?" beurteilt? Arbeiten Sie in der Kleingruppe die Kernargumente für diese Position heraus.
3. Finden Sie weitere Argumente, die diese Position stützen.
4. Notieren Sie sich passende Argumente für diese Position.
5. Wählen Sie eine Person aus, die als erste die Gruppen-Position in einer Podiumsdiskussion vorträgt.

*Der Text ist eine stark gekürzte Form des Artikels des Autoren Henning Sußebach aus der Zeitung ZEIT Nr. 20/2017 vom 10. Mai 2017. Die gekürzte Version erhebt nicht den Anspruch auf Vollständigkeit, sondern versucht einige Gedanken des Artikels aufzugreifen. Quelle: https://www.zeit.de/autoren/S/Henning_Sussebach/index.xml

Rassismus: Wo kommst du eigentlich her?

Neulich wurde ich bezichtigt, ein Rassist zu sein. Es geschah auf offener Straße; jeden Morgen. Dort lehnte ein Plakat. Es zeigte zwei Männer mit Anzug, Krawatte und ... ja ... Migrationshintergrund. Unter ihren Gesichtern stand in Großbuchstaben: „WO KOMMST DU EIGENTLICH HER? Diskussion über Identität, Integration und Alltagsrassismus".

Ich konnte von Glück reden, dass die Anklage nur stumm erhoben wurde. In meinem Kopf hallte der Vorwurf umso lauter: ALLTAGSRASSIST!

Denn ich muss zugeben, dass ich die Frage „Wo kommst du eigentlich her?" in meinem Leben oft gestellt habe und sie mir in Gedanken noch öfter stelle, in leicht geänderter Variante: „Wo der wohl herkommt?" Und ich finde: Das macht mich nicht zum Rassisten.

„Wo kommst du eigentlich her?", diese Frage, der bei vielen – wenn nicht bei den meisten! – Menschen bloß Neugier zugrunde liegt, sie ist eben kein Urteil, kein rhetorischer Abschiebebescheid.

Nachdem die beiden Männer auf dem Plakat vorm Hauptbahnhof mir wochenlang in die Augen geschaut hatten, bin ich zur beworbenen Veranstaltung gegangen.

Jetzt saß ich in diesem Saal, reglos, eingekeilt zwischen Sprech- und Denkverboten, und fragte mich im Stillen: Wann genau wird aus einer zugewandten Frage eine alltagsrassistische, obwohl sich in der Formulierung kein Wort ändert? Nach drei, fünf oder zehn Jahren? Wie lange bin ich ein guter Mensch, weil ich den muslimischen Syrer bei uns zu Hause vor alkoholhaltigen Pralinen warne – und ab wann ein schlechter? Vor allem: Wer soll das entscheiden?

Arbeitsgruppe 2

Aufgabenstellung

1. Lesen Sie die vorliegenden Texte.
2. Wie wird die Frage „Wo kommst Du her?“ beurteilt? Arbeiten Sie in der Kleingruppe die Kernargumente für diese Position heraus.
3. Finden Sie weitere Argumente, die diese Position stützen.
4. Notieren Sie sich passende Argumente für diese Position.
5. Wählen Sie eine Person aus, die als erste die Gruppen-Position in einer Podiumsdiskussion vorträgt.

*Der Text ist eine stark gekürzte Form des Artikels der beiden Autoren Susan Djahangard und Jean-Pierre Ziegler aus der Zeitung ZEIT Nr. 22/2017 vom 23. Mai 2017 als Antwort auf einen Artikel, der am 10. Mail 2017 erschienen ist. Die stark gekürzte Version erhebt nicht den Anspruch auf Vollständigkeit, sondern versucht einige Gedanken des Artikels aufzugreifen. Das Bildmaterial stammt aus ihren Twitter Accounts @sudjahan und @jepziegler.
Quelle: https://twitter.com/sudjahan?lang=de und https://twitter.com/jepziegler

Diskriminierung: Fragt mal was anderes!

Eine Erwiderung

Wochenendeinkauf für meine WG. Ich stehe auf dem Parkplatz vor dem Supermarkt. Eine ältere Frau schaut mir zu. Sie kommt ein paar Schritte näher. „Entschuldigung, darf ich Sie mal was fragen? Wo kommen Sie her?“, fragt sie. Ich schaue kurz auf: „Ich wohne in Berlin.“ Das war es nicht, was sie hören wollte. Sie fragt weiter. „Woher kommen Sie wirklich?“ – „Süddeutschland.“ – „Und Ihre Eltern?“ – „Beide Deutsche.“ Ungläubig schüttelt sie den Kopf. „Komisch, Sie haben so einen südländischen Teint, also das sieht sehr schön aus, also ich hätte gedacht, Sie kommen vielleicht aus Spanien.“

Nach der Herkunft gefragt werden nicht alle, sondern nur bestimmte Menschen. Die *anders* aussehen oder *anders* heißen und deshalb auffallen. Wir, die Autoren dieses Textes, mussten diese Frage oft beantworten. Wir sind in Bayern und im Schwarzwald geboren, in München und Marbach aufgewachsen. Unsere Väter wurden im Ausland geboren und kamen als junge Erwachsene nach Deutschland, aus Ruanda und dem Iran. Das sieht man uns an, an unserer Haut, unseren Haaren, man hört es an unseren Namen. Und deshalb müssen wir uns erklären, immer und immer wieder. Das nervt. Jede Frage ist wie ein kleiner Stich ins Gewebe unserer Identität. Und irgendwann wird aus vielen Stichen eine Wunde, mit der man sich auseinandersetzen muss.

Kommt die Herkunftsfrage, fängt unser Striptease an. Rückfrage um Rückfrage, Schicht für Schicht müssen wir unsere Biografien freilegen. Bis der Grund sichtbar wird für diese dunklen Augen, diesen fremd klingenden Namen. Es ist, als schuldeten wir unserem Gegenüber eine Erklärung für unser Aussehen. Als sei es eine

Erlaubnis für intime Fragen, die man sonst erst sehr viel später stellt. Antworten wir nicht, sind wir unhöflich. Tun wir es doch, erklären wir uns für eine Sache, die selbstverständlich sein sollte: dass wir Deutsche sind. Die Frage zwingt uns in ein Gespräch, das wir nicht auf Augenhöhe führen können.

Es geht selten um wirkliche Neugier, sie wollen uns einordnen. Die größte Erkenntnis, die wir durch dieses immer gleiche Ritual gewonnen haben: Wir gehören nicht richtig dazu. Wir sind fremd.

Wenn wir also doch Auskunft geben zu unseren Vaterländern, sind die Informationen kaum authentisch. Wir sind keine Ausländer, wir sind Durchschnittsdeutsche (...) und wir finden, der Geburtsort unserer Eltern sollte nicht zu viel Macht über unser Leben haben. Sollte nicht darüber entscheiden, wie andere uns sehen.

Ich bin Studentin und noch nicht lange von zu Hause ausgezogen. Mit einer Freundin suche ich eine Wohnung in Düsseldorf. Im Internet finde ich eine passende Anzeige: zwei Zimmer, WG-geeignet, zentrale Lage, bezahlbar. Ich rufe den Vermieter an, melde mich mit meinem Namen: Susan Djahangard. Bevor er mir einen Termin gibt, will er wissen, woher ich komme. Als er nach mehreren Rückfragen das Rätsel gelöst hat, habe ich keine Chance mehr, die Wohnung zu bekommen. „Ihre Freundin, ist die denn wenigstens deutsch?", fragt er.

So kurz kann der Weg sein von einer harmlosen Frage zu echter Diskriminierung. Der Rassismus, den wir im Alltag erleben, fängt damit an, dass wir als fremd erkannt werden.

Wir wollen in unserer Heimat leben, ohne uns ständig erklären zu müssen. Was werden eigentlich all die anderen bei der ersten Begegnung gefragt? Auf Partys doch oft: Und was machst du so? Das erzählen wir gerne. Weil das *unsere* Geschichte ist. Und nicht die unserer Väter.

Arbeitsgruppe 3

Aufgabenstellung

1. Lesen Sie die vorliegenden Texte.
2. Wie wird die Frage „Wo kommst Du her?“ beurteilt? Arbeiten Sie in der Kleingruppe die Kernargumente für diese Position heraus.
3. Finden Sie weitere Argumente, die diese Position stützen.
4. Notieren Sie sich passende Argumente für diese Position.
5. Wählen Sie eine Person aus, die als erste die Gruppen-Position in einer Podiumsdiskussion vorträgt.

*Der Text ist eine stark gekürzte Form des Artikels des Autoren Michel Abdollahi aus der Zeitung ZEIT Nr. 23/2017 vom 30. Mai 2017 als Antwort auf zwei zuvor erschienen Artikel. Die stark gekürzte Version erhebt nicht den Anspruch auf Vollständigkeit, sondern versucht einige Gedanken des Artikels aufzugreifen. Das Foto stammt von wikipedia. https://de.wikipedia.org/wiki/Michel_Abdollahi#/media/Datei:2018-12-17-Michel_Abdollahi-hart_aber_fair-1229.jpg

Herkunft: Euer Ernst?

Wer sich nach der Herkunft eines Mitmenschen erkundigt, ist kein Rassist! Im Gegenteil: Dank dieser Frage wird unsere Gesellschaft immer weltoffener. Eine Erwiderung

„Woher kommst du eigentlich?“. Man muss diese Frage stellen dürfen. Und sie ist auch nicht per se rassistisch. Ich bin in Teheran geboren, in Hamburg aufgewachsen, habe hier studiert und treibe mittlerweile mein Unwesen für den NDR im Fernsehen. Ich möchte an dieser Stelle eine Lanze dafür brechen, dass wir in dieser Gesellschaft wieder miteinander sprechen. Wir befinden uns nämlich schon viel zu lange in einer Spirale der Angst – vor dem Gedachten und dem Ausgesprochenen. Es herrscht Verunsicherung in weiten Teilen der Bevölkerung.

Ich plädiere an uns Migranten, Fragen dieser Art nicht immer gleich als Angriff und als Ausdruck von Ignoranz zu verstehen, wenn sie ebenso als Indiz für etwas Positives taugen: die Entwicklung hin zu einer weniger rassistischen Gesellschaft. Es ist doch eine Errungenschaft, dass wir mittlerweile ein Reflexionsniveau erreicht haben, auf dem wir tatsächlich ins Gespräch kommen können. Wir sollten reden, statt jene, die sich aufrichtig mit diesen Fragen beschäftigen, niederzumähen und dadurch im Angstklischee zu bestätigen.

Wir Migranten sind schnell dabei, anderen Pauschalisierung vorzuwerfen. Sehr oft stimmt das auch, denkt man etwa an all die Sätze, die mit „Der Islam …“ oder „Die Türken …“ beginnen. Andersherum pauschalisieren aber auch wir, wenn wir jedem, der nach unserer Herkunft fragt, fremdenfeindliche Motive unterstellen, statt schlichte Neugier wenigstens in Betracht zu ziehen.

Hört auf, euch von so etwas genervt zu fühlen! Leistet lieber Integrationsarbeit, integriert den Fragesteller in eure Welt! Was spricht denn dagegen, zu antworten und anschließend zu erklären, warum ihr keine Lust habt, immer wieder dasselbe gefragt zu werden? Und seien wir mal ehrlich: Wir Migranten haben einen ganz speziellen Sinn dafür entwickelt, wer uns mit der Herkunftsfrage Böses will und wer nicht. Im Ernstfall können wir zurückkeifen. Aber hört auf, ahnungslose Fragesteller in die Irre zu führen und euch dann daran zu ergötzen, wie schön ihr andere täuschen könnt. Das ist kein Triumph, sondern Trotz.

Arbeitsgruppe 4

Aufgabenstellung

1. Lesen Sie die vorliegenden Texte.
2. Wie wird die Frage „Wo kommst Du her?" beurteilt? Arbeiten Sie in der Kleingruppe die Kernargumente für diese Position heraus.
3. Finden Sie weitere Argumente, die diese Position stützen.
4. Notieren Sie sich passende Argumente für diese Position.
5. Wählen Sie eine Person aus, die als erste die Gruppen-Position in einer Podiumsdiskussion vorträgt.

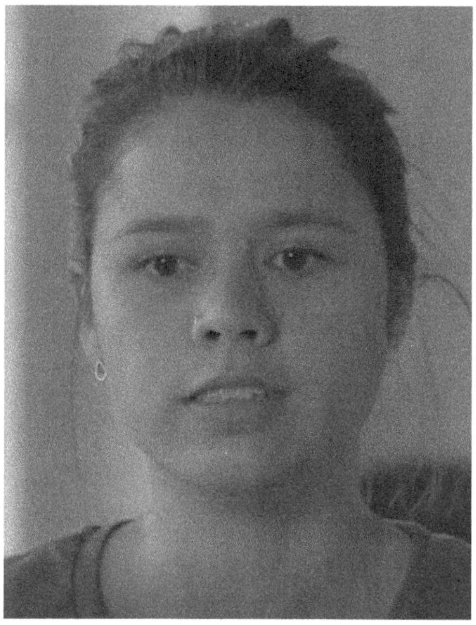

*Der Text ist eine stark gekürzte Form des Artikels der Autorin Jenny Omar (o. J.). Die stark gekürzte Version erhebt nicht den Anspruch auf Vollständigkeit, sondern versucht einige Gedanken des Artikels aufzugreifen. http://www.ufuq.de/warum-fragen-mich-alle-wo-ich-herkomme/ (01.06.2022).

Warum fragen mich alle, woher ich komme?

Natürlich weiß jede_r, und so auch ich, worauf diese Frage abzielt, trotzdem antworte ich oft: „Aus Hamburg, und du?" „Ach so, aus Hamburg. Ja, da war ich auch schon mal. Ja, aber wo kommst du *eigentlich* her?" „Okay, *eigentlich* bin ich nur in der *Nähe* von Hamburg aufgewachsen." Doch meine Antwort scheint mein Gegenüber immer noch nicht zufriedenzustellen. So setzt er zur nächsten Frage an: „Ja, aber wo kommen denn deine Eltern her?" „Meine Mutter ist Deutsche und mein Vater kommt aus Malaysia". Das ist nun die von meinem Gegenüber lang ersehnte Antwort und das Gespräch ist beendet. Dieser so genannte Herkunftsdialog läuft meistens nach einem ähnlichen Frage-Antwort-Schema ab. Diejenigen, die sich der erwarteten Antwort der fragenden Person verweigern, müssen oft mit dem Vorwurf der Überempfindlichkeit rechnen. Was bleibt, ist ein komisches Gefühl.

Warum ist es so wichtig, eine genaue Information über meine Abstammung zu erhalten?

Es geht bei der Frage nicht darum, wo ich herkomme. Den Fragenden ist es egal, ob ich aus Hamburg, Steglitz oder gerade vom Bahnhof komme. Sie interessiert meine Abstammung. Es geht darum, mir einen Platz zuzuweisen, mich einzuordnen – denn so wie ich aussehe, muss ich nicht-deutscher Herkunft sein. Dass es sich bei der Frage nach Familienverhältnissen und Familiengeschichte oft um eine sehr persönliche Frage handelt, wird einfach ignoriert.

Die Frage „Wo kommst du *eigentlich* her?" zu stellen, bedeutet auch immer, der angesprochenen Person zu bedeuten, sie gehöre nicht dazu; denn „von hier" scheint sie ja schon mal nicht zu kommen. Sonst müsste die Frage nicht gestellt werden.

Die Annahme, dass jemand „nicht von hier" komme, gründet sich häufig auf ein nicht typisch-deutsches Aussehen oder einen vermeintlich ausländisch klingenden Namen. Doch was ist ein typisch-deutsches Aussehen in unserer heutigen Welt, die von Migration und Flucht geprägt ist?

Dieses „Anders-Sein" soll nun mithilfe der Frage nach der Herkunft genauer definiert werden. Häufig geht es dabei nicht um ein wirkliches Interesse an der angesprochenen Person, sondern eher um einen Abgleich der eigenen Vermutungen mit der Realität.

Es spricht nichts gegen Gespräche über die eigene Herkunft und die Herkunft der Eltern kann ebenfalls Thema sein. Ich wünsche mir aber, dass das nicht die erste Frage ist, die mir gestellt wird. Oft kommt sie, bevor ich noch nach meinem Namen gefragt werde. Wichtig ist auch, dass die Frage nicht kontextlos gestellt wird.

Schlaglicht O
Framing

„Denken Sie bitte NICHT an einen Elefanten", dazu fordert der Sprachwissenschaftler George Lakoff seine Studierenden zu Beginn eines Seminars auf, um dann sogleich zu fragen: „Woran denken Sie?" Tatsächlich denken die Studierenden an einen Elefanten. Sie haben das Bild eines Elefanten vor Augen und etwaige Assoziationen zu diesem Bild im Kopf, trotz gegenteiliger Aufforderung. Die Meisten werden an einen Elefanten, der grau und groß ist denken, der Segelohren und einen Rüssel hat, der in der Savanne oder im Zoo lebt - und nicht etwa in der Badewanne sitzt und sich den Rücken schrubbt. Ziel der Übung von Lakoff ist es, die Wirkungsmacht von Bildern und das Abrufen von bereits vorhandenen Assoziationsketten im Gehirn zu veranschaulichen. Denn die bloße Nennung des Begriffs „Elefant" löst jenseits und unabhängig vom Kontext des Gesagten sofort bestimmte Bilder aus. Diese sind in Deutungsrahmen, FRAMES, eingebettet, die aktiviert werden, sobald der Begriff fällt. Lakoff und andere forschen zu *Frames* und zum *Framing*.

Frames sind unterbewusste kognitive Strukturen im Denken des Menschen, sie prägen die Wahrnehmung. Durch die stetige Wiederholung von Worten und Bildern verfestigen sie sich und verknüpfen sich zu Assoziationsketten im Bewusstsein. Diese Assoziationsketten legen bestimmte Schlüsse nahe und blenden andere Schlussfolgerungen - weil hier Anknüpfungspunkte fehlen - aus. Damit sind *Frames* fester Bestandteil des eigenen Denkens und Fühlens. Jedes einzelne Objekt, das wahrgenommen wird (z. B. Titelbild in Zeitung, Metapher in Sprache, etc.), steht dementsprechend nicht alleine oder neutral für sich, sondern ist immer in Rahmen, also in Frames, eingebettet. Frames unterliegen und prägen die Berichterstattung, politische Entscheidungen und wie diese wahrgenommen werden. *Framing:* Tatsächlich ist Sprache kein neutrales Transportmittel von Inhalten. Sprache kann nicht nur Wirklichkeit beschreiben, sie gestaltet, sie schafft eine Wirklichkeit. Somit geht es beim *Framing* darum, Sprache zu finden, zu kreieren und zu etablieren; eine Sprache, die zum eigenen Selbstverständnis und zur eigenen Weltsicht passt, weil sie den eigenen Ideen entspricht. Tatsächlich ist das nicht stets ein freiwilliger Prozess: Denn, Sprache ohne *Framing* gibt es nicht. Wir kommen nicht drumherum zu rahmen und damit bestimmte Assoziationsketten zu knüpfen. Auch, wenn wir uns dessen gar nicht bewusst sind.

Ein Beispiel: Wenn Menschen, die überzeugt davon sind, dass deutsche Staatsbürger*innen unterschiedslos deutsche Staatsbürger*innen sind, plötzlich von einigen dieser Staatsbürger*innen als „Personen mit Migrationshintergrund" sprechen, dann bringen sie einen Frame ins Spiel, der diese Menschen wegrückt von den deutschen Staatsbürger*innen. Mit dem Begriff „Migrationshintergrund" wird ein Rahmen gesetzt, der eine andere Wirklichkeit schafft: Denn, „Migration" steht im Kontrast zu Personen, die in Deutschland geboren sind und gebürtig hier leben. „Migrationshintergrund" ist eine Wortschöpfung, die den Nachfahren von Migrant*innen selbst einen Migrant*innen-Status zuschreibt. Denn die Wortschöpfung bezeichnet Menschen, die selbst migriert, also eingewandert sind, genauso wie solche, deren Mutter, Vater oder Großeltern einst einwanderten, die aber in Deutschland geboren sind, hier leben, deutsche Staatsbürger*innen sind. Damit wird mit dem Begriff „Migrationshintergrund" ein Frame gesetzt, der von der deutschen Gesellschaft und der Gemeinschaft der Deutschen abgrenzt und ausgegrenzt (vgl. dazu auch → Vorwort).

Sprachbilder und *Frames* beeinflussen die Wahrnehmung der Wirklichkeit. Sie können entscheidend sein für das eigene Denken, Verhalten und Handeln - ob im Privaten oder in beruflichen Kontexten. Ein *Frame*, der grundlegend für unser Training ist, ist „die plurale Gesellschaft", ebenso die „plurale Demokratie im Deutschland des 21. Jahrhunderts". Wir setzen damit einen *Frame*, der Menschen inkludiert. Damit rücken wir unsere Gesellschaft in den Fokus, wie sie im Grundgesetz und damit mit den Menschenrechten umrissen ist. Einer Gesellschaft, in der jede*r Einzelne gleiche Rechte (und Pflichten) hat, in der jede*r Einzelne verschieden sein kann. Mit dieser Rahmensetzung sind Rassismus und andere Formen der Diskriminierung ein Problem und ein Hindernis. Für eine friedliche, freiheitliche und faire Gesellschaft gilt es, ihnen entgegenzutreten (vgl. ausführlich → Vorwort und → Kapitel 1 Einführung).

Nur wer sich der Bedeutung von *Frames* und ihrer Dynamiken bewusst ist, kann sich aktiv für passende oder sogar für eigene neue *Frames* entscheiden.

Achtung: Der eigene kritische Blick auf Sprache, *Frames* und *Framing* kann dazu führen, dass die Begriffe, die wir nutzen oder die Selbstverständnisse, die wir haben, gründlich ins Wanken geraten.

Literatur

Lakoff, George (2014): The all new "Don't think of an elephant". Know your values and frame the debate. Chelsea.

8.4 DER BLICK DES HERRSCHERS

Machtdiskurse über Frauen und Rassismus

I. Allgemeine Infos zur Übung

Titel der Übung: Der Blick des Herrschers

Fachtitel: Machtdiskurse über Frauen und Rassismus

Zuordnung und Voraussetzung
Emotional-affektive Vertiefungsübung. Grundkenntnisse zum Framing (→ *Schlaglicht O* und Vorwort) und Rassismus sollten vorhanden sein.

Themenbereiche/Schlagworte
Framing, Frauensymbolik, Sexismus (→ *Schlaglicht L*), Antimuslimischer Rassismus, (Neo-)Kolonialismus, Orientalismus (→ jeweils *Schlaglicht P*), Intersektionalität (→ *Schlaglicht J*), plurale Gesellschaft (→ Kapitel 10 FAQ und Einführung Kapitel 1)

Anzahl der Teilnehmenden
9–15, maximal 24 Personen; je 3–8 TN pro Kleingruppenarbeit (3 Kleingruppen), bei vielen TN, einzelne Kleingruppen teilen (2 pro Themenkomplex)

Lernziele
- Die TN erkennen Mechanismen und Wirkungen des *Framing* im Kontext von Rassismus und Sexismus.
- Die TN analysieren die Intersektionalität von Rassismus und Sexismus.
- Die TN analysieren (Dis-)Kontinuitäten und aktuelle Narrative in Bezug auf „die" muslimische Frau.
- Die TN lernen Gegenerzählungen muslimischer Frauen kennen.
- Die TN analysieren die Instrumentalisierung des weiblichen Körpers in Machtdiskursen.

Zeit: Gesamtdauer ca. 115 Minuten
1. Phase: Einstieg mit Gesamtgruppe. Dauer: 15 Minuten
2. Phase: Einführungsvideo in das Thema *Framing*. Dauer: 10 Minuten
3. Phase: Kleingruppenarbeit. Dauer: 45 Minuten
44. Phase: Präsentation der Kleingruppenarbeit und Diskussion. Dauer: 30 Minuten
5. Phase: Der eigene Umgang mit Bebilderung. Dauer: 15 Minuten

Materialien
- Internet-Verbindung für das Video FRAMING
- Laptop, Beamer
- Flipchart mit Fragen zum Thema Framing (vorbereitet durch SL für Phase 2)
- Arbeitsblätter für drei Kleingruppen:
  AB 1: Orientalismus und Sexismus
  AB 2: Rassismus und Sexismus
  AB 3: Rassismus und Widerstandsformen
- Flipcharts, Stifte

Räumlichkeiten
Der Raum sollte adäquat für drei Kleingruppenarbeiten mit 3–5 TN sein und genügend Platz für eine Cocktailparty (→ Kapitel 4.3) bieten.

Weiterführende Literatur und Links

Rommelspacher, B. (2010): Emanzipation als Konversion. Das Bild von der Muslima im christlich-säkularen Diskurs. *ethik und gesellschaft* 2, S. 1–30. http://dx.doi.org/10.18156/eug-2-2010-art-2. Abrufbar unter: http://www.ethik-und-gesellschaft.de/ojs/index.php/eug/article/view/2-2010-art-2/106 (01.06.2022).

Castro Varela, M. d. M., (2016): ‚Your Body is a Battleground'. Die Burkini-Affäre, das barbarische Europa und der weibliche Körper. *Transit. Europäische Revue 49,* S. 16–26.

Attia, I. (2018): Diskursive Interventionen in westliche Kopftuchmonologe. In: R. Ceylan & H.-H. Uslucan (Hg.) *Transformation religiöser Symbole und religiöser Kommunikation in der Diaspora. Sozialpsychologische und religionssoziologische Annäherung an das Diskursfeld Islam in Deutschland.* Wiesbaden. S. 141–156.

Autor*innenkollektiv Rassismuskritischer Leitfaden (2015): Rassismuskritischer Leitfaden. https://www.elinamarmer.com/wp-content/uploads/2015/03/IMAFREDU-Rassismuskritischer-Leiftaden_Web_barrierefrei-NEU.pdf (01.06.2022).

Kombination mit anderen Übungen
Die Übung dient als Vertiefung für die Themenbereiche Framing (→ *Schlaglicht O*), Sexismus (→ *Schlaglicht L*) und antimuslimischer Rassismus (→ *Schlaglicht P*). Sie kann gut in Kombination mit der → Grundlagenübung 5.1 Alles beginnt mit der Kategorie durchgeführt werden. Es bietet sich an, danach die → Vertiefungsübung 7.1 Heimat durchzuführen.

II. Ablauf und konkrete Schritte

1. Phase: Einstieg mit Gesamtgruppe. Dauer: 15 Minuten

Die TN sitzen in einem Stuhlkreis. Passend zur Thematik werden verschiedene Bilder/Fotos gut sichtbar auf dem Boden in der Mitte ausgelegt, jede*r TN sucht sich ein Bild aus. Die Bilder/Fotos aus den Gruppenarbeiten eignen sich sehr gut für diesen Einstieg.
Anschließend wird eine Cocktailparty durchgeführt (zwei Durchgänge). Der Gesprächsanteil zweier Gesprächspartner*innen soll nicht länger als 3 Minuten betragen (pro Person 90 Sekunden). Die TN besprechen in Paaren folgende Fragen:
- *warum Sie das jeweilige Bild gewählt haben und*
- *welche Gefühle es in ihnen auslöst.*

Nachdem zwei Paare die beiden Fragen beantwortet haben, kommt es zum Wechsel. Nach dem Austausch gehen alle TN wieder an ihre Plätze.

TIPP
Falls das Foyer vor dem Seminarraum groß genug ist, bietet es sich an, die Cocktailparty dort durchzufüren.

2. Phase: Einführungsvideo in das Thema Framing. Dauer: 10 Minuten

Vorbereitung: Folgende Fragen, bereits vor dem Abspielen des Videoclips (zu finden unter www.den-menschen-im-blick-de/arbeitsmaterialien), gut sichtbar auf einem Flipchart notieren:
- *Was erklärt das Konzept Framing konkret zu psychischen Vorgängen?*
- *„Denken Sie nicht an einen Elefanten!" – Warum hat man trotz der Verneinung das Bild eines Elefanten vor Augen?*

Nachdem sich die TN wieder auf ihren Plätzen eingefunden haben, wird das *Framing* Video abgespielt. Es macht deutlich, was *Framing* bedeutet und welche psychischen Mechanismen es im Menschen auslöst. Nach der Besprechung des Videos führt die SL in die Gruppenarbeiten ein. Sie erklärt die Aufgabenstellung und teilt die Personen in Kleingruppen à 3–8 Personen ein, indem sie die TN von 1 bis 3 durchzählen lässt (→ Kapitel 4.3 Kleingruppeneinteilung).

3. Phase: Kleingruppenarbeit. Dauer: 45 Minuten

Die drei Kleingruppen erhalten je ein Arbeitsblatt (→ Material). Sie haben die Aufgabe, die Wirkung und das Framing zu analysieren.
Für die Kleingruppenarbeiten werden jeweils zwei große Tische zu einem großen Rechteck/Quadrat zusammengeführt.
Die drei verschiedenen Kleingruppen erhalten jeweils folgende Aufgabenstellungen (→ Material):

Aufgabenstellung Gruppe 1

1. *Wie wird die Eroberung eines Landes verbildlicht? (Material 1)*
2. *Wer sind die Fotograf*innen und Autor*innen? Aus welcher Perspektive wird geschrieben bzw. fotografiert?*
3. *Welche Wünsche/Sehnsüchte sind mit den Postkarten halb-verschleierter Frauen verbunden? Aus welchem Kontext stammen sie?*
4. *Was kann es bedeuten, zu sehen und gleichzeitig nicht gesehen zu werden (hinter der Kamera stehen/verschleiert sein)?*
5. *Welche Zuschreibungen finden statt? Welche Assoziationsketten stellen Sie fest?*

- Achten Sie bitte auf die Inszenierung der Bilder (Farben, Lichtverhältnisse, Perspektive) und
- die Verwendung von Sprache (Themen, Metaphern, Wiederholungen).

Aufgabenstellung Gruppe 2

1. *Welche Zuschreibungen finden statt? Welche Assoziationsketten stellen Sie fest?*

- Achten Sie bitte auf die Inszenierung der Bilder (Farben, Lichtverhältnisse, Perspektive) und
- die Verwendung von Sprache (Themen, Metaphern, Wiederholungen).

2. *Wie wird der weibliche Körper inszeniert? Welche Funktion erfüllt er?*
3. *Wer sind jeweils die Fotograf*innen und Autor*innen? Aus welcher Perspektive wird geschrieben bzw. fotografiert?*
4. *Erarbeiten Sie mögliche Unterschiede der Inszenierung des „weißen" Frauenkörpers und des muslimischen Frauenkörpers.*

Aufgabenstellung Gruppe 3

1. *Welche Zuschreibungen finden statt? Welche Assoziationsketten stellen Sie fest?*

- Achten Sie bitte auf die Inszenierung der Bilder (Farben, Lichtverhältnisse, Perspektive) und die Verwendung von Sprache (Themen, Metaphern, Wiederholungen).

2. *Wie wird der weibliche Körper inszeniert? Welche Funktion erfüllt er?*
3. *Wer sind jeweils die Fotograf*innen und Autor*innen? Aus welcher Perspektive wird geschrieben bzw. fotografiert?*
4. Erarbeiten sie den Unterschied zwischen der Selbstwahrnehmung und der Fremdzuschreibung (positiv, negativ) bezüglich der muslimischen Frau.

4. Phase: Präsentation der Kleingruppenarbeit und Diskussion. Dauer: 30 Minuten

Alle TN setzen oder stellen sich für jede Gruppenpräsentation an die entsprechenden Thementische (Gruppe 1–3). Dadurch wird sichergestellt, dass alle TN Einblick in das Bildmaterial erhalten. Nach den jeweiligen Präsentationen soll genug Zeit für ein Gruppengespräch eingeräumt werden. Der Redebedarf der TN kann groß sein.

Nachdem die Präsentationen zu Ende sind, stellt die SL **folgende Frage** im Plenum und führt damit in die letzte Phase ein:
- *Gibt es Parallelen oder Brüche zwischen dem historischen Kontext und den aktuellen Frames?*

5. Phase: der eigene Umgang mit Bebilderung. Dauer: 15 Minuten

Am Ende der Übung soll nochmal auf das Eingangsvideo hingewiesen werden. Je nachdem wie viel Zeit bleibt, kann das Video nochmals abgespielt werden.

Für eine abschließende Diskussion werden die TN gebeten, ihre Reflexionen zu **folgenden Fragen** auf Moderationspapier zu notieren (es handelt sich um „Meta"-Fragen, → hierzu auch META-RUNDE in Kapitel 4.3):
- *Inwiefern können alternative Framings zu Musliminnen hergestellt werden?*
- *Wie kann einer Spaltung muslimisierter und „eigener" Frauen entgegengewirkt werden?*
- *Wie kann einer Einteilung Frauen in „unsere" und „fremde" entgegengewirkt werden?*
- *Worauf sollte bei der Flyer-Erstellung, Organisation einer (Panel-)Veranstaltung oder bei Einstellungsverfahren für die eigene Institution etc. geachtet werden?*

Die so entstehenden META-Karten sollen im nächsten Schritt an das Board gepinnt werden. Die SL kann hierfür ein Flipchart vorbereiten, bei der sie bereits eine Gliederung der Themen vornimmt, z. B.: Zusammenhänge Kolonialkontext, aktueller Kontext / Alternativen herstellen als *Privatperson, als Arbeitgeber, als Institution.*

III. Fachliche und methodische Hintergrundinfos für SL

1. Framing von Muslim*innen: Bei dieser Übung soll das Bewusstsein dafür gestärkt werden, dass gesellschaftliche Diskurse in einem bestimmten Rahmen (Framing) stattfinden. Das hartnäckig negative Bild über Musliminnen und Muslime und das weitgehende Fehlen von positiven Assoziationen ist Ergebnis einer diskursiven Schieflage, stigmatisiert Menschen als „Andere" und erfüllt die Funktion, Machtansprüche aufrechtzuerhalten. Das galt sowohl historisch in Kolonialkontexten und ist auch aktuell relevant.

2. Frauenkörper und ihre Symbolik: Ein weiterer Aspekt ist Sexismus. Nicht nur muslimische bzw. muslimisierte Frauenkörper werden in dieser Debatte zu Obrjekten und instrumentalisiert (wie „muslimische Frauen müssen befreit werden" oder „muslimische Frauen sind unterdrückt"). Gleichzeitig werden der „eigenen Gruppe" zugeordnete Frauen zum Objekt und instrumentalisiert, wenn beispielsweise die Rede vom „Schutz **unserer** Frauen" ist oder eine Dichotomisierung zwischen Frauen stattfindet („unsere" Frauen vs. „die anderen" Frauen).
Beide konstruierten Gruppen werden einander als Vertreterinnen ihrer vermeintlichen „Kultur" gegenübergestellt. Dieser vermeintliche Feminismus dient dazu, die Marginalisierung von „der Fremdgruppe" zu legitimieren und Herrschaftsverhältnisse zwischen „ihnen" und „uns" aufrechtzuerhalten. Gerade da dieselben Personen, die den Schutz „ihrer" Frauen fordern, gleichzeitig deren Körper sexualisieren und zwischen schützenswerten und nicht schützenswerten Frauenkörpern unterscheiden, scheint dieser Aufruf unaufrichtig zu sein.

Fachliche Hintergrundinfos

1. Framing → *Schlaglicht O.*
2. Antimuslimischer Rassismus → *Schlaglicht P.*
3. Machtverhältnisse und der koloniale Blick → ebenso *Schlaglicht P.*

Methodische Hinweise

Rassismuskritische Bildanalyse → entsprechender Eintrag unter Methoden Kapitel 4.3.

- *Welche Kategorien/ Begriffe, um die Welt zu erklären/einzuteilen, werden wie benutzt?*
- *Welche unhinterfragten Normalitäten weist das angebotene Wissen auf? Was/wer wird als normal angesehen/ dargestellt? Was/wer als abweichend/anders?*

IV. Material

Arbeitsblatt Gruppe A: Orientalismus und Sexismus

Aufgabenstellung:

1. Betrachten Sie die Fotos und Zitate.
2. Analysieren Sie diese mithilfe der folgenden Fragen und des Textausschnitts.
3. Erstellen Sie gemeinsam in der Gruppe eine 10 Minuten Präsentation.

- *Wie wird die Eroberung eines Landes verbildlicht?* (Material 1)
- *Wer sind die Fotograf*innen und Autor*innen? Aus welcher Perspektive wird geschrieben bzw. fotografiert?*
- *Welche Wünsche/Sehnsüchte sind mit den Postkarten halb-verschleierter Frauen verbunden? Aus welchem Kontext stammen sie?*
- *Was kann es bedeuten, zu sehen und gleichzeitig nicht gesehen zu werden (hinter der Kamera stehen/verschleiert sein)?*
- *Welche Zuschreibungen finden statt? Welche Assoziationsketten stellen Sie fest?*
  Achten Sie bitte auf die Inszenierung der Bilder (Farben, Lichtverhältnisse, Perspektive) und die Verwendung von Sprache (Themen, Metaphern, Wiederholungen).

Textausschnitt

Machtverhältnisse und der koloniale Blick

Die koloniale Blicklogik, stellt eine Hierarchie zwischen Sehen (Subjektstatus) und Gesehen werden (Objektstatus) her. Etwas zu sehen, bedeutet in diesem Zusammenhang, es zu bewerten, zu beobachten, zu objektivieren zu analysieren und letztlich zu beherrschen. Sehen und damit Gehört werden (im Sinne von Norm setzen und repräsentiert sein) ist also ein Privileg, das rassistisch markierten Personen(gruppen) verwehrt bleibt. Die Postkarten sind Ausdruck dieser rassistischen Markierung der „Anderen" und spiegeln den Wunsch wieder, diese Macht aufrecht zu erhalten, in einem Kontext, der diese Blickhierarchie jedoch nicht zulässt: Durch die symbolische und teilweise physische Geschlechtertrennung in den besetzten Kolonialgebieten gibt es Räume, die für den Kolonialherren nicht zugänglich sind (z. B. Harems[1] oder der Ganzkörperschleier der Frauen). Dadurch entzieht sich die Frau und damit die Gruppe der kolonialen Herrschaftslogik und seinem Begehren sie zu durchdringen. Sie stellt seine Handlungsmacht und Souveränität in Frage und destabilisiert das koloniale Machtgefüge. „Die Frau, die sieht ohne gesehen zu werden, frustriert den Kolonisator." (zit.: Fanon nach Attia 2018, S. 148).

1 Harem = abgetrennte Frauenabteilung der Wohnhäuser, zu der kein fremder Mann Zutritt hat, à: https://www.duden.de/rechtschreibung/Harem (01.06.2022).

Material 1

Abbildung 1: Karikatur „Algerien den Algeriern" aus dem Jahre 1903. Damaliger Staatspräsident Émile Loubet klammert sich an „Algerien"; La mère patrie = „Mutterland". Angekettete und entkleidete Frauen stellen bereits besetzte Länder dar. Abrufbar unter: https://t1p.de/Algerien (01.06.2022).

© Photo 12 / Alamy Stock Foto

Material 2

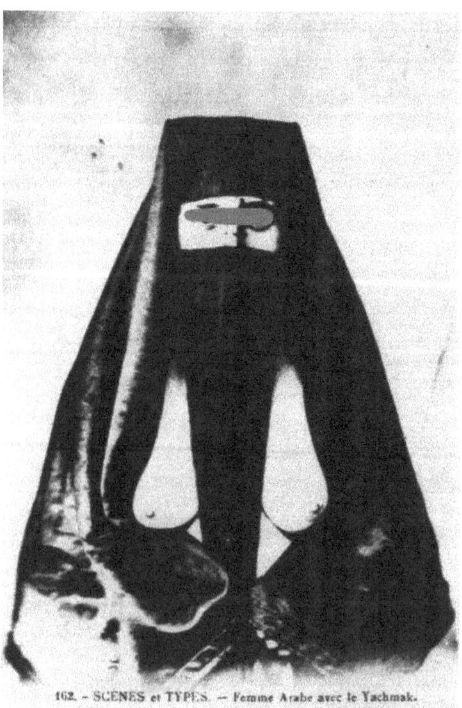

Abbildung 2: Postkarte aus dem 19. Jahrhundert, entstanden im besetzten Algerien durch einen französischen Fotographen. Abgebildet ist eine algerische Prostituierte in halb-verschleierten (erotischen) Kleidern. Aus: Alloula, Malek (1986): the colonial harem. Minnesota. Abrufbar unter: https://t1p.de/thecolonialharem (01.06.2022).

Material 3

Entschleierungskampagne, 1958 in Algerien durch französischen Besatzer: *„N'êtes-vous donc pas jolie? Dévoilez-vous!"* freie Übersetzung: „Sind Sie deswegen nicht hübsch? Entschleiern Sie sich!" https://t1p.de/Entschleierungskampagne (01.06.2022).

Material 4

Postkarte aus dem 19. Jahrhundert, entstanden im besetzten Algerien durch einen französischen Fotographen. Abgebildet ist eine algerische Prostituierte in halb-verschleierten (erotischen) Kleidern. Aus: Alloula, Malek (1986): the colonial harem. Minnesota.
Abrufbar unter:
https://t1p.de/thecolonialharem (01.06.2022.

Material 5

© picture alliance

Evelyn Baring, 1st Earl of Cromer, Fotograph: H. Walter Barnett (Foto entstand zwischen 1900 und 1917). Baring war britischer Diplomat, Generalkonsul in Ägypten (von 1983 bis 1907). Er setzte sich für die Emanzipation der ägyptischen Frauen ein, veranstaltete Spektakel zur Entschleierung von Frauen. Gleichzeitig war er Mitbegründer, Mitglied und zeitweise Präsident **der Men's League for Opposing Women's Suffrage,** einer Vereinigung die sich aktiv gegen das Frauenwahlrecht in Großbritannien einsetzte. Abrufbar unter: https://t1p.de/evelynbaring (01.06.2022).

Material 6

Textausschnitt: Diskursive Intervention in westliche Kopftuchmonologe

Da der Kolonialherr aufgrund der Geschlechtertrennung im kolonialisierten Gebiet keinen Zugang zu muslimischen Frauen hat, „betritt die europäische, *weiße*, bürgerliche Frau die koloniale Bühne. Sie kann die Grenze überschreiten, sich Zutritt verschaffen, kann hinter den Schleier schauen, in die Räume der Frauen eintreten und berichten. Ihrem Vater, Bruder, Mann übermitteln, was sie hören wollen, ihnen ‚den Beweis' liefern. Die Unfähigkeit der *weißen* Männer, muslimische Frauen zu sehen und Zugang zu ihnen zu erhalten, verdeutlicht ihnen ihre Grenzen. *Weiße* Frauen werden durch ihre neue Position mit einem Zugewinn an Macht ausgestattet. Sie ermöglicht ihnen ihrerseits, zum Subjekt zu werden, allerdings nur im kolonialen Kontext außerhalb ihrer nationalen Grenzen, so Meyda Yeğenoğlu. Zuhause treten die gleichen Männer, die in muslimischen Kolonien auf *weiße* Frauen angewiesen sind und deswegen (wenn auch unfreiwillig) deren Emanzipation und Subjektwerdung befördern, dafür ein, dass die Rechte ‚ihrer' Frauen eingeschränkt bleiben. Es sind die gleichen Männer, die in kolonialen Kontexten die Entschleierung der muslimischen Frauen fordern und dies mit deren Emanzipation begründen" (zit.: Attia 2018, S. 149).

Arbeitsblatt Gruppe 2: Rassismus und Sexismus

Aufgabenstellung

1. Betrachten Sie die Fotos und Texte.
2. Analysieren Sie diese mithilfe der folgenden Fragen und des Textausschnitts.
3. Erstellen Sie gemeinsam in der Gruppe eine 10 Minuten Präsentation.

- *Welche Zuschreibungen finden statt? Wie wird geframt? Welche Assoziationsketten stellen Sie fest?*
  Achten Sie bitte auf die Inszenierung der Bilder (Farben, Lichtverhältnisse, Perspektive)
  die Verwendung von Sprache (Themen, Metaphern, Wiederholungen).
  Wie wird der weibliche Körper inszeniert? Welche Funktion erfüllt er?
  *Wer sind jeweils die Fotograf*innen und Autor*innen? Aus welcher Perspektive wird geschrieben bzw. fotografiert?*
- *Welche möglichen Unterschiede gibt es bei der Inszenierung des „weißen" Frauenkörpers und des muslimischen Frauenkörpers.*

Textausschnitt

Machtverhältnisse und der koloniale Blick

Die koloniale Blicklogik stellt eine Hierarchie zwischen Sehen (Subjektstatus) und Gesehen werden (Objektstatus) her. Etwas zu sehen, bedeutet in diesem Zusammenhang, es zu bewerten, zu beobachten, zu objektivieren zu analysieren und letztlich zu beherrschen. Sehen und damit Gehört werden (im Sinne von Norm setzen und repräsentiert sein) ist also ein Privileg, das rassistisch markierte Personen(gruppen) verwehrt bleibt.

Material 1

Spiegel-Cover, 2007 Nr. 52/2007. Abrufbar unter: https://t1p.de/DerSpiegel (01.06.2022).

Material 2

http://religioholic.de/?p=1822

Material 3

Ausschnitt aus einem Interview mit Alice Schwarzer

„Das Kopftuch ist die Flagge des Islamismus. Das Kopftuch ist das Zeichen, das die Frauen zu den anderen, zu Menschen zweiter Klasse macht. Als Symbol ist es eine Art „Branding", vergleichbar mit dem Judenstern. Und real sind Kopftuch und Ganzkörperschleier eine schwere Behinderung und Einschränkung für die Bewegung und die Kommunikation. Ich finde es selbstverständlich, daß wir uns an Ländern wie Frankreich ein Beispiel nehmen und das Kopftuch in der Schule und im Kindergarten untersagen, für Lehrerinnen und Schülerinnen."

Interview vom 04.06.2006, Alice Schwarzer in der FAZ, Abrufbar unter: https://web.archive.orgweb/20080525181433/http://berufundchance.fazjob.net/s/Rub117C535CDF414415BB243B181B8B60AE/Doc~EF6816D734A5C42A8A352CBB10367B7FA~ATpl~Ecommon~Scontent.html (01.06.2022).

Material 4

Screenshot aus dem Instagram Account von Zeina Nassar, fünf aufeinanderfolgende Male Berliner Boxmeisterin und Deutsche Boxmeisterin 2018. Durch ihr Engagement wurde im März 2019 das Tragen von Sport-Kopftüchern in internationalen Kämpfen genehmigt. Abrufbar unter https://www.instagram.com/p/BuB-zmKHLSZ/ (01.06.2022).

Arbeitsblatt Gruppe 3: Rassismus und Widerstandsformen

Aufgabenstellung

1. Betrachten Sie die Fotos und Texte.
2. Analysieren Sie diese mithilfe der folgenden Fragen und des Textausschnitts.
3. Erstellen Sie gemeinsam in der Gruppe eine 10 Minuten Präsentation.

- *Welche Zuschreibungen finden statt? Wie wird geframt? Welche Assoziationsketten stellen Sie fest? Achten Sie bitte auf die Inszenierung der Bilder (Farben, Lichtverhältnisse, Perspektive) die Verwendung von Sprache (Themen, Metaphern, Wiederholungen).*
- *Wie wird der weibliche Körper inszeniert? Welche Funktion erfüllt er?*
- *Wer sind jeweils die Fotograf*innen und Autor*innen? Aus welcher Perspektive wird geschrieben bzw. fotografiert?*
- *Welche Unterschiede gibt es zwischen der Selbstwahrnehmung und der Fremdzuschreibung (positiv, negativ) bezüglich des Muslimischen bzw. der muslimischen Frau?*

Textausschnitt

Machtverhältnisse und der koloniale Blick

Die koloniale Blicklogik stellt eine Hierarchie zwischen Sehen (Subjektstatus) und Gesehen werden (Objektstatus) her. Etwas zu sehen, bedeutet in diesem Zusammenhang, es zu bewerten, zu beobachten, zu objektivieren zu analysieren und letztlich zu beherrschen. Sehen und damit Gehört werden (im Sinne von Norm setzen und repräsentiert sein) ist also ein Privileg, das rassistisch markierten Personen(gruppen) verwehrt bleibt.

Material 1

„HIRE ME, I HAVE HAIR. AM I GOOD ENOUGH NOW?" Fotoprojekt von Künstlerin Isra Abdou, Screenshot aus ihrem Instagram-Account @ischraa. Abrufbar unter: https://www.instagram.com/p/Bkst2UKFKDC/ (01.06.2022).

Material 2

© Soufeina Hamed / tuffix.net

Comiczeichnung von tuffix mit dem Titel *„Daring Rescue"*. Abrufbar unter: https://t1p.de/daring-rescue (01.06.2022).

Material 3

Bildquelle picture alliance

Material 4

#MuslimaPride gegen die Bevormundung durch Femen.
Foto aus Facebook-Seite. Abrufbar unter: https://t1p.de/MuslimaPride (01.06.2022).

Material 5

Women's March 2018 in Frankfurt am Main. Menschen gehen auf die Straße für einen Feminismus, der alle Frauen* einschließt.
Abrufbar unter: https://t1p.de/womensmarch (01.06.2022).

Schlaglicht P
Kolonialismus, antimuslimischer Rassismus und aktuelle Diskurse

Der Kolonialismus etablierte unterschiedliche Herrschaftssysteme in verschiedenen Regionen der Welt, die teilweise sogar widersprüchliche Praktiken in sich bargen. Sie unterschieden sich zwar in ihren Formen, doch eines hatten sie alle gemeinsam: Die Kolonialmächte traten gewalttätig auf und verübten in zahlreichen Regionen Genozide. Die Genozide wurden direkt nach ihrer Ankunft im „neuen" Land verübt oder als Antwort auf Widerstandskämpfe der indigenen Bevölkerung (z. B. nach denen der Herero und Nama im Jahre 1904 in „Deutsch-Südwestafrika"). Zehntausende Menschen wurden bei diesem Genozid ermordet. Im Jahre 2001 reichte die Herero People's Reperations Corporation Schadensersatzklagen u. a. gegen die Bundesrepublik Deutschland ein, bisher ohne Erfolg.

Machtverhältnisse und der koloniale Blick

Die koloniale Blicklogik, stellt eine Hierarchie zwischen Sehen (Subjektstatus) und Gesehen werden (Objektstatus) her. Etwas zu sehen bedeutet in diesem Zusammenhang, es zu bewerten, zu beobachten, zu objektivieren, zu analysieren und letztlich zu beherrschen. (Selbst) sehen und Gehört werden (im Sinne von eigene Normen setzen und repräsentiert sein) ist also ein Privileg, das rassistisch markierten Personen(gruppen) verwehrt bleibt. Die Postkarten aus der Kolonialzeit (→ Übung 8.4 Der Blick des Herrschers) sind Ausdruck dieser rassistischen Markierung der „Anderen". Sie spiegeln den Wunsch des Kolonialherren wider, Macht zu erhalten. Allerdings widersprach die Wirklichkeit in den Kolonialgebieten oft dem Machtanspruch des „kolonialen Blicks": Durch die symbolische und teilweise physische Geschlechtertrennung gab es Räume, z. B. durch Harems oder durch den Ganzkörperschleier der Frauen, die für den Kolonialherren nicht zugänglich waren. Dadurch konnte sich die Frau als Subjekt positionieren und die koloniale Herrschaftslogik mit ihrer Blickhierarchie durchbrechen. Die „andere" Frau stellte somit die Handlungsmacht und Souveränität des Besatzers in Frage und destabilisiert das koloniale Machtgefüge. „Die Frau, die sieht, ohne gesehen zu werden, frustriert den Kolonisator" (Frantz Fanon nach Attia 2018).
Durch eine Analyse von kolonialen Gesellschaftsverhältnissen und Praxen können Aspekte sichtbar gemacht werden, die oft unsichtbar bleiben. Es kann gelingen, den Blick umzukehren und damit den kolonialen Blick weg von seinem „Objekt" (im Falle der Postkarten, der (entblößten) Frau vor der Kamera) zu lenken und stattdessen den Blick auf ihn zu richten, den Urheber (des Bildes), den weißen Kolonialherren, der anderen Menschen ihrer Würde entkleidet.

Postkoloniale Theorie

Es lohnt sich, aktuelle Diskurse vor dem historischen Hintergrund zu beleuchten. Eine Auseinandersetzung mit der kolonialen Geschichte und ihren Folgen schließt eine übergreifende Untersuchung von Herrschafts- und Abhängigkeitsverhältnissen mit ein. Es ist also zielführend, nicht nur Auswirkungen auf ehemals Kolonialisierte und historische Kolonialmächte zu analysieren, sondern den Blick zu weiten. Die Rhetorik der Zivilisierung und Rettung/Emanzipation taucht nämlich auch in aktuellen gesellschaftlichen Debatten auf, gerade wenn Machtansprüche gegen sogenannte „Andere" geltend gemacht und Ungleichheit gerechtfertigt werden sollen. Auch hier gilt Weißsein als unhinterfragte und unsichtbare Norm (→ *Schlaglicht I* ***Kritisches Weißsein und (De-) Thematisierung von Weißsein/ Schwarzsein***).
Postkoloniale Theoretiker*innen versuchen die Verschränkung von aktuellen Ungleichheitsverhältnissen und verschiedenen Dimensionen der Diskriminierung zu kontextualisieren und Herrschaftsverhältnisse, die historisch-kolonial gewachsen sind, aufzudecken. Mit Veröffentlichungen wie Edward Saids Orientalism (1978) begann sich eine kritische koloniale Diskursanalyse zu etablieren. So fragen postkoloniale Theoretiker*innen nicht nach „bloßen" materiellen Ungleichheiten, sondern auch nach Gewaltformen, die in heutigen europäischen Wissens-Konstruktionen verankert sind. Sie fragen nach

der Verschränkung zwischen Wissenschaft/Macht und Institutionen, nach der Verwobenheit von Philosophie/Kunst und Politik/Sozialwissenschaften. Postkolonial meint hierbei eine widerständige Haltung und Praxis gegen Kolonialismus und das mit ihm tradierte „Wissen".

Antimuslimischer Rassismus

Auch antimuslimischer Rassismus reicht weit in die Vergangenheit zurück und meint eine kollektive Zuschreibung gegenüber Personen mit (vermeintlich) muslimischem Glauben: Sie werden als „Andere" gebrandmarkt und abgewertet. Ihre Andersbehandlung wird dabei durch die ihnen unterstellte und als unveränderbar behauptete „Kultur" legitimiert. Dabei werden gesellschaftliche Probleme wie Antisemitismus, Sexismus und Homofeindlichkeit „ausgelagert" und als inhärent „muslimisches Verhalten" deklariert. Das hat die Funktion, Machtverhältnisse aufrechtzuerhalten, die Diskriminierung von (vermeintlichen) Muslim*innen zu legitimieren und sich selbst als eine homogene, also positiv bewertete „Wir"-Gruppe zu konstruieren, die in Kontrast zu „dem Muslimischen" überlegen, aufgeklärt und zivilisiert ist.
Besonders betroffen von antimuslimischem Rassismus in Deutschland sind Menschen, die als „Araber*in" bzw. „Türk*in" gelesen werden. Für diese Personen hat antimuslimischer Rassismus weitreichende Konsequenzen: In der Schule sind sie meist weder durch Lehrpersonal noch durch Bezugspunkte in Schulbüchern repräsentiert, in aktuellen politischen Diskursen tauchen sie vor allem im Kontext von „Sicherheitsproblemen" und„ Integrationsproblemen" auf, sie müssen sich durchschnittlich häufiger für eine Stelle bewerben und erhalten verhältnismäßig oft Absagen bei der Wohnungssuche. Somit kann antimuslimischer Rassismus neben individuellem Fehlverhalten institutionell, strukturell und diskursiv sein (→ *Schlaglicht F* ***Matrix. Formen rassistischer Diskriminierung***).

Literatur

Castro Varela, M. d. M. und Dhawan, N. (2015): Postkoloniale Theorie. Eine kritische Einführung. Bielefeld.

Osterhammel, J. & Jansen, J. C. (2017): Kolonialismus. Geschichte, Formen, Folgen. München.

Strohschein, J. (2007): weiße wahr-nehmungen: der koloniale blick, weißsein und fotografie. Magisterarbeit. Berlin.

Attia, Iman (2018): Diskursive Interventionen in westliche Kopftuchmonologe. In: Ceylan, R. und H.-H. Uslucan (Hg.): Transformation religiöser Symbole und religiöser Kommunikation in der Diaspora. Sozialpsychologische und religionssoziologische Annäherung an das Diskursfeld Islam in Deutschland. Wiesbaden, S. 141–156.

Müller-Uri, F. (2014): Antimuslimischer Rassismus. Eine Einführung. Wien, Berlin.

Said, Edward W. (1979): Orientalism. London.

8.5 LASS MICH SEIN WIE ICH ES WILL, NICHT SO, WIE DU ES FÜR RICHTIG HÄLST!

Machtdiskurse zu Sexismus und Rassismus

I. Allgemeine Infos zur Übung

Titel der Übung: Lass mich sein wie ICH es will, nicht so, wie DU es für richtig hälst!

Fachtitel für die Übung: Machtdiskurse zu Sexismus und Rassismus

Zuordnung und Voraussetzung
Allgemeine Übung nach ersten Vorkenntnissen. Erste inhaltliche Auseinandersetzung mit Rassismus und Diskriminierung sollte bereits erfolgt sein.

Themenbereiche/Schlagworte
Intersektionalität (→ gleichnamiges *Schlaglicht J*), Rassismus, Sexismus (→ *Schlaglicht L*), Stereotype, Feminismus

Anzahl der Teilnehmenden
12–15 Personen

Lernziele
- TN analysieren das vielschichtige Verhältnis von Rassismus und Sexismus beispielhaft an drei Aspekten:
- TN reflektieren gesellschaftlich dominante und eigene Stereotype in Bezug auf rassistisch markierte Frauen.
- TN wissen um Kritik an „weiß" dominierten Feminismusdiskursen und deren Verstrickungen.
- TN erarbeiten, eine intersektionale Perspektive in Bezug auf frauenspezifische Belange und in feministischen Diskursen.

Zeit
Gesamtdauer: ca. 120 Minuten
1. Phase: Einstieg mit Gesamtgruppe. Dauer: 15 Minuten
2. Phase: Kleingruppenarbeit. Dauer: 65 Minuten
3. Phase: Auswertung und Reflexion in der Gesamtgruppe. Dauer: 40 Minuten

Materialien
- Tafel/Whiteboard (oder Flipchartpapier)
- Flipchartpapier und Stifte
- Pinnwände
- Ausdrucke von Zitaten und Bildern für die Gruppenarbeit

Räumlichkeiten
Der Seminarraum sollte groß genug für Besprechungen in der Gesamtgruppe sein, sowie die Möglichkeit zu Kleingruppenarbeiten bieten.

Weiterführende Literatur und Links

Attia, I./Köbsell, S./Prasad, N. (Hg.) (2015): Dominanzkultur reloaded. Neue Texte zu gesellschaftlichen Machtverhältnissen und ihren Wechselwirkungen. Bielefeld.

Crenshaw, K. (2018): On Intersectionality: Essential Writings. New York.

Kulaçatan, M. (2016): Rassismus und Sexismus im Kontext medialer Öffentlichkeit. In: Castro Varela, M. d. M./ Mecheril, P. (Hg.) (2016): Die Dämonisierung der Anderen. Rassismuskritik der Gegenwart. Bielefeld.

Hark, S./Villa, P.-I. (2017): Unterscheiden und Herrschen. Ein Essay zu den ambivalenten Verflechtungen von Rassismus, Sexismus und Feminismus in der Gegenwart. Bielefeld.

Kombination mit anderen Übungen
Vor der Durchführung dieser Übung sollten bereits einige Grundlagenübungen durchgeführt worden sein.

II. Ablauf und konkrete Schritte

1. Phase: Einstieg mit der Gesamtgruppe. Dauer: 15 Minuten

Ein erster Einstieg in die Übung erfolgt über das folgende Zitat, das auf eine Tafel/Whiteboard/Flipchartpapier gut sichtbar aufgeschrieben und vorgelesen wird:

Die Welt konsequent durch die Geschlechterbrille sehen. Und nur durch diese. Manches wird dadurch in großer Schärfe sichtbar. Anderes verschwimmt, gerät völlig aus dem Blickfeld. Vieles ist am Ende unscharf. Mehr Nebel als Aufklärung.[1]

Die TN tauschen sich 5 Minuten in Flüstergruppen (Hinweise zur Methode in Kapitel 4.3) über ihre Assoziationen zu dem Zitat aus.

Anschließend führt die Gruppe gemeinsam ein kurzes Brainstorming zum Begriff der Intersektionalität durch. Die Ergebnisse des Brainstormings werden dabei auf der Tafel oder dem Whiteboard von der SL festgehalten.

Falls nötig, ergänzt die SL weitere Punkte, die für die Durchführung der Übung notwendig sind (→ *Schlaglicht J* ***Intersektionalität***).

2. Phase: Gruppenarbeitsphase. Dauer: 65 Minuten

Vorbereitung: Es werden im Seminarraum oder (auch in unterschiedlichen Räumen) drei Thementische zu verschiedenen Aspekten der Intersektion (Rassismus und Sexismus) aufgestellt. Auf jedem Tisch liegen die zu dem jeweiligen Aspekt zugehörigen Materialien und Reflexionsfragen sowie drei Bögen Flipchartpapier und mehrere Marker bereit.
Die Aufgabenstellung wird für alle sichtbar an die Tafel/Flipchart angeschrieben.

---

1 In Anlehnung an: Hark, S./Villa, P.-I. (2017): Unterscheiden und Herrschen. Ein Essay zu den ambivalenten Verflechtungen von Rassismus, Sexismus und Feminismus in der Gegenwart. Bielefeld, S. 78.

Ob und mit welcher Kontextualisierung bei Thementisch 1 neben den Materialien auf den Arbeitsblättern der Gruppe auch ergänzendes Bildmaterial zur Verfügung gestellt werden soll, bedarf einer kritischen Abwägung durch die SL (siehe unten Abschnitt III.).

Die Gruppe teilt sich in drei Kleingruppen auf (zur Methode Kleingruppeneinteilung → Kapitel 4.3), jede Kleingruppe beginnt an einem der Thementische. Nach 20 Minuten findet eine Rotation der Gruppen an den nächsten Thementisch statt, so dass alle Kleingruppen nach zwei Wechseln an allen drei Tischen gearbeitet haben.

An den Tischen soll das ausliegende Material gesichtet und in der Kleingruppe diskutiert werden. Dabei können die Reflexionsfragen als Leitfaden dienen. Die TN sollen Diskussionsstränge und Gedanken auf einem der ausliegenden Flipchartpapiere für die spätere Auswertung stichpunktartig festhalten. Dabei sollte allerdings nicht zu viel Zeit auf Gestaltung der Flipcharts gelegt werden, im Fokus steht die inhaltliche Auseinandersetzung.

Aufgabenstellung

1. Sichten Sie die Materialien am Thementisch.
2. Besprechen Sie die Materialien entlang der bereitliegenden Reflexionsfragen in der Kleingruppe.
3. Notieren Sie stichpunkthaft Diskussionsstränge und Gedanken auf einer Flipchart.

*Nach 20 Minuten rotieren Sie mit ihrer Gruppe an den nächsten Tisch.

Nach 15 Minuten weist die SL die Kleingruppen auf die Zeit hin, nach 20 Minuten wird der erste Durchgang der Kleingruppenarbeit beendet. Die beschriebenen Flipcharts werden beiseitegelegt und die Gruppen rotieren – bis die Kleingruppen an allen drei Tischen waren.

Folgende Materialien und Reflexionsfragen bilden die Grundlage für die Thementische:

1. Stereotype Darstellungen: Reflexionsfragen und Material Gruppe A
2. Feministische Perspektiven intersektional: Reflexionsfragen und Material Gruppe B
3. Sexismen und Rassismen in der Arbeitswelt: Reflexionsfragen und Material Gruppe C

3. Phase: Auswertung und Reflexion in der Gesamtgruppe. Dauer: 40 Minuten

Nach der Gruppenarbeitsphase kommt die Gesamtgruppe wieder im Plenum zusammen. Die während der Gruppenarbeitsphase beschriebenen Flipcharts werden im Raum aufgehängt. Alle TN erhalten kurz Gelegenheit, sich die drei Thementische ins Gedächtnis zu rufen und über die Flipchartbögen der anderen Gruppen zu schauen.
Der Einstieg in die Auswertung der Gruppenarbeit erfolgt über folgende Fragen:

- *Wie erging es Ihnen/erging es euch während der Gruppenarbeitsphase?*
- *Was hat Sie/euch angesprochen oder Irritationen hervorgerufen?*
- *Mit welchen unterschiedlichen Arten von Quellen wurde bei den Thementischen gearbeitet? Welche Funktionen habe diese und wessen Perspektiven werden darin sichtbar?*
- *Gab es zwischen den Gruppen verschiedene Diskussionsschwerpunkte bei den einzelnen Thementischen?*
- *Waren neue Aspekte dabei?*
- *Gibt es weitere Gedanken oder Erkenntnisse, die TN mit der Gesamtgruppe teilen möchten?*

Wenn die Auswertung der Gruppenarbeitsphase abgeschlossen ist, kommt die SL zum Eingangszitat zurück, das wieder gut sichtbar im Seminarraum platziert wird.

Alle TN werden dazu aufgefordert, sich 10 Minuten in Stillarbeit vor dem Hintergrund der Gruppenarbeitsphase zu überlegen, wie Diskurse/ Gruppen/ Institutionen, an denen sie beteiligt sind, intersektionaler ausgerichtet bzw. wie diese stärker intersektional geöffnet werden können. Dabei können auch andere Diskriminierungsdimensionen wie z. B. Ableismus oder Klassismus mitgedacht werden (→ *Schlaglicht L* ***Dimensionen von Diskriminierung***).

Die SL stellt als Anregung Reflexionsfragen (→ „Diskriminierungskritische Analyse-Fragen" Kapitel 4.3) Je nach Kontext können dazu beispielsweise folgende gehören:

- *Wer ist im Diskurs/ der Gruppe/ der Institution repräsentiert? Wer nicht?*
- *An wen richtet sich das Angebot? Wer wird tatsächlich erreicht?*
- *Wer wird wie in Entscheidungen miteinbezogen?*

Der Fokus liegt dabei auf dem Handlungsraum jedes*r einzelnen TN. Wer möchte, kann anschließend Überlegungen und eigene Vorhaben mit der Gruppe teilen und ggf. Verbündete dafür suchen.

HINWEIS:
Verbindet die TN Gruppe ein gemeinsamer Aktionsraum (z. B. Arbeitskontext), besteht die Möglichkeit, neben der individuellen Planung zusammen über die Stärkung einer intersektionalen Perspektive im gemeinsamen Aktionsraum zu diskutieren und eine konkretere Planung anzustreben. Dabei sollte unbedingt (macht-)kritisch reflektiert werden, wer diesen Prozess gestaltet, steuert und wer darin wie eingebunden wird.

III. Fachliche und methodische Hintergrundinfos für SL

Fachliche Hintergrundinfos

1. Eine Besprechung des Begriffs Intersektionalität und seiner Wirkung findet sich im *Schlaglicht J*.
2. Erläuterungen zu den Begriffen Ableismus, Klassismus, Sexismus → *Schlaglicht L* ***Dimensionen von Diskriminierung.***
3. Zum Begriff Feminismus → Kapitel 10 FAQ.
4. Zum Thema Postkolonialismus → *Schlaglicht P.*

Methodische Hinweise

1. Erläuterungen zum Thementisch „Stereotype Darstellungen": Textauszug A (Yasemin Shooman 2012). und Textauszug C (Paul Mecheril (2016)) setzten sich kritisch mit der Bebilderung von Magazintitelseiten auseinander. Die kritisierten Titelseiten werden in den Textauszügen hinreichend beschrieben, sodass die Teilnehmenden eine allgemeine Vorstellung der Abbildungen erhalten. Textauszug B (Noah Sow 2018) setzt sich kritisch mit der Abbildung auf einem Plakat auseinander. Zusätzlich zu den Textauszügen kann es hilfreich sein, der Kleingruppe die Abbildungen, auf die die Texte Bezug nehmen, zur Verfügung zu stellen. Dies birgt allerdings auch die Gefahr der ungewollten Reproduktion und Verfestigung von Stereotypen. Die SL sollte diese Entscheidung in Bezug auf die jeweilige Lerngruppe und deren Wissensstand treffen und auf eine entsprechende Einbindung achten.

Grundsätzlich ist bei der Übung und den Diskussionen auf eine macht- und diskriminierungskritische Perspektive zu achten. So sollte beispielsweise kein Raum für die grundsätzliche Delegitimierung feministischer Anliegen oder die Reproduktion rassistischer oder sexistischer Stereotype entstehen.
Die Erfahrungen von Frauen und von rassistisch markierten Personen unter den TN sollten nicht in Frage gestellt werden.

2. Ggf. sollten methodische Überlegungen zur Kleingruppeneinteilung angestellt werden, → hierzu Kapitel 4.3.
3. Auf diskriminierungskritische Sprache achten, → hierzu Kapitel 4.2.
4. TN empathisch im Blick haben und ihnen Freiräume ermöglichen, → hierzu Kapitel 4.2.
5. Informationen zur → Flüstergruppen finden sich in Kapitel 4.3.

Vereinfachte Variante: Wenn weniger Zeit zur Verfügung steht, kann die Gruppenarbeitsphase dahingehend verkürzt werden, dass keine Rotation zwischen den Thementischen stattfindet, sondern jede Gruppe nur ein Thema bearbeitet. Neben der Gruppenarbeitsphase von 20 Minuten muss dann allerdings noch Zeit für die gegenseitige Präsentation der Diskussionsergebnisse (5–10 Minuten pro Gruppe) eingeplant werden.

Mögliche Vertiefung: Zur weiteren Vertiefung können weitere Schwerpunkte, an denen die Intersektion Rassismus und Sexismus besonders wirksam ist, im Rahmen einer Rechercheaufgabe vertieft werden. Denkbar sind beispielsweise Recherchen zu den Themen „Repräsentationspraxen" oder „Schönheitsideale". Soll eine globalere Perspektive auf die Verknüpfung und Verstrickungen von Rassismus und Sexismus eingenommen werden, bietet sich etwa das Thema „Modeindustrie und Fast Fashion" an.

IV. Material

Gruppe A: Thementisch Stereotype Darstellungen

Reflexionsfragen

- *Um was geht es in den drei Quellen?*
- *Welche Aspekte der Intersektion Rassismus und Sexismus werden thematisiert?*
- *Welche (postkoloniale) Kritik wird an gesellschaftlich konstruierten Stereotypen geäußert?*
- *Welche Rolle spielen dabei Medien?*
- *Wie wirken diese Stereotype und wie können sie dekonstruiert werden?*

Arbeitsblatt 1: Thementisch Stereotype Darstellungen

Material A. Yasemin Shooman (2012): Muslimisch, weiblich, unterdrückt und gefährlich – Stereotype muslimischer Frauen in öffentlichen Diskursen (Textauszug).

„Allahs rechtlose Töchter. Muslimische Frauen in Deutschland" – so titelte Deutschlands auflagenstärkstes Nachrichtenmagazin DER SPIEGEL im November 2004 und präsentierte in einem 34-seitigen Themenschwerpunkt das traumatische Schicksal einzelner muslimischer Frauen, die von ihren Familien tyrannisiert werden [...]. Bei der Lektüre entsteht der Eindruck, dass ihre Lebensumstände repräsentativ seien für einen Großteil muslimischer Frauen in Deutschland.
Mit dem Cover – auf dem eine gesichtslose, in dunkle lange Kleidung gehüllte Frau mit gesenktem Kopf durch das Bild huscht – reproduziert der SPIEGEL das historisch tradierte und nach wie vor dominante Stereotyp der unterdrückten Muslimin.

Quelle: Shooman, Y. (2012): Muslimisch, weiblich, unterdrückt und gefährlich – Stereotype muslimischer Frauen in öffentlichen Diskursen. Abrufbar unter: http://www.deutsche-islam-konferenz.de/DIK/DE/Magazin/IslamGender/StereotypMuslima/stereotypmuslima-node.html (01.06.2022).

Der Textauszug bezieht sich u. a. auf das Titelbild des Magazins DER SPIEGEL 47/2004.
Abrufbar unter: https://t1p.de/spiegel47-2004 (01.06.2022).

Arbeitsblatt 2: Thementisch Stereotype Darstellungen

Material B. Noah Sow (2018). Deutschland Schwarz Weiß (Textauszug).
Eine der frechsten und unreflektiertesten Reproduktionen kolonialer Klischees sind pseudo-afrikanische Zirkusshows, wie zum Beispiel die Show „Mama Africa", die zeitweise auch unter dem Namen „Mother Africa" tourt. „Mama Africa", ein Begriff, der traditionell positiv für ein neues Selbstbewusstsein (und damit nicht zuletzt für die Loslösung von europäischen Monopolen) steht, wird hier vereinnahmt, um eine Show zu bezeichnen, die genauso auch schon vor hundert Jahren stattgefunden haben könnte.
Das Spektakel will uns angeblich „den schwarzen Kontinent näherbringen". Daran darf aber stark gezweifelt werden angesichts des Broschürentextes und der recht entgleisten Poster-Untertitel. Plakat und Showbeschreibung bedienen sich aller Stereotypen, durch die weiße Menschen heute noch Schwarze Menschen lächerlich machen, mit Vorurteilen belegen, bedrohen und diskriminieren, insbesondere Frauen: „WILD", „EXOTISCH", „EROTISCH", ANDERS".

Quelle: Sow, N. (2018): Deutschland Schwarz Weiß. Der alltägliche Rassismus. Norderstedt, S. 176–177.

Der Textauszug bezieht sich unter anderem auf die Show „Mama Afrika", die mit folgendem Plakat für sich wirbt:
https://t1p.de/MamaAfrika (01.06.2022).

Arbeitsblatt 3: Thementisch Stereotype Darstellungen

Material C. Paul Mecheril (2016): Flucht, Sex und Diskurse (Textauszug).

Ich darf Ihnen ein Beispiel für meine Atemnot geben.
Das aktuelle Titelbild des Fokus: Wir haben es hier, 8. Januar 2016, mit einer weiblich sexualisierten, pornographischen Darstellung einer Frau zu tun. Wir sehen den Körper einer nackten weißen, eher jungen, vielleicht 28jährigen, blondhaarigen – ich würde sagen schönen – Frau, deren Brüste von einem quer über ihren Körper verlaufenden roten Balken verdeckt werden, ihre Scham hingegen verdeckt ihre eigene rechte Hand. Ihr Mund ist leicht geöffnet. Auf ihrem Körper sind, den Körper stempelnd, ihn in Besitz nehmend fünf prankenartige Abdrücke von Männerhänden nicht in blauer, nicht grüner, sondern in schwarzer Farbe, ölig und schmutzig zugleich, zu sehen. Die Titelseite fragt: „Nach den Sex-Attacken von Migranten: Sind wir noch tolerant oder schon blind?"

Da bleibt mir die Luft weg: Rassistische Darstellungen und Rede sind im postnationalsozialistischen Deutschland des 21. Jhr. salonfähig. Denn diese Darstellung des Fokus ist rassistisch, weil in reißerischer und aufdringlicher, Affekte heraufbeschwörender Art und Weise Migranten mit Hilfe sexualisierter Darstellungen dämonisiert werden und darin zugleich ein Wir (Sind wir noch tolerant oder schon blind?) errichtet wird, das weiß ist.

Quelle: Mecheril, P. (2016): Flucht, Sex und Diskurse. Gastrede im Rahmen des Neujahrsempfangs der Stadt Bremen, 13. Januar, Manuskript des Vortrags (2. Fassung), S. 4–5. Abrufbar unter: https://ratfuermigration.files.wordpress.com/2017/02/mecheril_flucht_sex_diskurse.pdf (01.06.2022).

Der Textauszug bezieht sich auf das Titelbild des Magazins Focus Nr. 2/18. Abrufbar unter: https://t1p.de/focus2-18 (01.06.2022).

Gruppe B: Thementisch Feministische Perspektiven intersektional

Reflexionsfragen

- *Um was geht es in den drei Quellen?*
- *Welche Aspekte von Intersektionalität werden thematisiert?*
- *Welche Gefahren für die Frauen*bewegungen werden beschrieben?*
- *Welche Forderungen stellen die Autor*innen?*
- *Welche zusätzlichen Anforderungen ergeben sich Ihrer/eurer Perspektive nach für eine intersektionale Frauen*bewegung?*

Arbeitsblatt 1: Thementisch Feministische Perspektiven intersektional

Material A. Sabine Hark/Paula-Irene Villa (2017): Unterscheiden und Herrschen (Textauszug).

In einer Welt, in der aus feministischer Sicht die vordinglichsten Probleme noch immer im Zugang zu Nahrung und Behausung, zu Bildung und Wissen bestehen, sowie die Erfahrung von Missbrauch und Gewalt, von Armut und Mangel, von Überflüssigkeit und verweigerter Anerkennung, von Rechtlosigkeit und Willkür, von Sexismus, Homo- und Transfeindlichkeit, von Rassismus und Xenophobie in ihren vielfältigsten Manifestationen, gibt es daher kein zurück hinter die Einsprüche lesbischer und schwarzer, eingewanderter und queerer[1] , postkolonialer und trans* Feministinnen*. Die Anstrengungen, Feminismus hinsichtlich dieser Aufgaben komplexer zu artikulieren, müssen wir auf uns nehmen.

Quelle: Hark, S./Villa, P.-I. (2017): Unterscheiden und Herrschen. Ein Essay zu den ambivalenten Verflechtungen von Rassismus, Sexismus und Feminismus in der Gegenwart. Bielefeld, S. 98.

---

1 Queer bezeichnet Menschen, die sich nicht mit traditionellen Geschlechterrollen und –stereotypen identifizieren und eine behauptete Zweigeschlechtlichkeit in Frage stellen. Queer steht aber auch für Menschen, die sich nicht konkret als Mann oder Frau verorten wollen (→ *Schlaglicht K*).

Arbeitsblatt 2: Thementisch Feministische Perspektiven intersektional

Material B: Muslima Pride und FEMEN: (Gegen-)Proteste

Gegenprotest: Aktivistinnen von MuslimaPride nach Protesten von FEMEN Aktivistinnen vor der Berliner Ahmadiyya-Moschee.

Bildquelle: https://t1p.de/muslimas-gegen-femen (01.06.2022).

Aufnahme der FEMEN Aktion und Anlass für den Gegenprotest der Aktivistinnen von MuslimaPride

Bildquelle: DPA, abrufbar unter: https://t1p.de/Femen (01.06.2022).

Arbeitsblatt 3: Thementisch Feministische Perspektiven intersektional

Material C. LesMigras (2012). „… Nicht so greifbar und doch real" [Interviewauszug]
Pamela: Also, wo ich mich ausgeschlossen fühle, das ist in queeren[1] Räumen, wenn die anfangen, Plakate aufzuhängen, von wegen diskriminierungsfreie Zone und ich irgendwie weiß, dieses Plakat ist von Weißen entworfen worden. Und ich dann hin gehe und sage, so, und das, was da hängt, damit identifizier ich mich überhaupt nicht, da fühle ich mich eher diskriminiert als irgendwie verständnisvoll … na ja … und dann irgendwie die Antwort kriege, was ich denn jetzt schon wieder hätte und blablabla… also wenn Weiße anfangen, eigentlich das, was mir widerfährt zu definieren, und ich hab nullkommnull Mitspracherecht und bin außen vor und hab das Gefühl … meinen die mich? Wen meinen die jetzt eigentlich? Und das macht mich total wütend und hilflos und sauer.

Quelle: LesMigras Antigewalt- und Antidiskriminierungsbereich in der Lesbenberatung Berlin e. V. (2012): „… Nicht so greifbar und doch real". Eine quantitative und qualitative Studie zu Gewalt und (Mehrfach-) Diskriminierungserfahrungen von lesbischen, bisexuellen Frauen und Trans* in Deutschland, S. 191. Abrufbar unter: http://lesmigras.de/tl_files/lesben beratung-berlin/Gewalt%20%28Dokus,Aufsaetze…%29/Dokumentation%20Studie%20web_sicher.pdf (01.06.2022).

Gruppe C: Thementisch Sexismen und Rassismen in der Arbeitswelt

Reflexionsfragen

- *Um was geht es in den drei Quellen?*
- *Welche Aspekte der Intersektion Rassismus und Sexismus werden deutlich?*
- *Wer gilt in der Gesellschaft als professionell? Wem werden Kompetenzen zugeschrieben? Was trägt dazu bei?*
- *Welche Rolle(n) haben Männer in diesem Kontext? Welche Forderungen ergeben sich an sie?*
- *Welche Forderungen ergeben sich daraus an „weiße" Frauen?*

Arbeitsblatt 1: Thementisch Sexismen und Rassismen in der Arbeitswelt

Material A: Lauck, D. (2018) #MeTwo Debatte. Das Netz diskutiert Alltagsrassismus (Screenshot eines Tagesschauartikels, der auf die MeTwo Debatte Bezug nimmt und Tweets zeigt).
Bildquelle: https://www.tagesschau.de/inland/me-two-101.html (01.06.2022).

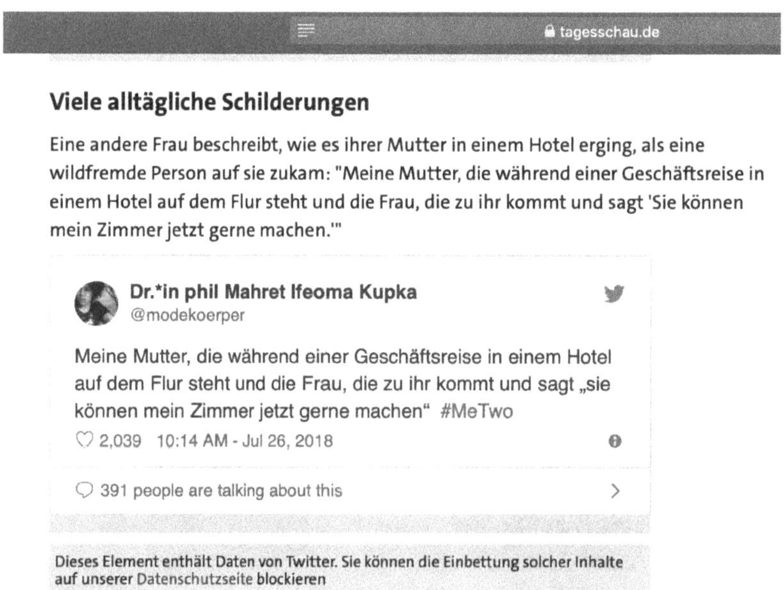
tagesschau.de

Viele alltägliche Schilderungen

Eine andere Frau beschreibt, wie es ihrer Mutter in einem Hotel erging, als eine wildfremde Person auf sie zukam: "Meine Mutter, die während einer Geschäftsreise in einem Hotel auf dem Flur steht und die Frau, die zu ihr kommt und sagt 'Sie können mein Zimmer jetzt gerne machen.'"

Dr.*in phil Mahret Ifeoma Kupka
@modekoerper

Meine Mutter, die während einer Geschäftsreise in einem Hotel auf dem Flur steht und die Frau, die zu ihr kommt und sagt „sie können mein Zimmer jetzt gerne machen" #MeTwo
2,039 10:14 AM - Jul 26, 2018

391 people are talking about this

Dieses Element enthält Daten von Twitter. Sie können die Einbettung solcher Inhalte auf unserer Datenschutzseite blockieren

1 Queer bezeichnet Menschen, die sich nicht mit traditionellen Geschlechterrollen und -stereotypen identifizieren und eine behauptete Zweigeschlechtlichkeit in Frage stellen. Queer steht aber auch für Menschen, die sich nicht konkret als Mann oder Frau verorten wollen (→ *Schlaglicht K*).

Arbeitsblatt 2: Thementisch Sexismen und Rassismen in der Arbeitswelt

Material B: Emilia Roig (2014): Care Crisis: Welche Auswirkungen haben Migrationspolitiken auf Geschlechtergerechtigkeit? (Textauszug).

Reinigungsarbeiten, Pflege- und Sorgetätigkeiten in Privathaushalten werden vielfach durch zugewanderte Frauen aus Drittländern ausgeübt. Diese Tendenz zum „modifizierten Hausfrauenmodell" bildet die Kehrseite der zunehmenden Erwerbstätigkeit von deutschen Frauen bei Verbleib der Männer in der Ernährerrolle und der Vollbeschäftigung. [...] Dies weist darauf hin, dass Gleichstellungspolitik nicht für alle Frauen gleichberechtigt gilt. Mit Gleichstellungsgesetzen, die für manche Frauen die Work-Life-Balance fördern und ihnen alternative Betreuungsoptionen bieten, werden andere Frauen mobilisiert, damit die Implementierung dieser Gesetze sichergestellt werden kann. Anders gesagt wird Geschlechtergerechtigkeit für einige Frauen auf Kosten anderer vorangetrieben.

Quelle: Roig, E. (2014): Care Crisis: Welche Auswirkungen haben Migrationspolitiken auf Geschlechtergerechtigkeit. Herausgeberin: Heinrich-Böll-Stiftung, S.26 – 27. Abrufbar unter: https://heimatkunde.boell.de/sites/default/files/emilia_roig_epaper_maerz2014_care_crisis_dt.pdf (01.06.2022).

Arbeitsblatt 3: Thementisch Sexismen und Rassismen in der Arbeitswelt

Material C: Mely Kiyak (2008): Und was ist mit uns? (Textauszug).

Wie wäre es mit ein bisschen Solidarität, Kampfgefährtinnen? Ein Wort, das dringend abgestaubt gehört. Nur zur Erinnerung: All die Männer rings um diese Frauen mit Migrationshintergrund haben kein Interesse daran, das bestehende System zu ändern. Das haben die „biodeutschen" Frauen 1970 ganz ähnlich erlebt. Nur waren die Feministinnen damals in aussichtsreicherer Position: Sie kamen frisch von den Universitäten, manche holten sich ihre Impfungen aus Frankreich, sie waren mobil, sie mussten sich „bloß" gegen die Männer durchsetzen. Frauen mit Migrationshintergrund, egal ob studiert oder nicht, müssen sich durchsetzen gegen Männer und Frauen mit anderen Lebensentwürfen, anderer Kultur, Sprache und Religion – und gegen die eigenen männlichen Verwandten. Man kann siegreich aus diesem Kampf hervorgehen; einige glänzende Beispiele beweisen es. Allerdings geschieht dies meist still und leise. Ganz anders die herkunftsdeutschen Frauen der bürgerlichen Mittelschicht, die Teil des medialen Systems geworden sind und deshalb jede scheinbar revolutionäre Ansicht mit viel Medien-Tamtam ausposaunen können.
Privilegierte Frauen publizieren und kommen sich dabei mutig vor. Kann man ihnen das zum Vorwurf machen? Nein. Was man ihnen aber vorwerfen kann: Keine Einzige stellt sich hin und sagt, ich habe es als Frau schwer, doch ich möchte der Gerechtigkeit halber sagen, dass es die Nilüfer mit ihrem abgeschlossenen Studium schwerer hat, weil sie in diesem Deutschland seltener auf der Position landet, auf der ich bin. Und ich hatte es auch schon nicht leicht. Aber immer noch besser als die Emine, deren Vater findet, dass Hauptschule reicht, weil hinterher ohnehin geheiratet wird. Oder als Hatice, die ihren Hauptschulabschluss gemacht hat und keinen Ausbildungsplatz findet, weil sie wegen Aussehen, Herkunft oder Namen diskriminiert wird.

Quelle: Kiyak, M. (2008): Und was ist mit uns? Die Debatte um den neuen Feminismus ist eine realitätsferne Veranstaltung weißer, christlicher Mittelschichtsfrauen. Dass muss sich ändern. Erschienen in DIE ZEIT am 6. Juli 2008, aktualisiert am 10. Juli 2008. Abrufbar unter: https://www.zeit.de/2008/28/Feminismus (01.06.2022).

Schlaglicht Q

Erfahrungsbericht von Pfarrer Ndjimbe-Tshiende

Im Folgenden erzähle ich meine Geschichte, die mich als Pfarrer gezwungen hat, meine Pfarrei zu verlassen, in ein Kloster zu flüchten und ein Buch über die Vision einer anderen Kirche mit dem Titel „und wenn Gott schwarz wäre …" zu schreiben.
2012 wurde ich nach Zorneding in die Nähe von München als Pfarrer angewiesen. Vier Jahre war alles in Ordnung. Bis Ende 2015 als ich auf Bitte der Medien in einem Interview einen Artikel der Vorsitzenden der CSU Zorneding über Geflohene kritisiert habe, weil darin die Wahrheit, die Liebe, der Respekt und der Friede nicht beachtet wurden.
Danach bekam ich folgende Reaktionen: Menschen, die mit mir die Sonntagsmesse gefeiert hatten und zur Kommunion zu mir gekommen sind, wandten sich gegen mich, es kamen Morddrohungspostkarten und – briefe. Auf einer der Postkarten stand: „Wir schicken Dich Du Arschloch nach Auschwitz. Hau ab zu Deinen schwarzen Teufeln. Du Nigger! … Hau ab, Du stinkiger Nigger!"
Daraufhin beschimpfte mich der damalige stellvertretende Vorsitzende der CSU Zorneding in einem Interview mit den Worten „dem Pfarrer sage ich: Er muss aufpassen, dass der alte Ruhestandspfarrer ihm nicht mit nacktem Arsch ins Gesicht springt, ihm unserem Neger". In dieser Zeit wurde auch ein weißes Pulver in meinem Briefkasten verstreut, und es wurde die Heizung im Pfarrhaus in der Nacht von Sonntag auf Montag mitten im Winter auf null zurückgedreht (nicht vom Hausmeister). An einem anderen Tag wollte ein Herr mich mitten in der Messe töten.
Diese Situation machte mich mal wütend (wie können Leute mich einfach so töten wollen, weil ich Grundwerte verteidigt habe?), mal machte sie mich traurig und enttäuscht (ich bin selbst meinen Glaubensgenossen, Brüdern und Schwestern, nichts wert), mal verzweifelt und hoffnungslos (wenn selbst die Christen das Leben anderer Menschen, sogar anderer Christen nicht respektieren, wer würde unsere Weltgemeinschaft noch retten?).

Später habe ich über die eine einzige Frage meditiert: „Wie ist das in einer Kirche möglich, in der das wichtigste Gebot die Liebe ist?" Mir kamen folgende Antworten in den Sinn: Viele Christen*innen führen ein Doppelleben: in der Kirche sind sie Christen, außerhalb der Kirche sind sie es nicht mehr und unsere Kirche als Lehrerin der Völker (also das Kirchenamt) hat solche Christen produziert, weil sie Jesus untreu geworden ist, indem sie in der Lehre und in der Pastoral andere Akzente als die von Jesus Christus gesetzt hat: nicht die Geschwisterlichkeit, sondern Macht und eine unbarmherzige Hierarchie, nicht die Liebe und Nächstenliebe, sondern Konkurrenz und die Reduzierung des Glaubens auf Gottesdienstbesuche usw.
Darum habe ich eine Vision einer neuen Kirche entwickelt, in der alle Brüder und Schwestern sind, sich wohl fühlen im christlichen Leben und in den kirchlichen Ämtern. Die Ämter sollen allen Männern und Frauen zur Verfügung stehen, so wie es Jesus wollte. Wegen meines christuszentrierten Glaubens konnte ich allen verzeihen, aber die traurige und bestürzende Erfahrung nicht vergessen. Durch viele Freunde und dank dem Erzbischöflichen Ordinariat von München habe ich eine gute Forschungsstelle (weil ich habilitiert bin und einen Professorentitel trage) an der Katholischen Universität Eichstätt-Ingolstadt gefunden. Dadurch konnte ich größtenteils meine Traumata überwinden, auch wenn ab und zu noch Angstzustände auftauchen. Die Worte Jesu am Kreuz helfen mir sehr viel: Herr verzeih es ihnen, denn sie wissen nicht, was sie tun …
Die rassistische Erfahrung in Zorneding ist nur die Spitze des Eisbergs: von Anfang meines Aufenthalts in München an habe ich in Restaurants, auf der Straße, in Pfarrbüros und –gemeinden, in Tankstellen auf der Autobahn immer wieder abschätzige, herabsetzende und demütigende Handlungen aufgrund meiner Hautfarbe und meiner Herkunft erlebt. Darum habe ich mich auch sehr früh in meiner Studienzeit intensiv mit dem Rassismus beschäftigt und mich entschieden dagegen zu kämpfen, da es in Wahrheit nur eine Menschheit gibt.

Quelle: Prof. Dr. Olivier Ndjimbi-Tshiende (für „Den Menschen im Blick").

9 ABSCHLIESSENDE ÜBUNGEN RESÜMEE, FEEDBACK UND SCHRITTE IN DIE ZUKUNFT

Am Ende des Trainings steht der Seminarabschluss. Die TN sollen möglichst positiv gestimmt und engagiert entlassen werden. Hier lassen sie das Training Revue passieren, ziehen eigene Schlüsse und tauschen sich in der Gruppe über ihre Erträge aus.
Dafür wird mit der Übung **9.1 Ernte** eine Reflexionsübung angeboten, die die positive Selbstwahrnehmung fördert. Es werden eigene Höhepunkte im Training ermittelt und es findet ein Austausch über den Gewinn des Trainings statt. Festgehalten wird schließlich ein mehrschichtiges Feedback.
Mit der Übung **9.2 Umsetzung** wird Gute Praxis ebenso wie Handlungsbedarf im Berufsalltag und der eigenen Organisation identifiziert. Anschließend werden Ideen und Handlungsansätze für einen verbesserten Umgang gesammelt. Abschließend können die TN gemeinsame Schritte für die Zukunft verabreden.

Die Schlaglicht-Seiten zwischen den Übungen
Zwischen den Übungen finden sich Schlaglicht-Seiten, die entweder fachliche Hintergrundinfos geben oder einschlägige Erfahrungen porträtieren. Sie stehen im inhaltlichen Zusammenhang mit ihrer jeweiligen Platzierung vor, nach oder zwischen bestimmten Übungen.
Das *Schlaglicht R* ***Unterstützungsangebote bei Diskriminierung und gewalttätigen Übergriffen*** gibt einen Überblick über staatliche und zivilgesellschaftliche Angebote, nennt gute Praxisbeispiele und verweist auf selbstständige Recherchemöglichkeiten.

9.1 ERNTE

Persönliche Highlights ermitteln und Empfehlungen abgeben

I. Allgemeine Infos zur Übung

Titel der Übung: Ernte

Fachtitel: Persönliche Highlights ermitteln und Empfehlungen abgeben

Zuordnung und Voraussetzung
Schlussaktivität. Die Übung steht am Ende des Trainings und dient dem positiven Abschluss.

Themenbereiche/Schlagworte
Positive Selbstwahrnehmung, eigene Höhepunkte, Feedback

Anzahl der Teilnehmenden
6–16, maximal 30 Personen, Kleingruppen mit je 2–3 TN

Lernziele
- TN lassen das Training Revue passieren.
- TN tauschen sich über ihr Trainings-Erlebnis aus.
- TN ermitteln ihre persönlichen Highlights.
- TN geben ein Feedback zum Training.

Zeit
Gesamtdauer 30 Minuten
1. Phase: Einzelarbeit. Notieren von Highlights. Dauer: 5 Minuten
2. Phase: Austausch in der Kleingruppe und Verfassen einer Feedback-Karte. Dauer: 10 Minuten
3. Phase: Aufhängen der Feedback-Karten. Optional: Ausfüllen der Feedback-Tafel. Dauer: 5 Minuten
4. Phase: In der Gesamtgruppe: Galerie-Spaziergang. Dauer: 10 Minuten

Materialien
- Moderationskarten und Stifte
- Flipchartpapier und Eding
- Posterpapier und Eding (für Feedback-Tafel)
- Klebe oder Stecknadeln (zum Befestigen der Feedback-Karten)
- (Stell-)Wand, Pinnwand oder Tafel

Räumlichkeiten
Der Seminarraum sollte Kleingruppenarbeit ermöglichen und groß genug für Besprechungen in der Gesamtgruppe sein.

Kombination mit anderen Übungen
Die Übung steht am Ende des Trainings.

II. Ablauf und konkrete Schritte

1. Phase: Einzelarbeit. Notieren von Highlights. Dauer: 5 Minuten

Die SL führt in die Schlussaktivität ein. Die TN bekommen Moderationskarten in zwei unterschiedlichen Farben und einen Stift.

Aufgabenstellung

Stellen Sie sich vor, dass das Training bereits vor einem Monat abgeschlossen wurde. Eine Kollegin fragt per Email, was für Sie am Interessantesten war. Sie will sich mit Ihnen in der Mittagspause treffen, um Tipps zu bekommen, wie sie am meisten aus dem Training herausholen kann.
Sie beschließen sich 5 Minuten Zeit zu nehmen, das Training noch einmal Revue passieren zu lassen und sich
1. Notizen über ihre persönlichen Highlights zu machen.
2. Der Kollegin mindestens einen Tipp für ihre Vorbereitung zu geben.

TIPP

Die TN nutzen für jedes Highlight eine Moderationskarte. Für den bzw. die Tipps für die Kollegin sollten die TN eine andersfarbige Moderationskarte nutzen.

2. Phase: Austausch in der KG und Verfassen einer Feedback-Karte. Dauer: 10 Minuten

Die SL teilt die Gesamtgruppe in Kleingruppen von 3 bis 5 Personen ein (→ Hinweise zur Kleingruppeneinteilung → Kapitel 4.3). Jede Kleingruppe bekommt ein Posterpapier und Edings.

Aufgabenstellung

1. Die TN werden aufgefordert, sich gegenseitig mitzuteilen, was ihre Highlights waren.
2. Die Kleingruppen verfassen auf dem Flipchartpapier einen gemeinsamen Notizzettel.
3. Sie visualisieren ihre Highlights und Tipps als Stichpunkte in großer Schrift.

3. Phase: Aufhängen der Notizzettel aus den Kleingruppen im Seminarraum. Optional: Ausfüllen der Feedback-Tafel. Dauer: 5 Minuten

Anschließend befestigt jede Kleingruppe ihren Notizzettel an der (Stell-)Wand, Pinnwand oder Tafel.
Optional: Die SL schlägt den TN vor, ein weiteres Feedback an der dafür vorbereiteten Tafel zu abzugeben.

Beispiel:

Statement	stimme zu		stimme nicht zu
Das Training hat mir neue Impulse gebracht.			
Die Inhalte sind relevant für mich.			
Sensibilisierung zum Thema fand statt.			
Ich habe mich ernst genommen und respektvoll behandelt gefühlt.			
Das Training war nicht hilfreich.			
Ich habe neues oder vertieftes Fachwissen.			
Praxisrelevanz für Ihre eigene Zielgruppe war gegeben.			
Ich habe einige Ideen bekommen, wie ich persönlich handeln kann.			

4. Phase: Galerie-Spaziergang in der Gesamtgruppe. Dauer: 10 Minuten

Abschließend betrachten die TN die Ergebnisse der anderen Gruppen entsprechend der Methode Galeriespaziergang (Hinweise zur Methode → Kapitel 4.3). Die TN haben die Gelegenheit Nachfragen an die verantwortlichen Kleingruppenteams zu stellen.

Schlaglicht R
Unterstützungsangebote bei Diskriminierung und bei gewalttätigen Übergriffen

Unterstützungsangebote bei Diskriminierung

Es gibt staatliche und zivilgesellschaftliche Antidiskriminierungsstellen und -büros, sowohl auf Bundesebene (www.antidiskriminierungsstelle.de) als auch in vielen Bundesländern (z. B. das Antidiskriminierungsbüro e. V. in Sachsen: www.adb-sachsen.de) und Städten (z. B. in Hannover: https://www.hannover.de/Leben-in-der-Region-Hannover/Soziales/Integration-Einwanderung/Antidiskriminierungs%C2%ADstelle-ADS).
Die Stellen und Büros unterstützen Personen, die Benachteiligungen aufgrund von Rassismus, Sexismus, Ableismus, Ageismus und LGBTQI-Feindlichkeit oder aufgrund von Feindlichkeiten gegen ihre Religion oder Weltanschauung erfahren haben. Antidiskriminierungsstellen informieren über individuelle Ansprüche, rechtliche Möglichkeiten und Beratungsangebote. Sie streben oft eine gütliche Einigung zwischen den Beteiligten an.
Die staatlichen und zivilgesellschaftlichen Antidiskriminierungsstellen und –büros haben ein Aufklärungs- und Beratungsmandat, jedoch keine Ermittlungs- und Klagebefugnisse. Der Rechtsschutz wird durch die Gerichte gewährleistet.

Unterstützungsangebote bei gewalttätigen Übergriffen

Beratungsstellen für Betroffene rechtsextremer, rassistischer und antisemitischer Gewalt haben sich sowohl auf lokaler Ebene (z. B. in München: https://www.before-muenchen.de, sie bietet allerdings zudem auch Antidiskriminierungsberatung an) als auch auf regionaler Ebene (z. B. in Brandenburg: http://www.opferperspektive.de) gegründet. Die meisten lokalen und regionalen Beratungsstellen sind im Verband der Beratungsstellen VGRG (https://www.verband-brg.de) bundesweit vernetzt. Die Beratungsstellen sind ein guter erster Kontakt. Im persönlichen Gespräch können verschiedene Unterstützungsangebote für Betroffene, Zeug*innen und Angehörige vermittelt werden (rechtlich, psychologisch, finanziell).

Tipp für das eigenständige Auffinden von Angeboten

Regionale und lokale Antidiskriminierungsstellen und Beratungsstellen, meist „Opferberatung" oder „Betroffenenberatung" genannt, können schnell durch Internetrecherche gefunden werden. Eine Liste zu den Unterstützungsstellen in Deutschland ist bei dem Internetportal Belltower News einsehbar: https://www.belltower.news/beratungsstellen-fuer-opfer-rechtsextremer-rassistischer-und-homophober-gewalt-40100/ (01.06.2022).

9.2 UMSETZUNG

Rassismussensibel und diskriminierungskritisch im Berufsalltag mit der*m eigenen*r Arbeitgeber*in

I. Allgemeine Infos zur Übung

Titel der Übung: Umsetzung

Fachtitel: Rassismussensibel und diskriminierungskritisch im Berufsalltag mit der*m eigene*r Arbeitgeber*in

Zuordnung und Voraussetzung
Abschließende Übung, zentrale Übung. Sie dient einer handlungsorientierten Auseinandersetzung mit dem Gelernten.

Themenbereiche/Schlagworte
Berufsalltag, Institution, Arbeitgeber, Routinen, Strukturen, Handlungsansätze, aktiv, handlungsfähig, handlungsorientiert, Rassismus, Diskriminierung

Anzahl der Teilnehmende
6–16 Personen, je 3–4 TN für 2–4 Kleingruppen

Lernziele

- TN reflektieren über Herausforderungen und Möglichkeiten der Umsetzung.
- TN sammeln Ideen und Handlungsansätze für den eigenen Berufsalltag.
- TN sammeln Ideen und Handlungsansätze für die eigene Organisation.
- TN vernetzen sich für gemeinsame Schritte in der Zukunft.
- TN haben Vorstellungen davon, wie sie in ihrem Berufsalltag und in ihrer Institution aktiv werden können.

Zeit
Gesamtdauer 110–140 Minuten
1. Phase: Einführung in Phasen und Ziele der Übung. Dauer: 3–5 Minuten
2. Phase: Kleingruppenarbeit und Diskussion: Analyse des Ist-Standes und Identifikation weiteren Handlungsbedarfs. Dauer: 60 Minuten
3. Phase: Präsentation der Ergebnisse in der Gesamtgruppe. Dauer: 10–30 Minuten
4. Phase: Moderiertes Gespräch: Was können wir angehen? Dauer: 30 Minuten
5. Phase: Optional: Verabredungen gemeinsamer Schritte. Dauer: 10 Minuten

Materialien

- Für Phase 2, 3 und 4:
  Variante A: Moderationskarten in drei unterschiedlichen Farben (z. B. gelb, rot und grün)
  Variante B: Notizblöcke für TN und 1 Posterpapier
- Für Phase 2: Arbeitsblatt „Alles perfekt? Welche Schritte können wir noch gehen?"
- Für Phase 3, 4 und 5: Von SL jeweils vorbereitetes Flipchart/Poster bzw. Whiteboard mit Fragestellung *oder alternativ*: vorbereitete PowerPoint-Folie (ppt.)

Räumlichkeiten

Der Seminarraum sollte genügend Platz für Kleingruppenarbeiten, sowie Ausweichmöglichkeiten in mehrere Räume, Raumnischen, Sitzecken oder das Foyer bieten.

Weiterführende Literatur und Links

Leitbilder, Broschüren und Handlungsanleitungen von Partner-Institutionen (AWO Bund und Evangelisch-Lutherische Kirche in Bayern) finden sich unter www.den-menschen-im-blick.de/bausteine/leitbilder-selbstverstaendnisse.php (01.06.2022).

Western States Center Views (2001): Assessing Organizational Racism. http://racialequitytools.org/resourcefiles/westernstates2.pdf (01.06.2022).

Kombination mit anderen Übungen

Es bietet sich an, die Übung am Ende des gesamten Trainings anzubieten.

II. Ablauf und konkrete Schritte

1. Phase: Einführung in Phasen und Ziele der Übung. Dauer: 3–5 Minuten

Die SL führt die Übung ein, indem sie auf den Titel der Übung verweist und die Erarbeitungsphasen der Übung vorstellt:
Zunächst geht es in Kleingruppenarbeit um eine Analyse des Ist-Zustandes und die Identifikation von Handlungsbedarf im eigenen Berufsalltag und in der eigenen Institution.
Abschließend wird besprochen, was jede*r Einzelne und ggf. die – im Training durch TN vertretenen – Arbeitsbereiche, Abteilungen und Organisationen in Zukunft gemeinsam angehen wollen, um Diskriminierung entgegenzutreten und damit fairer, leistungsorientierter und kooperativer arbeiten zu können.
Die SL teilt die TN in die Kleingruppen ein, pro Gruppe 3–4 TN bzw. schlägt vor, dass sich TN selbst zusammenfinden.

TIPP

Bei der Zusammensetzung der Kleingruppen sollten entweder (a) möglichst institutionell heterogene Gruppen zusammengestellt werden, da der Erkenntnisgewinn dadurch besonders groß ist (über den eigenen Tellerrand schauen) oder (b) es sollten sich TN zusammenfinden, die bereits erste Ideen für gemeinsame Projekt/Kooperationen/Vernetzung oder ähnliche Fragestellungen sehen.

2. Phase: Kleingruppenarbeit und Diskussion. Dauer: 60 Minuten

Die SL führt in die Aufgabenstellung ein und verteilt das Arbeitsblatt „Alles perfekt? Welche Schritte können wir noch gehen?" (→ Material).
Sie gibt den Hinweis, dass die TN für die Bearbeitung insgesamt 30 Minuten Zeit haben.
Material je nach Variante

Variante A: Es liegen Moderationskarten in zwei Farben bereit (z. B. gelbe und rote). Die TN machen Notizen auf den Moderationskarten. Diese werden bei der Ergebnispräsentation (3. Phase) an der Tafel/Pinnwand o. ä. befestigt. Dafür bereitet die SL zwei Spalten vor: erstens, „Ist-Stand", zweitens, „Verbesserungsbedarf".

„Ist-Stand"	„Verbesserungsbedarf"

Variante B: Jede*r TN bekommt einen Notizblock und jede Kleingruppe ein Flipchart-/Posterpapier. Die Kleingruppen haben die Aufgabe auf dem Papier ihre Ergebnispräsentation vorzubereiten.
Jede Gruppe sucht sich einen ruhigen Raum/Ecke. Die Gruppen werden nach dieser Phase der Gesamtgruppe ihre Ergebnisse präsentieren.

Aufgabenstellung

1. Analyse der Ist-Situation

a. Diskutieren Sie zunächst Errungenschaften und Bedarfe in Ihrem Berufsalltag und Ihrer Organisation
- *Was fällt im Kontext von Rassismus und Diskriminierung auf?*

b. Machen Sie sich Notizen (Notizblock oder gelbe Moderationskarten) zu den Fragen:
- *Was läuft in meinem Berufsalltag schon gut?*
- *Was wird in meiner Institution schon getan?*

2. Identifizierung von Handlungsbedarf

a. Diskutieren Sie Strategien für einen rassismuskritischen und diskriminierungssensiblen Berufsalltag in Ihrer Organisation.

b. Machen Sie sich Notizen (Notizblock oder rote Moderationskarten) zu den Fragen:
- *Was kann kurzfristig in meiner täglichen Arbeit verbessert werden?*
- *Welche mittelfristigen Veränderungen sollten in meiner Organisation angegangen werden?*

3. Bereiten Sie sich auf die Präsentation der Ergebnisse aus (1) und (2) vor.

Die TN finden auf dem Arbeitsblatt ein Infokästchen mit hilfreichen Fragestellungen für die (1) Analyse der Ist-Situation und (2) für die Identifizierung von Verbesserungsbedarf.

Die Ist-Situation analysieren und Handlungsbedarf identifizieren. Hilfreiche Fragestellungen:
- *Ist ihr Berufsalltag rassismus- und diskriminierungssensibel? Wo nicht?*
- *Gibt es standardisierte Abläufe für den Umgang mit rassistischen Vorfällen und Diskriminierungsfällen?*
- *Gibt es standardisierte Abläufe für den Umgang mit rassistischen und diskriminierenden Argumentationen und Anschuldigungen?*
- *Gibt es Ansprechpersonen oder Stellen, an die man sich bei Schwierigkeiten wenden kann?*
- *Wie wird sichergestellt, dass Mitarbeitende das Leitbild der Organisation kennen? Gibt es ein Leitbild?*
- *Spiegelt die Zusammensetzung und Position der Mitarbeitenden und Führungskräfte in Ihrer Institution die Vielfalt der Gesamtgesellschaft wider?*
- *Gibt es Fördermöglichkeiten für benachteiligte Personen?*
- *Welche Praktiken, Routinen und Logiken könnten möglicherweise zu (unintendiertem) Rassismus und Diskriminierung führen?*
- *…?*

3. Phase: Präsentation der Ergebnisse in der Gesamtgruppe. Dauer 10–30 Minuten

Die Kleingruppen/TN kommen wieder in der Gesamtgruppe zusammen und stellen ihre Ergebnisse vor (pro Gruppe 5 Minuten).
Variante A: Die SL hat Pinnwand/Flipchart entsprechend der zwei Themenkomplexe vorbereitet. Die TN präsentieren ihre Ergebnisse vor den Wänden und pinnen ihre Moderationskarten (gelb und orange) in den entsprechenden Bereich. Sie können auch ein Clustering o. ä. mit bereits vorhandenen Kärtchen vornehmen.
Variante B: Die Gruppen präsentieren ihr Poster.

Abschluss: Die SL fasst die Ergebnisse zusammen und bringt ggf. Ergänzungen ein (→ Hinweise unten, Abschnitt III).

4. Phase: Moderiertes Gespräch: Was können wir angehen? Dauer: 30 Minuten

Die SL stellt die Fragestellung vor, die für alle sichtbar an der Flipchart/ Tafel/ PowerPoint-Folie steht und nennt ggf. einige Beispiele.

Fragestellung:
Welche **eigenen und gemeinsamen Schritte** *wären für mich*
- *Kurzfristig hilfreich?*
- *Mittelfristig anzugehen?*
- *Wie kann ich mit anderen zusammenarbeiten?*
- *Welche Schritte können wir angehen? Was kann ich beitragen?*

Mögliche Beispiele, die die SL nennt:
- Notieren, wann ich Probleme mit Kolleg*innen besprechen will.
- Teamer*innen für den Bedarf an Fortbildungen in der eigenen Organisation ausbilden lassen, bzw. als Teamer*in zur Verfügung stehen.
- Überlegen mit wem sich zusammentun, um eine Ansprechstelle in der eigenen Institution zu etablieren.

Die SL bittet die TN sich zu den Fragen Notizen zu machen (5 Minuten). Dafür nutzen – je nach Variante – die TN Moderationskarten (Farbe drei, z. B. grün) oder einen Notizblock. Die SL fordert die TN dazu auf, nicht bloß allgemeine gesellschaftspolitische oder strukturelle Herausforderungen zu thematisieren (z. B. zeitliche Überlastung des Personals, problematische Diskurse Anderer), sondern die Fragestellung immer konkret auf ihren eigenen beruflichen Kontext zu beziehen.

SL moderiert das → Kapitel 4.3 Gruppengespräch über konkrete Schritte für einen kompetenten Umgang mit Rassismus und Diskriminierung. Die TN bringen ihre Notizen ein, die Moderationskarten können ggf. an der Flipchart/Tafel befestigt oder von der SL als Grundlage für ihre Abschlussbemerkungen eingesammelt werden.
Abschluss: Die SL bringt ggf. noch Ergänzungen ein (→ unten, Abschnitt III).

5. Phase. Optional: Verabredungen gemeinsamer Schritte. Dauer: 10 Minuten

Diese Phase eignet sich grundsätzlich für alle Trainingsgruppen und insbesondere für Gruppen mit TN aus unterschiedlichen Organisationen, Abteilungen bzw. Arbeitsbereichen.
Die SL erklärt, dass konkrete Vereinbarungen für die zukünftige Zusammenarbeit im Themenfeld „Diskriminierung" festgelegt werden können. Verabredungen können zwischen einzelnen Personen, unterschiedlichen Abteilungen, Arbeitsbereichen oder Organisation getroffen werden.
Um das Gespräch zu initiieren, schreibt die SL folgende

Fragestellungen auf die Flipchart/Tafel und fragt die TN:
- *Welche Kooperationen streben wir an?*
- *Wie können wir in Zukunft zusammenarbeiten?*

Die SL moderiert das Gruppengespräch und notiert für alle sichtbar Absprachen, die zwischen einzelnen Personen, Bereichen und Organisation getroffen werden. Dabei werden die Namen von einer jeweils verantwortlichen Person/Institution (Federführung), von beteiligten Personen/Organisationen sowie Zeitrahmen und ggf. Orte und Daten für weitere Gespräche notiert.

III. Fachliche und methodische Hintergrundinfos für SL

Fachliche Hintergrundinfos

1. Zu ***Herausforderungen und Chancen des Trainings*** → gleichnamiges *Schlaglicht A*.

2. Zur Ist-Situation in Institutionen → Kapitel 1 und 2.

3. Weitere Vorschläge zu möglichen Maßnahmen auf der individuellen sowie auf der institutionellen Ebene → Ausführungen in der Übung 5.1 Alles beginnt mit der Kategorie: Vertiefungs-Phase.

Methodische Hinweise

Die Übung kann besonders ergiebig sein, wenn sie zum Austausch zwischen Mitarbeitenden/ Führungskräften verschiedener Arbeitsbereiche einer Organisation oder zwischen Mitarbeitenden/Führungskräften unterschiedlichen Organisationen stattfindet. In entsprechend heterogenen Setting sind die Austauschmöglichkeiten, auch für den Abschluss von Vereinbarungen, breiter.

IV. Material

Arbeitsblatt: Alles perfekt? Welche Schritte können wir noch gehen?

Umsetzung. Rassismussensibel und diskriminierungskritisch im Berufsalltag mit der*m eigenen*r Arbeitgeber*in

1. Analyse der Ist-Situation

a. Diskutieren Sie zunächst Errungenschaften und Bedarfe in Ihrem Berufsalltag und Ihrer Organisation. *Was fällt im Kontext von Rassismus und Diskriminierung auf?*
b. Machen Sie sich Notizen (Notizblock oder gelbe Moderationskarten) zu den Fragen:

- *Was läuft in meinem Berufsalltag schon gut?*
- *Was wird in meiner Institution schon getan?*

2. Identifizierung von Handlungsbedarf

c. Diskutieren Sie Strategien für einen rassismuskritischen und diskriminierungssensiblen Berufsalltag in Ihrer Organisation.
d. Machen Sie sich Notizen (Notizblock oder rote Moderationskarten) zu den Fragen:

- *Was kann kurzfristig in meiner täglichen Arbeit verbessert werden?*
- *Welche mittelfristigen Veränderungen sollten in meiner Organisation angegangen werden?*

3. Bereiten Sie sich auf die Präsentation der Ergebnisse aus (1) und (2) vor.

Die Ist-Situation analysieren und Verbesserungsbedarf identifizieren. Hilfreiche Fragestellungen:

- *Ist ihr Berufsalltag rassismus- und diskriminierungssensibel? Wo nicht?*
- *Gibt es standardisierte Abläufe für den Umgang mit rassistischen Vorfällen und Diskriminierungsfällen?*
- *Gibt es standardisierte Abläufe für den Umgang mit rassistischen und diskriminierenden Argumentationen und Anschuldigungen?*
- *Gibt es Ansprechpersonen oder Stellen, an die man sich bei Schwierigkeiten wenden kann?*
- *Wie wird sichergestellt, dass Mitarbeitende das Leitbild der Organisation kennen? Gibt es ein Leitbild?*
- *Spiegelt die Zusammensetzung und Position der Mitarbeitenden und Führungskräfte in Ihrer Institution die Vielfalt der Gesamtgesellschaft wider?*
- *Gibt es Fördermöglichkeiten für benachteiligte Personen?*
- *Welche Praktiken, Routinen und Logiken könnten möglicherweise zu (unintendiertem) Rassismus und Diskriminierung führen?*
- *…?*

III
ANHANG

10 FAQ – STICHWORTREGISTER

Das Register listet Fachbegriffe auf, die im Buch erklärt werden. Es gibt Auskunft darüber, an welcher Stelle sich eine Erklärung findet oder erklärt den Begriff direkt.

Ableismus → *Schlaglicht L*
Ageismus → *Schlaglicht L*
antimuslimischer Rassismus → *Schlaglicht P*
Antisemitismus → *Schlaglicht L*
Antiziganismus → *Schlaglicht L*

Bisexuell → *Schlaglicht K*

Critical Whiteness → *Schlaglicht I*

Diskriminierung → *Schlaglicht C*
diskursiv → *Schlaglicht F*

Empathie, empathisch: Das Sich-Hineinversetzen in eine andere Person, um sie durch inneren Nachvollzug ihrer Verhaltensweisen zu verstehen.
Empowerment, empowern → *Schlaglicht G*

Framing → *Schlaglicht O*

Gender → *Schlaglicht K*

Hate Speech → *Schlaglicht M*
heterogen, Heterogenität: soziale Komplexität, Vielgestaltigkeit und Differenzierung sozialer Strukturen
heterosexuell → *Schlaglicht K*
Homofeindlichkeit → *Schlaglicht L*
homosexuell → *Schlaglicht K*

individuell → *Schlaglicht F*
Inklusion, inklusiv: Einbezug und gleichberechtigte Teilhabe aller Menschen in sozialen Kontexten
institutionell → *Schlaglicht F*
intergeschlechtlich → *Schlaglicht K*
internalisiert → *Schlaglicht F*
Intersektionalität, intersektionell → *Schlaglicht J*

Klassismus → *Schlaglicht L*
Kolonialismus → *Schlaglicht P*
Kritisches Weißsein → *Schlaglicht I*
Sexismus → *Schlaglicht L*

Othering → *Schlaglicht N*

People of Color (PoC) → selbstbestimmte Bezeichnung von und für Menschen, die nicht weiß sind → Übung 6.1, Abschnitt IV.
Poetry Slam → *Schlaglicht M*
polyamorös → *Schlaglicht K*
Postkolonialismus → *Schlaglicht P*
Posttraumatische Belastungsstörung → *Schlaglicht H*

queer → *Schlaglicht K*

Racial Profiling: (Gemeint sind hier) auf Rassismus beruhende Personenkontrollen der Polizei.
Rap, rappen → *Schlaglicht M*
Rassismus → *Schlaglicht E*

sekundäre Viktimisierung → *Schlaglicht H*
Slam, slammen → *Schlaglicht M*
Soziale Kategorisierung → *Schlaglicht D*
Stereotyp → *Schlaglicht D*
strukturell → *Schlaglicht F*

Trans*feindlichkeit → *Schlaglicht L*
trans*/transgender → *Schlaglicht K*
Trauma → *Schlaglicht H*
Toxischer Stress → *Schlaglicht H*

Vorurteil → *Schlaglicht D*

Zugehörigkeit → Übung 7.3, Abschnitt III.

MITWIRKENDE

Das LMU-Team

Das LMU-Team besteht aus Britta Schellenberg, Gabriele von Rauch, Rabia Kökten, Paulina Seelmann, Özlen Sönmezler und Patrick Meyer. Britta Schellenberg leitet das Projekt und ist für die Konzeption, für die An-Leitung der verschiedenen Entwicklungs- und Qualitäts-Prozesse und für den „Gesamtguss" des Trainings verantwortlich. Gabriele von Rauch hat die Entwicklung des Trainings von Beginn an beflügelt und mitgestaltet: ihr unermüdliches Hinterfragen und ihre kritische (Selbst-)Reflexionen als kompetente und erfahrene Trainerin für schier unendliche Bildungsprogramme haben einen unschätzbaren Beitrag geleistet; zunächst war sie Teil des LMU-Teams und dann als Partnerin bei der Stadt München kontinuierlich mit der Entwicklung und Umsetzung des Trainings betraut. Rabia Kökten, als Nachfolgerin von Rauchs an der LMU, hat u. a. intersektionelle Bezüge herausgestellt und dazu beigetragen, postkoloniale und feministische Perspektiven im Deutschland des 21. Jahrhunderts in Bildungsmodulen umzusetzen, etwa in der Übung Der Blick des Herrschers. Özlen Sönmezler und Paulina Seelmann sorgten für reibungslose Abläufe. Paulina Seelmann ist zu danken für zahlreiche originelle Inputs, so erzählt sie u. a. Geschichten vom Bloggen, Rappen und von Empowerment und fand stets positive Zugänge zum Thema. Rabia Kökten und Paulina Seelmann gilt zudem Dank für redaktionelle Arbeiten und den Blick auf Konsistenz bei der Auswertung und Weiterentwicklung der zahlreichen, oft eigenwilligen Zwischen-Produkte. Patrick Meyer schließlich ermöglichte, dass das multimediale Angebot, etwa eigene und fremde Videoclips, auf dem Kompetenz-Portal www.den-menschen-im-blick.de für das Training abrufbar sind.

Der Fachbeirat

Die Mitglieder des Fachbeirats haben die Entwicklung des Bildungsprogramms begleitet und in zahlreichen Diskussionen durch kompetenten Rat und kritische Hinweise oft äußerst engagiert unterstützt. Herzlichen Dank an: Seda Başay-Yildiz, Fachanwältin für Strafrecht, Rechtsanwältin, NSU-Nebenklageanwältin beim Prozess am Oberlandesgericht München, Frankfurt; Chandra-Milena Danielzik/ Beatrice Cobbinah, Deutsches Institut für Menschenrechte (DIMR), Berlin; Tahir Della, Initiative Schwarze Menschen in Deutschland Bund e. V. (ISD), Berlin; Dr. Janine Dieckmann, Institut für Demokratie und Zivilgesellschaft (IDZ), Jena; Brigitte Döcker und Dr. Brigitte Mihok, AWO Bundesverband e. V., Berlin; Prof. Dr. Viola Georgi, Professorin für Erziehungswissenschaften, und Nurten Karakaş, Stiftung Universität Hildesheim und Zentrum für Bildungsintegration – Diversity und Demokratie in Migrationsgesellschaften, Hildesheim; Dr. Miriam Heigl und Florian Hiermeier, Fachstelle für Demokratie, Stadt München; Ulrich Kober und Dr. Orkan Kösemen, Bertelsmann Stiftung, Programm Integration und Bildung, Gütersloh; Prof. Dr. Michael May und Janine Patz, Zentrum für Rechtsextremismusforschung, Demokratiebildung und gesellschaftliche Integration KomRex, Friedrich-Schiller-Universität Jena; Prof. Dr. Albert Scherr, Pädagogische Hochschule Freiburg, Direktor Fachbereich Soziologie; sowie Anja Spiegler und Christine Umpfenbach BEFORE (Beratung und Unterstützung bei Diskriminierung, Rassismus und rechter Gewalt), München. Dank gilt den Mitgliedern des Fachbeirats auch für das Engagement bei der Entwicklung der *Arbeitsdefinitionen **„Diskriminierung"*** (→ *Schlaglicht C*) und ***„Rassismus"*** (→ *Schlaglicht E*).

Die Entwickler*innen und Autor*innen

Die Konkretisierung der Inhalte des Trainings wurde von einem diversen, kreativen, fachlich versierten und oft inspirierend eigensinnigen Team an Übungs-Entwickler*innen und Autor*innen unterstützt. Ihnen gilt herzlicher Dank!

Mustafa Ayanoğlu, Islamwissenschaftler und Trainer, ufuq Bayern, Augsburg. Verantwortlich für die Entwicklung der → Übung 8.1 Heimat.

Beatrice Cobbinah, Juristin und Trainerin, Deutsches Institut für Menschenrechte, Berlin. Verantwortlich für die Entwicklung der → Übung 8.2 Gutes Haar.

Chandra Milena Danielzik, Politologin, Deutsches Institut für Menschenrechte, Berlin. Verantwortlich für die Entwicklung → der Übung 7.1 Kleine archäologische Ausgrabungen.

Janine Dieckmann, Dr., Psychologin, Institut für Demokratie und Zivilgesellschaft, Jena. Verantwortlich für die Entwicklung der → Übung 6.1 Alles beginnt mit der Kategorie, sowie das → *Schlaglicht D Soziale Kategorisierung, Stereotype und Vorurteile.*

Jan Duensing, Kulturwissenschaftler und freiberuflicher Bildungsreferent, Lüneburg. Verantwortlich für die Entwicklung der → Übung 7.4 Ein Date mit Chris und der → Übung 5.2 Mein Name ist …

Nurten Karakaş, Erziehungswissenschaftlerin und Dozentin, Stiftungsuniversität Hildesheim. Verantwortlich für die Entwicklung der → Übung 8.3 Wo kommst Du her?

Rabia Kökten, Erziehungswissenschaftlerin und Trainerin, Ludwig-Maximilians-Universität München. Verantwortlich für die Entwicklung der → Übungen 6.2 Was ist Rassismus? und 8.4 Der Blick des Herrschers, sowie Autorin der Schlaglichter *Intersektionalität* und *Kolonialismus, antimuslimischer Rassismus und aktuelle Diskurse,* sowie Co-Autorin *Framing.*

Mareike Niendorf, Sozialpädagogin und Trainerin, Deutsches Institut für Menschenrechte, Berlin. Verantwortlich für die Entwicklung der → Übung 8.5 Lass mich sein wie ICH es will, nicht so, wie DU es für richtig hältst!

Olivier Ndjimbi-Tshiende, Prof. Dr., Theologe und Professor, Katholische Universität Eichstätt. Autor des → *Schlaglichts Q Erfahrungsbericht von Pfarrer Ndjimbi-Tshiende.*

Gabriele von Rauch, Pädagogin und Trainerin, Stadt München. Verantwortlich für die Entwicklung der → Übung 5.3 BinGo Diskriminierung.

Christoph Rössler, Politologe und Bildungsreferent, Arbeitsgemeinschaft Friedenspädagogik e. V., München. Verantwortlich für die Entwicklung der → Übung 6.5 Was ist das Volk?

Paulina Seelmann, Politologin und Reporterin, Ludwig-Maximilians-Universität München. Autorin der *Schlaglichter G Ein engagiertes Leben – Aktiv werden und Empowern* und *Empowerment durch die Kunst der Worte, Bloggen, Salmen und Rappen.*

Die Partner*innen

Neben dem LMU-Team und dem Fachbeirat haben auch die Partner*innen die Entwicklung der Übungen kritisch begleitet. Ihre Mitarbeitende und Führungskräfte haben die Übungen getestet und besprochen. Sie spielten aufgrund ihres kritischen und konstruktiven Feedbacks eine wichtige Rolle im Weiterentwicklungsprozess. Hier sei den zentralen Parnter*innen – stellvertretend für alle – gedankt: AWO München Stadt/Uwe Sonntag, Bayerisches Bündnis für Toleranz – Demokratie und Menschenrechte schützen/Martin Becher und Sandra Windisch, Deutscher Caritasverband, Landesverband Bayern e. V./Silvia Karl, DGB Bayern/Robert Günthner, Evangelisch-Lutherische Kirche in Bayern/Reiner Schübel, InitiativGruppe München/Sonja Würschnitzer, Islamische Gemeinde Penzberg e. V./Nermina Idriz, Katholisches Büro Bayern/Bettina Nickel, Kompetenzzentrum Demokratie und Menschenwürde Nürnberg/Dr. Ina Schildbach und Martin Stammler, LKS Bayern gegen Rechtsextremismus – Bayerischer Jugendring/Nicola Hieke und Anke Zimmermann, Polizei Bayern, Fortbildungsinstitut Ainring/Beate Stetter und Carina Stabauer, Stiftung Bildungszentrum im Kardinal-Döpfner-Haus/ Dr. Claudia Pfrang.

Ein ganz besonderer Dank gilt dem AWO Bundesverband e. V., insbesondere (und stellvertretend für weitere kompetente Persönlichkeiten) Brigitte Döcker und Dr. Brigitte Mihok, sowie der Stadt München mit dem Amt für Soziale Sicherung, der Fachstelle für Demokratie und der Stelle für interkulturelle Arbeit, hier gilt der Dank insbesondere Gabriele von Rauch, Florian Hiermeier und Marius Köstner, Ulrike Klug und Katalin Kóródi. Die AWO Bundesverband e. V. und die Stadt München haben nicht nur kritisch begleitet, sondern auch konstruktiv an der Überarbeitung von Übungen mitgearbeitet.

Die Förderer und Unterstützer

Die Entwicklung eines Training für das professionelle Arbeiten in der plurale Gesellschaft in Deutschland, das sich kritisch mit Rassismus und Diskriminierung auseinandersetzt, wurde durch das Bundesprogramm „Demokratie leben!" ermöglicht. Das Bundesministerium für Familie, Senioren, Frauen und Jugend (BMFSFJ) startete das Programm im Jahr 2015. Ab 2017 förderte das Bundesprogramm erstmals auch Modellprojekte mit dem Schwerpunkt „Rassismus". Das Bundesministerium unterstützte unser innovatives Vorhaben bis zum vorläufigen Ende des Programms und damit über drei Jahre (2017-2019). Wir danken dem BMFSFJ und den Verantwortlichen für das Bundesprogramm sowie dem BAfZA für diese Schwerpunktsetzung und für die finanzielle Unterstützung und Begleitung.
Unser Dank gilt zudem der LMU, die das Projekt durch eine Ko-Förderung unterstützt hat und dem Geschwister-Scholl-Institut für seine inspirierende Atmosphäre und alle nur erdenklichen organisatorischen und praktischen Hilfestellungen.